Spiritually Incorrect Enlightenment

靈性衝撞

怪傑覺者　傑德・麥肯納 著

讀者來函

親愛的麥肯納先生：

我讀完了你的《靈性開悟不是你想的那樣》，真是氣到想嚼釘子。雖然你以「靈性」為你的書命名，但它跟靈性毫無關係，而且令人非常困擾。我真希望自己從來沒讀過，相信我，你若再寫一本書，我絕不會買。

你是否明白，如果大家都照你建議的去做，他們的生活將會大亂？也許你個人沒有什麼好失去的，但大部分的人都有。你好像活在一個童話世界，覺得所有人都很有錢，而且來去自如，不需要跟老闆交代，也不必在意家人、朋友與社會。你好像覺得一個母親可以丟下子女，去追求靈性或什麼鬼的。誰會這樣做？為了什麼？誰會想要這樣呢？一點也不實際，根本不可能發生。

我對我的家人、朋友和社區都負有責任。我在一家庇護所當義工，並在社區裡籌畫捐贈食物給窮人的活動；我是我們教會的女性協會成員；我幫助我的孩子們做功課，提供美味的食物，和一個乾淨、快樂的家，而他們會去參加舞蹈、足球和音樂等課外活動來豐富心靈。如果你要我放棄生命中這些對我來說很有價值、很有意義的事物，就像把我珍惜的一切統統沖下馬桶。這些都是真正的生活，你卻說成只是舞台上的一場戲。實際點吧，你所謂的開悟，我稱之為一場惡夢。

我無法想像你怎麼能夠、又為什麼說出這些東西。只是為了賣書？就算你說的是真的，誰會在乎？真相又有什麼了不起？我寧願擁有我的家人、我的生活，在這裡，我相信人人都可以透過仁慈、善意及開放的心胸得到真正的靈性。你的虛無主義與你的「空」知道什麼叫作靈性嗎？一個出書談靈性開悟的人卻承認自己連靈性是什麼意思都不知道，我覺得真是荒唐。

所以，你的書也許可以賣得很好。我不知道為何有人會接受你所謂的靈性，它與生命中美好、良善的一切完全相反，與愛、神及家庭相互牴觸，到底有什麼意義？沒有嘛。連你自己都說沒有意義，但你卻呼籲讀者放下一切，變成一個徹底的廢物。我會對其他人的人生造成無法挽回的損害，他們會怨恨我。為了什麼？什麼都沒有。

從你的書前面那些推薦讚美之詞看來，有人還真的相信你是個偉大的靈性大師。我不認為你有一絲一毫靈性，我有幸見過一些真正開悟的人，但你完全不像他們。請把這封信放在你下本書的最前面，如此一來，那些像我這樣的人就不會浪費時間去讀你的書了。

（本文得到來信讀者允許刊載，但來自華盛頓州西雅圖的這位讀者要求匿名。）

〈推薦序〉

培養靈性自主的勇氣

雜誌發行人／作家／身心靈成長導師 賴佩霞

革新是一件有趣的事，然而對一個循規蹈矩的人來說，革新是危險的。不知從什麼時候開始，靈性追尋變得越來越令人沮喪，求道者越變越執著，教條、規矩也越來越繁複。一方面說活得痛苦、不自由，希望求得解脫，另一方面又不斷搬進各式各樣、大大小小的石頭，阻擋去路。

到底是求道的路難走，還是我們更安於留在找尋的路上，屈於安心，而非勇敢革新？靈性開悟是自我徹底地革新，少了勇氣與信任，哪裡都到不了。

不堪求道者被戲弄，作者說：「對於任何想要知道真相的人，我的建議是自己來吧。」培養靈性自主的勇氣，了解頓悟後的自由與單獨；想解脫、開悟，恐怕得好好聽聽傑德．麥肯納提出的顛覆性觀點。他說得直接，只為打碎求道者對靈性追求的一些似是而非又堅不可摧的幻相。勇敢革新，刪除，歸零。

〈譯者序〉

不依賴外力的開悟之旅

魯宓

我曾經也是個信徒，喝著道聽塗說的奶水長大，毫無保留地相信種種的道聽塗說（鬼神、巫術、外星人、神通……），無不照單全收，越神奇越好。

但到了某個時候，我突然發現，我只是一個閉著眼睛、被牽著鼻子走的人。而牽著我的人，也同樣被牽著鼻子走。

所以我就睜開眼睛，不再重蹈覆轍，看清楚道聽塗說的本質：外界的一切資訊，必然都會先以道聽塗說的形式呈現，而我們都會先入為主地相信道聽塗說，也就是先假設聽到的事情都是真的。這是人類學習語言，從小就被教養出來的習慣，而這也就是信仰的養成。

在生命旅途上，參加信仰旅行團很舒適，而且看似很安全，不會孤獨，但我只能看到別人打造出來的一些表象，看不到真相，而且還會被帶去買一些本來絕對不會想買的玩意兒。

現在我了解，生命本來就很奇妙，實在不需要道聽塗說的渲染。一個人終究要走上自己的旅途，踏出第一步。

這也就是傑德．麥肯納在「靈性開悟三部曲」所強調的。「第一步」就是發現一個事實：你從生下來到現在所接受的一切信仰，都是道聽塗說，都不是真相。只要是別人告訴我們，而不是我們自己找到的，就是道聽塗說，而不是真相。

如何自己找到真相？傑德提供了一個聽起來像廢話、但又無法反駁的簡單方法：「坐下來，排除雜念，問自己什麼是真實的，直到你確實知道。」

之所以像廢話，是因為它把真實與否的判斷，還是交給了讀者自己。建立判斷真相的準則是每個人自己的責任。所以，傑德不談什麼是真相，只談什麼是「非真相」。判斷「非真相」的方法也很簡單，就是去找出矛盾。只要有矛盾存在，就不是真相，而一切信仰都存在著矛盾，沒有例外。

這趟探究矛盾之旅從既有的宗教信仰開始。一切宗教都建立在靈魂之上，但是只要放下道聽塗說（天堂、地獄、輪迴……），認真檢驗「靈魂」的說法，就會發現我們最多只能確定有意識存在（我思故我在），而無法證明這個意識能夠存在肉體之外（如果能證明，宗教就不會是宗教，而會成為科學）。

到底有沒有靈魂？佛教很狡猾地用二諦論來規避這個矛盾，在所謂的世俗諦大談六道輪迴，但在勝義諦則揭示無我與無靈魂。傑德也很狡猾，他在本書中借用了馬克．吐溫的短篇小說來表達這個足以摧毀一切宗教的觀點。但他還是有點孬，不敢自己說出來，因為任何人只要膽敢明確宣示無靈魂，就會嚇跑九成的追隨者。

檢視了宗教信仰的矛盾，接下來就是檢視傑德．麥肯納的矛盾。傑德三部曲中的矛盾顯而易見（本書英文原名中的「incorrect」，指的就是矛盾）：他宣稱「無我」，但又說開悟後必須穿戴上「自我」才能活在世上；他要我們與幻相戰鬥，但又要我們接受宇宙的一切；他說宇宙是一隻愛玩的大狗，但狗也會有咬嬰兒的時候；他說宇宙會回應我們的問題與期望，這種心態難道不會創造出另一種上帝嗎？他要學生質疑權威，但又不太接受學生質疑他自己；他強調要自己找出真相，但似乎又擁抱種種經不起檢驗的超自然說法（靈媒、外星人、能量療法……）；他對於《白鯨記》穿鑿附會的詮釋只能算是個人的創見，而沒有真正的依據；在本書結尾，他對裘琳的那些鼓勵也似乎是在暗示著什麼。（還是我想歪了？）

這些矛盾處處可見，他似乎也不想隱藏，因為在這些矛盾的背後，是三部曲精心鋪陳出來的矛盾之母：「一切皆假，唯我思故我在」對上「一切皆真，唯自我為假」。

矛盾其實是重要的公案。要先清楚看到矛盾，才有機會剝離信仰。從最外層的種種信仰（宗教、習俗、政治、道德……）開始剝離，然後是中間的信仰（靈修、老師、麥肯納……），最後才能清楚看到最核心的信仰。只有先確立了「一切皆假，唯我思故我在」之後，真正的目標才會顯現。這時，你才進入真正屬於自己的旅程，面對你自己的矛盾。這是你獨有的公案，你最堅固的信仰，你的白鯨，你的自我。

「我」究竟是什麼？為何是這個樣子？傑德用他發明的「靈性自體解析」來對自我下手：誠實地寫出自己所有的憧憬、所有的遺憾、所有的偽裝、所有的恐懼、所有看似不可能改變的自我特質、所有看似不可能化解的自我矛盾，陷入前無出口、後無退路的困境，一片黑暗，看不到光明，唯一的選擇，就是像亞哈船長那樣，抱持著與白鯨同歸於盡的準備……然後就在這種極端的絕望中，也許就會看到「一切皆真，唯自我為假」。

這就是傑德．麥肯納的三部曲歷程，沒有怪力亂神，不依賴任何外力。當自我經過如此激烈的靈性衝撞之後，必然無法再保持原貌，想不改變都不行。也許就在這時候，看到了真相；也許，精神崩潰了。

我們不能排除，傑德的開悟可能是一種清明的精神崩潰，而佛陀的開悟可能也是如此。也許他們終究為自己的叛逆與孤僻找到了最好的理由。精神崩潰而又保持清明，也就是「無我」又穿上「自我」的矛盾。我們看到傑德在他的幾本書中舉出不少極端的無常情況（跳傘意外、機車翻車、在酒吧被圍剿、被警察追捕……），來示範穿脫「自我」的可能，以及所謂的開悟到底該如何落實在生活中。

這也是傑德的三部曲所運用的另一個重要的矛盾：所謂的開悟大師通常不會自稱開悟，而是要信徒幫他說，這樣大師才能戴上開悟的光環。但傑德剛好相反，他一開始就宣稱自己開悟，引起眾人的懷疑與撻伐，因為必須這樣，大家才有機會明白：「開悟」始終都是道聽塗說。

〈導讀〉準備好接受衝撞

身心靈作家 張德芬

這本書的主題非常明確：以《白鯨記》瘋狂的亞哈船長的精神貫穿全書，茱莉（在傑德的第一本書中訪問他的靈性雜誌記者）的靈性自體解析過程點綴其中。最特別的是它的開頭，沒有像《靈性開悟不是你想的那樣》來個詭異的免責聲明，而是放上一位讀者的抗議信。

這名讀者是個很正常、很典型的美國家庭主婦，以身為母親及社會中堅分子感到驕傲。她義憤填膺地指責傑德：「我讀完了你的《靈性開悟不是你想的那樣》，真是氣到想嚼釘子。雖然你以『靈性』為你的書命名，但它跟靈性毫無關係，而且令人非常困擾。我真希望自己從來沒讀過，相信我，你若再寫一本書，我絕不會買。」

然後她洋洋灑灑地述說她所認為的靈性的美好、慈悲與責任的重要，最後她還請傑德把她這封信放在下一本書的最前面，免得像她這樣的人浪費時間去讀。傑德在獲得她的允許之後，真的這樣做了。

這就是傑德。

他寫書不是為了賣書，更不想討好讀者，他只想把自己覺得可以分享的訊息，介紹給那些有心的、真正需要的人。他不是要驚世媚俗、沽名釣譽，他只是作為一個宇宙的通道，表達他所知道的、所經歷的，如此而已。至於讀者想不想看、能不能接受，那是你們的事。身為作家，我非常欣賞、羨慕傑德這種寫作態度。

一開場，傑德就有失身分地說他討厭加州，尤其是洛杉磯。他描述了一群生活在「靈性生態」中的加州人，他們沉浸於天真的、夢想的、不敢正視真相的幻想中，過著盲目但自我感覺良好的生活。傑德的介入、出現，對他們來說只是晚飯後的餘興節目，不會激起什麼漣漪。從旁觀者的角度來看，我覺得他們的生活其實沒什麼不好。傑德也說，如果話題不是「開悟」，你想做什麼都行，就是不要掛羊頭賣狗肉。這值得我們好好深思、反省一下：怎麼生活不重要，重要的是知道自己在做什麼，了解自己是被自我、瑪雅（幻相女神）控制的囚徒，這就夠了。

書中有很多篇幅摘錄自正在蛹裡、經歷「化蝶」過程的茱莉寫出來的激情文章——她的靈性自體解析。茱莉採訪傑德以後，對她多年來深信不疑的靈性法則和信仰起了動搖之心，選擇獨居於偏僻的度假小屋，面臨崩潰，開始一一檢視自己的信念和過去採訪過的「大師」。整個過程真的像「凌遲」：拿一把手術刀，一刀一刀地把在自己心靈裡駐紮多年的、不實的、虛幻的信仰逐漸割除，包括她從父母、師長、社會、上師那裡得來的所有二手資料和經驗，她全部清掉。過程也像一次痛苦的大排毒，只是為時一年多到兩年。在第三十五章，我們看到一個破繭重生、脫胎換骨的茱莉，戴著太陽眼鏡問傑德：「一個新吸血鬼要如何跟創造她的老吸血鬼說話？」

哦，好吧。難怪傑德說「開悟」不是你可以「想要」的事，任何人想要開悟，都是對開悟有所誤解。開悟是萬不得已的，在你厭惡假象到了極點（還不是熱愛真相哦！是厭惡假象！光熱愛真相是不夠的），除了體會真相之外，你什麼都不想要了——這就是傑德版本的開悟。

關於很多讀者對《靈性開悟不是你想的那樣》的反應和回饋，本書藉由一個幫傑德打工的黑人小男生科提斯和他的交談、互動，來展現傑德的回應。下面這句話充分表達出傑德的觀點：「現實與真相存在，但傑德．麥肯納無法表達，也沒有讀者能夠了解，因此我在書中說，你們自己來看。那是唯一可能的回答。我知道這不合理，能夠談這件事的人沒有一個說這是合理的。這是範式之間的隔閡。傑德．麥肯納也許能夠侃侃而談那些可以被談論的，但傑德並沒有比這張桌子更真實，所以他只能談『什麼不是』，而不能談『什麼是』。」說來說去，傑德還是鼓勵我們「自己去看」，而不要聽信任何人（包括他）的二手訊息。

本書的附錄部分收錄了傑德與媒體的問答（這是極少數傑德接受過的媒體採訪），以及他寫給一位「熱情」讀者的回信。喜愛傑德的讀者應該很高興可以從一個更人性的角度旁觀傑德。他回應那位讀者的方式雖然絕妙，但未免太決斷。那位讀者來信說，他願意奉獻所有的財產和自己給傑德，以求成為傑德的門徒。傑德嘲笑他說，他就像那些把孩子丟在有錢人家門口的母親，自己無法照顧，就把孩子丟給更好的人選。傑德說，如果你真的像你自己說的那樣認真求道，那從現在開始，你就每天從自己身上割下一兩肉，直到你可以回答這個問題：「什麼是真的？」當然，最後傑德也說不要真的這樣做，但他的用意在於：如果你真的那麼認真，你會心急如焚地自己去尋找真相（因為真相只有自己可以體會到），而不會浪費時間打坐、唸經、找上師、看書什麼的。所以，大部分說自己認真求道的人，其實都只是拿求道當幌子，好讓自己睡得更香、更穩，或者只是找一個洞穴，安心地躲在裡面。

在這本書中，傑德花了大量篇幅討論《白鯨記》。他認為所有對《白鯨記》的闡釋、描述、研讀、討論，都走錯了方向，沒有正中紅心。他認為亞哈船長不是為了報復而追殺白鯨，白鯨就是擋在他與真相之間的那座牆，所以他不惜一切代價要毀掉那頭龐然大物。在過程中，他表現得毫無人性，對他人的苦難漠不關心，也不吝惜犧牲自己全部的船員，當然包括自己的性命。這是一個比喻。是的，傑德版的開悟就是：不惜一切代價追求真相，除了肉體之外，全面性地自殺。這是他對文學史上最偉大著作之一的詮釋。

書中還提到《薄伽梵歌》為人誤解之處。他和一個研讀《薄伽梵歌》的團體有了幾次邂逅，發現這些人真的只是「研讀」，在旁邊欣賞、探討這部偉大的史詩經典，但內容說些什麼，跟他們毫無關係。他們只是繼續沉睡，不去理解書中想要表達、傳遞的訊息。傑德認為，阿周那放下武器、無法開戰，其實是不想「犧牲一切」，而這場戰役，根據克里希那的說法，發生在外或內都無關緊要，它是一場全面放棄與否的戰爭，難怪會讓當時最偉大的戰士兩腳發軟地跪倒在地：「對夢境狀態的所有執著都是由能量構成，那種能量名叫情緒。所有的情緒，不管正面或負面，都是執著。人類是由情緒驅使的動物，而所有的情緒都從一種核心情緒取得能量：恐懼。你無法正面對抗或斬殺恐懼，因為這是對空無的恐懼、對無我的恐懼。斬殺恐懼的欲望本身就是被恐懼驅使的情緒。面對恐懼，你只能臣服：凡是你所恐懼之物，就讓它進來。你可以花一輩子斬殺執著的百萬顆腦袋，然後永遠無法向前一步；你也可以跟隨情緒的能量，回到它的源頭、它的巢穴，看見那頭巨獸——光明之敵——的真實面目：你的心。那就是阿周那看到的東西。因此，阿周那倒下了。」

而我最不滿意傑德的一點就是：他口口聲聲說開悟不是一個選擇，勸大家不要追求開悟，他卻一再宣揚真相的重要性，好像其他東西都是狗屎。所以每次看到亞哈船長的瘋狂行徑時，我心裡都會有一些反感（或是羨慕？）。加上茱莉最後自問：「如果我有個小孩，我是否能與孩子產生連繫？」她的答案是：不會。她的孩子就像別人生的一樣。啊哈！這可不是我想要的人生，我相信大多數讀者也是如此。雖然我們不能魚與熊掌兼得，但傑德也指出一條明路：成為人類成人。這是大家想要的，也是他在《靈性的自我開戰》中著墨甚多的。「仔細看看亞哈船長——突破原型。你準備好扮演那個角色了嗎？不管你的答案為何，都不重要，因為那不是我們選擇的角色。亞哈並沒有選擇那個角色，茱莉也沒有，我也是。誰會選擇？誰能選擇？那是個白癡行徑，很傻。然而，我在書中提到的人類成人，則是我們都可以選擇的。人類成人是所有求道者真正想要的，而且不傻。」

想要成為人類成人，傑德認為一定要踏出「第一步」，有一定程度的覺醒，而這通常是由一些事件引發的。請參考第兩百七十七頁的圖：事件發生之後，我們開始了英雄旅程的重生部分。最後，傑德也提出了一些像樣的建議（我認為他那拋棄一切、六親不認的說法是「不像樣」的，呵呵！）：

「肉體死亡，心靈誕生，並不等於開悟，但它們算是共乘了一段路。如果你想在自己的生命中達成這種轉變——在夢境之中醒來，擺脫我執的繩圈——我建議你使用靈性自體解析加上熱切地祈禱，兩者互相加持。利用寫作來找出並照亮你的虛假，發展出一種健康的自我憎惡。然後，這種情緒的力量會強化你的祈禱，而你應該祈求勇氣與能力，讓你得以找出並照亮你的虛假，如此循環下去。然後準備好接受衝撞。」

看過《靈性的自我開戰》的讀者就會知道，除了靈性自體解析之外，傑德還提供了「紀念死神」「自我觀察」等方法。但無論採取哪一種做法，我覺得最重要的一點還是：放下掌控的假象，順流、臣服。這是成為人類成人的絕對必要條件，也是我現在盡量在生活中實踐的。

OK，至少有點像樣的事可做。

不要認爲你不是佛陀。

——道元禪師

1 遠方幻影

那個大怪物是永不屈服的，
你將會知道原因。
——梅爾維爾，《白鯨記》

叫我亞哈。

然而實際上，我比亞哈船長更像亞哈船長。我是亞哈內在的現實，是那個虛構人物所依據的事實。亞哈船長是寫出來的，是模擬真品的文學創作。

我就是真品。

大家可能認為，我們圖書館的書架上理應擺滿勇敢男女奉獻生命，無私地追尋真相的故事，但事實上，這種故事非常罕見，就算真的碰上了，我們可能也認不出來。梅爾維爾的《白鯨記》並不是關於捕鯨、瘋狂或復仇，它說的就是下面這件事而已：人類不計任何代價地追求真相。亞哈船長不僅是個文學角色，而是一種人類的原型，一種很基本、但不為人知的原型。

這世界是一個舞台，所有的男男女女都只是演員，而亞哈船長是最終的角色——讓我們自由的角色。不管誰想要從二元的夢境狀態中醒來，進入真實的存在，都必須先掙脫他們目前的角色，來演出亞哈的角色。一定要**成為**亞哈。亞哈是個狂熱分子，完全專注於一件事，不顧其他，而這是脫離夢境的方法。

也是**唯**一的方法。

2 加州大夢

靈性大師是個謬誤，就像其他東西一樣。他的功用是讓人從這種荒謬與不必要的狀態中了悟或清醒過來。靈性大師的工作就像其他人的工作一樣荒謬，懂嗎？因此，它需要一點幽默感，或開悟的觀點。

——達阿法哈撒

我討厭洛杉磯。

好了，我說出來了。我討厭洛杉磯，洛杉磯也討厭我。

我不知道為何洛杉磯與我彼此嫌惡，但我必須承認我感到有點難為情。對我而言，洛杉磯是個不流動的區域，在這裡，事情無法像我熟悉的那樣流暢輕鬆地進行。也許是因為我討厭它才不流動，但我認為是它不流動在先。

我通常會避開洛杉磯，但如果搭飛機到洛杉磯機場就很難避開。亨利到機場來接我和克莉絲汀，他幾年前曾在愛荷華那棟房子與我們共處了幾個月。當他聽說我要來，就很熱心地要接待我們。現在我們到了洛杉磯，而每次來這裡，我心裡總會冒出〈加州旅館〉那首歌給我的那種不舒服的感覺：一旦住進去，就永遠無法脫身。

克莉絲汀像是我的私人助理，算是吧。幾年前，桑娜雅開始派人跟著我出去旅行，幫忙料理事情。我本來反對，但桑娜雅不聽，現在我已經上癮了。旅行助理的額外支出不算什麼，但可以免去應付旅館職員、租車公司職員、機場櫃台職員之類的麻煩，她幫我省下的，可能比她花掉的更多。現在我一年會旅行幾次，每次都會問桑娜雅有沒有人可以跟我去。克莉絲汀做過幾次。她身材嬌小，很安靜，穿著保守的黑灰色服裝，但她很輕易就能痛宰櫃台職員，我們絕不會被人耍著玩。她幫我處理事情，在我與這個世界之間提供一層保護，因為我已經不太適應。我覺得她應該是個宗教信仰虔誠的人，沒有幽默感，一點也不會找樂子。我想，她是把我當成了一個討人喜歡的笨蛋，但「討人喜歡」這部分我不是很確定。

亨利則是個很討人喜歡的人，唔，反正很難不喜歡。他很開放、健談，不會害臊，如果他想的是陽痿，你就會聽到他談陽痿。此刻他想的不是陽痿，但他腦子裡的東西會讓陽痿聽起來都很吸引人。在車上，他大談他與他的加州朋友們正在搞的新靈性：一種完全整合的靈性生活方式，讓他們能一天二十四小時、一週七天都活在自己的信仰中。全然整合靈性生活（a fully integrated spiritual lifestyle）——他一直這樣說個不停。

英文縮寫讀起來應該是「fizzle」（泡影）吧，我想。

我再次撞上了自我（ego）在它四周築起的堅固堡壘。在我的記憶中，亨利是個充滿熱忱、專注且細心的人，我不記得有想過他此生會真正努力覺醒，但我記得他想要達到在某種程度上對自己誠實，然後也許設法逃脫他的自我。現在，當我們駕車穿越沒有盡頭的洛杉磯時，聽著他談論他新找到的「整合靈性」，我很難過地發現他已經離開了「誠實」，正舒適地窩在一種自我滿足、保護我執的靈性享樂主義之中。

好吧。

我很不想說我討厭加州，一直想要找出我喜歡加州之處，如此就不用面對這個顯得我氣量狹小的真相，但我做不到。我討厭加州。也許加州有很多不同的地方，有些地方我會喜歡，但我認為這只是逃避事實的說法。我應該就這樣說出來，並且接受我就是討厭加州。我不確定自己為何厭惡加州，但如果硬要追問，我會說跟加州人有關。

「生活中沒有任何地方不是以靈性為基礎。」亨利滔滔說道，「我們全方位重新設定了生活：把廢棄物產出量降至最低，把再生資源使用率最大化，並實驗了許多替代燃料與能源，有些人正在使用水力——」

他繼續說個不停。這趟車程簡直沒完沒了，一路上還沒有任何東西可看。亨利不停談著他與他的朋友正在創造的新範式，克莉絲汀則安靜地打毛線。這是一輛高級賓士車，我無可抱怨，但這也讓我不爽。我很想知道一輛八萬美元的豪華轎車如何整合到這種新靈性生活方式中，但我怕如果真的問了，他會有答案。

當我用到喜歡或討厭這類字眼時，我真正的意思是能量上的吸引與排斥。不流動的地方與我執強的人會排斥我，充滿我執的地方也會，那些地方似乎充斥著人們的貪婪與虛榮。不排斥我的就是中性，或是會吸引我的。這適用於所有人，大多數人卻沒注意到。這比喜歡與討厭更微妙，在能量的層次上運作，當你的能量受到扭曲，**你**就被扭曲了。所以，洛杉磯會扭曲我，加州會扭曲我。這些區別並不適用於了悟真相的我，而是適用於脫離自我的我——這是比較普通且可以達到的狀態。本書將深入探討這兩種狀態的差異，並溫和地鼓勵讀者把方向從了悟真相轉到脫離自我。

我發現亨利還在說話。

「我們都有綠色股票，意思就是——」

「亨利。」我說。

「——我們只投資——」

「亨利。」

「——注重環保的企業——」

「亨利！」

「什麼事？」

「你必須閉嘴，不要再說了。真的，我快受不了了。」

「喔，好。當然，沒問題。嘿，你大概一整天都在搭飛機與開車，我會閉嘴讓你恢復精神。屋子裡有熱水池與泳池，我們沒有放危險的化學製劑——」

他又開始了。我覺得我的腦子在頭殼裡越脹越大，最後會因為壓力超過負荷而爆炸，讓車子的內裝與同行的乘客都沾滿草莓果醬般的血塊。或是果凍？我老是搞不清楚。

既然我寫這些書的目的之一是想要展示覺醒狀態，我應該提到其中一個特別的現象，那就是我無事可做了。我不再有任何挑戰要完成，也不能憑空捏造一個。我可以寫這本書，稍微溝通一下這個主題，但事實依舊；我無事可做。我喜歡活著，但活著時卻沒有任何事情好做。我喜歡坐在那裡，喜歡欣賞人類的創意成就，特別是當他們想要搞清楚自己的狀況時，但欣賞是一種很平淡的消遣。我不是在抱怨，只是表達這種狀態的一些狀況，這是大多數人不知道的。我很滿足，而滿足沒什麼特別的；我沒有一個架構可以區分事情的好壞，所以我做什麼都無關緊要；我沒有野心，沒有要去的地方，沒有要成為什麼人；我不需要讓自己分心，或者說服自己什麼；沒有任何事情是我覺得不應該如此的，我對其他人怎麼看我也毫無興趣；除了舒適與否，我沒有什麼可參考的行事標準。我對此似乎不會覺得太無趣或不快樂，所以我想這聽起來可能很怪。

豬頭亨利偷襲我，把我們帶到他朋友家參加晚宴。在場有五、六對伴侶，以及克莉絲汀和我，我們不是一對。那是一間很寬敞的西班牙式住宅（四周也是類似的房子），俯瞰著一個有樹叢與泥土的山谷，如果把陽台上的望遠鏡轉到最左邊，他們說可以看到一點點海洋。

我年輕時在東岸參加的晚宴都相當正式，大家在七點左右到，大概喝個一小時的酒，八點左右就座，大約九點吃完，然後繼續喝酒到凌晨兩點左右。這裡的晚宴不像那樣，沒那麼正式、拘謹，比較像室內的野餐。大家來來去去，孩子的保母或奶媽帶著孩子來了又走，青少年偶爾也會衝進來跟父母要車鑰匙或錢，然後又衝出去。某個鄰居突然冒出來討論街上的停車狀況，然後離開。大家在四、五個不同的地方聊天，包括車道、陽台與廚房。沒有人介紹，沒有年輕人來幫你拿外套和點酒，沒有迷人的女主人穿梭其中，沒人抽菸，沒人盛裝或打領帶，沒有雞尾酒——大多是葡萄酒和一些啤酒——沒有輕柔的室內古典樂，沒有燭光，因為屋子裡充滿陽光。

亨利把我拉到一旁，繼續用「泡影計畫」的細節轟炸我。他告訴我，跟我們一起用餐的人都是這個計畫的成員，這是他們一起創造與發現的，而這場晚餐就是個範例。

「有時我們聚在一起只談論一個主題，」他告訴我，「你有沒有試過？通常與社會責任有關。有時我們會討論一本書。我們有很多人，不只是你在這裡看到的這些。這個計畫的聲勢越來越大了，我們正在創造一種全新的範式。」

好了，這真的過頭了。

「我不懂你說的這個新範式是什麼玩意兒，亨利，」我告訴他，「我在這裡看到的範式是『否認』與『氣量狹小的利己主義』，就像其他地方一樣。你也許有不同的說法，但這是幾乎所有人都活在其中的同一種生活結構。我有什麼沒看到的嗎？看起來你們都是住在城市裡，過著非常平凡、自我滿足的生活，卻又花很多工夫來假裝你們不是如此。這與其他人的生活有何不同？」

亨利不受影響。「那你認為我們應該採取比較不自我中心的方式嗎？」他摸著下巴問道，一副法官問案的神情。「這是我一直在思索的。我們參與了幾個慈善計畫，我想我們都在不同的機構擔任義工。我們當然都有做資源回收，也非常關心環境。我想我們可以付出更多，如果你的想法是——」

「我沒有任何想法，亨利。」我打斷他，「是你談到了新範式，而我只是說我沒看到。」

一方面，這些人——亨利與他的朋友——顯然都是很和善、很成功的美國人，過著自由與豐盛的美國夢；另一方面，我無法不把他們都看成自我中心、自我標榜、自以為是的混蛋——換言之，這些人都是孩童。但他們其實不是混蛋，或至少不是特別的混蛋。他們跟其他晚宴中的任何人沒什麼不同（當然包括我早年參加過的那些晚宴），這只是再次顯示我逐漸失去了幽默感。成熟、有理智的人怎麼會在這種「行為能力下降」的狀態中度過一生呢？但就算如此，又與我何干？

事實上，只有一件事在發生。生命中只有一場遊戲，而這些人如此巧妙地運用他們的心智與情緒能力，讓他們深信自己在場上奮戰，但其實，他們只是在排隊買零食。美國夢的自由與豐盛，只是真正的自由與豐盛的兒童版，用來讓尚未啟程的人相信自己已經抵達罷了。

對覺醒的心智而言，未覺醒的心智經常讓他們失望。覺醒與沉睡之間的差距非常細微，讓人很難記得它們其實相距一個宇宙那麼遠。禪宗的頓悟傳說似乎突然變得可能，彷彿只要發生適當的事件——一記棒喝，一次銳利的詭辯，一個打翻的碗——都能突然讓人完全覺醒。未覺醒的心智看見一道巨大的障礙——眾所皆知的關卡——擋在覺醒的前方，覺醒的心智則清楚看見並沒有這樣的關卡，因此時時感到失望。覺醒真正不可思議之處並不是覺醒，而是其他人都不覺醒。他們在夢境狀態中行走、談話，有些人宣稱具有覺醒的決心，卻極盡所能保持沉睡。你有沒有看過夢遊的人睜著眼睛做事情，甚至說話？非常怪異。現在，想像整個世界都是如此，既怪異又孤獨，不僅如此，還很可疑，缺少可信度，令人無法置信，就算在共識現實的層次，也很難接受這些人其實都在沉睡中。我與夢遊者能進行某種程度的互動，但他們是在夢境狀態中說話，而我看不到那個世界，也只剩隱約的印象了。他們也許會說想要醒來，但很快就看得出來，他們對覺醒只有一些夢境狀態中的概念：什麼都可以，只要不打擾他們的睡眠就好。自我的看門狗非常警覺，而且會咬人。據說，如果試圖叫醒夢遊的人，他們會變得很暴力——這個類比其實很貼切。

我看到克莉絲汀瞄了我一眼。我了解那一眼的意思，但不明白她為何覺得有需要。她想知道我要不要她介入，擋在我與這些倒胃口的事情之間；她想知道我要不要她帶我離開。這表示我必須停下來思考，因為我並沒有在這裡看到什麼需要有人幫我擋開的事情，除了靈性上的陳腔濫調，而這不會是克莉絲汀對我使眼色的理由。

這些都是聰明且成功的人。我也許描述得不太貼切，但光是亨利一個人鼻孔裡的聰明才智，就比我整個腦袋裡的還多。我記得我曾經也很聰明，也許上輩子我在書上讀到的什麼讓我覺得自己與聰明才智有關連。如果我曾經有才智，現在也沒有了。我的腦袋已經遲鈍了。我不再看穿事情的表面，不再事事猜疑，因為全宇宙唯一值得懷疑的東西就是自我，而我打算離它遠遠的。

但現在，克莉絲汀對我使眼色，而思索幾秒鐘後，我明白原因何在了：亨利暗算了我。

原來如此，我是今晚的餘興節目。亨利把我放在這個處境中，知道我遲早會按捺不住，開始說話，而他很清楚，這表示我會口出狂言，獻出一場精采的表演。現在我看出來了，很明顯。我笑自己這麼容易上當，但另一方面，我難得有表演的機會，所以管他的，我們就看著辦。我向克莉絲汀示意，讓她知道沒關係。

我坐上餐桌，試著對周圍的對話表示興趣。我喝水，克莉絲汀喝西打，其他人都在喝葡萄酒、談論葡萄酒。

在場只有亨利、他妻子與克莉絲汀認識我。亨利小舅子的妻子芭芭拉坐在我右邊，她帶了沙拉來。我讚美沙拉的滋味很不錯，她則提供了一些幕後故事。

「小獨，我兒子，今年八歲——」

「他叫小獨？」我問。

「是的，」她說，「是『獨立』的意思。他在七月四日誕生。」

我點點頭，沒說話。

「嗯，小獨聽到媽咪與爹地在說資源回收有多好，他就想要回收貓沙。可不可愛？他想要發明一種方法，來回收利用吸收了貓的屎尿而結成塊的貓沙。」

「八歲就這麼有環保意識。」我說，心裡很懷疑這跟沙拉有什麼關係。

「可不是嗎？嗯，小鬼把整盒貓沙都倒進我的沙拉脫水器——你知道的，那個用離心力弄乾蔬菜的東西？」

我點點頭，擠出微笑，心想：不知道聽完這個故事之後，我們需不需要去洗胃？

「小獨在脫水器裡裝滿用過的貓沙，開始拉繩子，讓脫水器轉起來。這時，我在廚房到處找我的沙拉脫水器，因為我正在準備沙拉，而我們已經快來不及了。」

我陪著笑，真心希望她可以快轉，直接說明沙拉中那些神祕的脆粒是什麼。

「最後，管家拿著我美麗的沙拉脫水器進來，裡頭塞滿可怕的貓屎。氣死我了！」她笑著說。

「那些生菜似乎很乾。」我說道，想誘導她說出最後的結果。

「對啊！嗯，我沒有選擇吧？」她問我，而我則在擔心最糟糕的情況。「我不能做出濕答答的沙拉吧？」

「不能嗎？」

「當然不行。所以，我把它們放進一個枕頭套，綁起來，丟進脫衣機脫水了幾分鐘。」

「沙拉嗎？」我問。

「只有萵苣啦。」她說。

「沒鬼扯？」我又問。

「沒有，」她愉快地說，「連一粒屎都沒有！」

我決定掐死下一個喝葡萄酒時轉動酒杯、又嗅又聞的人——當然不會真的去做，但我內心有很大一部分相信，這樣做也不會惹上麻煩。

我很清楚這些人愛怎麼生活都可以；我很清楚這是他們的宴會，我才是一顆老鼠屎；我很清楚我是個現實狂熱分子，而他們只是在自己的遊樂場上玩耍的孩童，只關心自己的遊戲。我不是想要敲破他們的外殼，只為了搖醒他們。我不想成為這群人或任何人的靈性老大，當然也不想拯救任何人。要從什麼拯救出來？生活嗎？但一直讓我快要發瘋的是，照法則來玩的生活要比虛假信仰的生活不知道美妙且刺激多少倍，驚人、偉大，又完美，而他們完全錯失了。當這些人坐在餐桌旁喝著葡萄酒，對彼此拋出包裝講究的意見時，他們的生命遊戲正在流逝。他們忙著玩數十種或數百種麻木心智的小遊戲，好避免那唯一真實的遊戲，我忍不住想，如果他們能學會稍微處理一下自己的恐懼，就可以拉張椅子坐在大桌子旁，加入他們的生命遊戲。這個遊戲是關於真相，而只要你能到達可以直視真相的地方，開始了解你與真相的關係，真相是很酷的。這與了悟真相或靈性開悟無關，是關於面對事實，生命的事實，而大多數人一輩子只做了一件事：逃避事實。讓我發瘋的並非他們是一群他媽的蠢蛋——我們**全是**蠢蛋——而是我知道一些我確定他們很想聽到的事，我也確定自己可以傳達給他們，只要我能表達清楚。

當然，**我**才是真正的蠢蛋，一個怪胎，我確定我的想法很類似任何瞪大雙眼的狂熱分子，他們認為自己是唯一知道內情的人。我要自我辯護一下：我不常讓自己陷入這種局面。過去幾年來，我算是完全避開了人群，這讓大家都很滿意。

晚餐後，大家都留在餐桌旁，拿出了幾瓶酒。每個人都自己斟酒，然後打開話匣子。恐怖主義與美國的弱點等話題冒了出來，大家都很擔心某場針對食物與水源的重大連環攻擊，聽起來好像最近幾週才驚險地解除危機；要是攻擊成功，他們說大家就必須自己努力求生了。這些人似乎幾近病態地幻想著可能發生的狀況：公共服務接連停頓，然後陷入無政府狀態、暴亂，最後是城市與基礎設施的崩解。在場的女士顯然對這類談話感到很不自在，但男士們都滔滔不絕。

「喔，想起來真是太可怕了。」一位女士說。

「**不去想**才可怕。」一位男士說道，「我們住在沙漠裡，狀況很快就會惡化，一、兩天而已。」

「我相信會有食物與供水——」

「國民兵會——」

「總統會——」

「我不這麼認為，」亨利說，「這些都不是長久之計，也不牢靠。就算你靠目前囤積的東西熬過了頭幾天，然後呢？如果有人拿槍來搶你的東西，你要怎麼辦？你無法報警，你連誰是朋友都不知道了。」

他們繼續聊了一會兒，堆積出更多恐怖狀況：我們的社會系統有多麼脆弱，如果發生事情會多麼可怕。他們只是不斷強調這一切有多恐怖、多重要，最後，那隻跳舞熊終於按捺不住了。

「嗯，假設你們能想到最糟糕的事情發生了，」我打岔道，「那真的是一大悲劇嗎？」

談話停止，所有的眼睛都看著我。

「你們的世界如果崩解，真的有那麼糟嗎？」我問道。「公共服務停頓、無政府狀態什麼的，我倒覺得可能是**好事**。這可以動搖一切事物，讓血液流通。」

他們帶著自以為是的困惑互相交換眼神，想要尋求解釋，或者尋求共識，來對付這個意外偏離標準議題的混蛋。

「我不認識你們任何一個人，」我繼續說，「但看起來你們的生活都很容易預測。你們都知道故事如何發展，對吧？所以，如果故事突然變得比較刺激，會有那麼糟糕嗎？」

不管怎樣，我吸引了他們的注意。亨利看起來很高興。

「我只是表達一些反面意見，隨口說出來。如果我錯了，請糾正我，但你們的生活就是，」我揮手指著四周，「**這一切**，對吧？我是說，你們賺錢、扶養子女、參與社交、扮演好自己的角色，就像其他人一樣——基本上就是在小圈圈裡慢慢走向自己的墳墓，卻又假裝不是如此。當然，你們都會靜坐、靈修，但你們知道那樣做不會有什麼進展，對吧？」

一些抗議的聲音響起，但我不予理會，他們的憤慨對我而言就像一隻粉紅色小狗的嗥叫一樣毫無意義。我現在正放縱自己享受一種更有力的溝通方式，主要是為了娛樂自己，他們此時的反應不是重點。

「你們說的世界末日聽起來很糟糕，」我說，「但也許那是你們一次真正的機會。大家也許不知道，你們所想像的狀況是覺醒，你們自己的覺醒。你們都聽過『塞翁失馬，焉知非福』這句中國俗話，願你們活在一個有趣的時代。在你們看來，我們並非活在有趣的時代，但我們可以。這就是你們那些恐怖事件的真正意義，不是嗎？讓整個時代變得有趣？我們有最好的座位，可以觀賞史上最偉大的表演：一個先進科技文明的崩解。正如你們指出的，這不需要多少力氣。食物與供水幾天內就會耗盡，所有虛偽的寬容、高雅與道德也隨之而去。大城市陷入恐慌，火災、暴動、撤離。這將是世上前所未有、最大的揭開面具行動，大規模的覺醒，數百萬人很快就變得十分真實。你們不認為這樣會很好玩嗎？」

他們看著我，好像我是個瘋子、蠢蛋，或者只是令人難以置信地無禮。我的話主要是對著亨利說，這樣其他人會覺得自己是在觀賞一場對話，而不是直接被冒犯。他們看亨利沒有被激怒，便克制自己，不跳進來。

「我猜這種狀況未必不可能發生。恐怖攻擊、核子災難、行星撞擊、戰爭、細菌、天災，世事改變、崩解、結束，沒有規定不能如此吧？想像美國陷入軍閥割據狀態，變成一個個城邦國家；想像乖戾的嗜酒之徒橫行霸道、肆虐鄉間。」

亨利笑了，舉起他的酒杯。

「天塌了！天塌了！」他像喊口號般吼叫。

我也笑了。真好玩。

「任何恢復正常的希望都滅絕了。我們稱為原始部落那些人不受影響，繼續生活，整個電子世界卻退化到野蠻狀態——不用幾年或幾個月，而是幾週、幾天。我們將看到自己堅持的價值標準如何抵擋得住一個空空的胃。你們要幾頓沒吃才會開始不愛鄰居，把他的喉嚨割開？這種文明的裝飾其實非常薄弱。研究一下處於絕境中的人——坐牢、在海上漂流等等——你就會看到薄弱的不只是文明行為的裝飾，友誼、道德、榮譽，全都會消失，明顯的生理特徵也會。至於愛呢？當情況真正惡化，我們會從自己正在挨餓的孩子手上搶走食物。每個人都有求生的本能，而愛無法勝過本能。」這番話一點都不受歡迎。「我指的不是坐在這餐桌旁的我們，」我繼續說道，「因為這一切也都是裝飾。這些愉快、飽足的面具只是蓋住內在獸性的意識薄紗，連最輕微的不適都無法承受。」大家都垂眼望著桌面和四周，我想，他們是希望有人站出來叫我規矩一點。「我們認為自己所是的那個人會被永久剝除，」我做出東西化為煙霧的手勢，「就像這樣。此時此刻，我們酒足飯飽，未受威脅，因此有餘裕假想那些吃人的人、那些仇恨並屠殺其他種族的人、那些幫派分子都是別人，但他們不是。他們就是我們，相隔只有一層薄紗。沒有好人與壞人，人就是人，全都一樣，只有環境會改變。」

我喘口氣，讓這些話沉澱一下，然後站起來繼續抨擊。而為了保持能量，也為了不讓人誤解這是一場對談，我開始踱步。他們現在都安靜下來，看著這場表演。也許是言語或言語背後的力量，也許只是看好戲，但他們全都死盯著我。沒有人在轉酒杯，沒有人在聞酒香，也沒有人自以為是地斜眼看我。亨利現在真是高興死了，他有了他期待的表演。

我拿起一根胡蘿蔔條，咬了一口。

「這可以成為死而重生的過程，不過是星球級的規模。想一想真是非常有趣，以自我為基礎的社會整個被摧毀，接下來是多年的混亂與無政府狀態，然後有某樣東西從灰燼中升起。是什麼呢？也許是另一個以自我為基礎的社會，誕生於武力而不是正義，誕生於惡臭的恐懼，但也許不是，也許是不一樣的東西。塵世中的天堂嗎？讓我們又回到伊甸園，你們不覺得嗎？這是個人必須經歷的過程，那麼一個社會為什麼不行？這種事在事前是難以想像的惡夢，事後看來卻是天賜之物。西方文明的死亡與重生，一場人類演化的革命。很酷吧？」

亨利似乎同意，其他人就不確定了。像這樣挾持一場談話，然後大放厥詞，對我而言有如刺破氣球般容易。我只是把主題帶到一個更有趣的層次，讓大家看看從那兒見到的風光。你大概認為有人會被冒犯，但我不會因此放緩，而當他們發現這場談話出現不一樣的東西時，他們最初的反應很快就會消退，然後就跟著上車了。

「我有說錯嗎？」我看著他們每個人問道。「公共服務與基礎設施崩解是**你們**講的，我只是說那可能是件**好事**。很有趣，燒掉一切。」我揮舞著胡蘿蔔條，象徵西方文明，「我是說，有何不可？反正也沒有什麼進展，不是嗎？另一個老調重彈而已。死亡與重生，對吧？還有其他方法嗎？」

我環顧四周，沒人開口。

「現在，跟你們在打盹中度過的這些乏味的小生活比一比。你們真正在做的是什麼？慢慢爬向癌症、心臟病，以及漫長而痛苦的死亡。我說錯了嗎？噢，你們之中有一、兩個人也許運氣好，可以死在車禍中，或是在睡夢中心臟病發作，就這麼走了，或是被配偶謀殺，但那真的是你們所能期望最好的下場了。你們似乎沒有人夠有決心去自殺。把那個愉快的遠景與你們所想像的這個最糟糕的情況比較一下。當然，你們也許撐不了很久，但那種死法多精采！整個世界化為火焰！然而，你們不想要那樣，因為——什麼？我猜，你們有更重要的事情在進行。譬如什麼呢？你們的計畫？你們的事業？你們的未來？你們的子女？你們的子女只是你們的『尚未充分發展版』，他們掙脫這個否認循環的希望，不會比你們大；就算他們的希望更大，也沒有理由。唯一的理由是恐懼。你們的恐懼導致你們的否認，導致你們對於永續存在產生舒適而狹隘的幻覺。看看你們，聚在一起重申彼此的自我形象幻想，說著壞野狼會把你們的世界吹倒的恐怖故事。『哇，我們真是躲過一劫了。』你們如此談論這件恐怖攻擊，但你們躲過的，是自己的生命。這樣掃興真抱歉，有沒有蛋糕？」

我進入廚房找到咖啡與提拉米蘇蛋糕，拿了一點，帶到露台上吃。我發現咖啡被加了香料，就把它倒到欄杆外面。現在這個蛋糕沒用了。我望著遠處的山丘，搞不懂為何大家都不像我這樣。

我對這些善良的中產階級人士及他們無害的中產階級生活如此大放厥詞，也許有點蠢，但無聊會讓我做出蠢事。這是我冒險進入這個世界的陷阱之一：我會陷入其他人胡說八道的泥沼中。我並不是反對其他人或他們的胡說八道，只是沒有準備好要陷入泥沼。我想，我是可以一整晚坐在那裡，忍受著點頭，以及假裝對美酒、汽車、政治和公益事業等話題感興趣的輕微屈辱，甚至偶爾說幾句場面話，但我覺得我這種包容忍耐的日子已經過去了。我的意思是，說真的，誰會在乎我說些什麼？所以，我還是乾脆表達自己的心意，至少今晚可以讓人留念。

我聽到有人出來了，轉身便看到克莉絲汀。她大概也在生我的氣，雖然我不認為她在那整場表演中有抬頭看我一眼，她一直在打毛線。

「我想我們已經用光了主人的好意，」我說，「如果讓你難堪，我很抱歉。請叫輛車子，然後訂旅館房間。我們從亨利車上拿走行李，不要讓他送我們。」

克莉絲汀搖搖頭。「你大受歡迎。」她說，「他們希望你回去，有問題要請教你。」

「真的假的？」我說，「他們真好。」但我並不覺得自己受歡迎。「還是叫輛車吧。然後，別找旅館了，去訂機票。」

「機票？去哪裡？」

「你去愛荷華州的席達拉皮茲，我去紐約的拉瓜迪亞機場，或新澤西州的紐華克機場。」

「真的？」

「真的。」我說，「旅行結束了，我必須離開這個地方。」但我的意思其實是，我必須離開人群。

「那麼，你建議我們要怎麼做？」亨利在我回到餐廳後問道。大家都還坐在餐桌旁，我坐了下來。

「我不建議你們做任何事。繼續過你們的日子，別理那些說你們錯了的人。你們沒有錯，這是事實。別做任何不一樣的事。我只是在玩弄思想，臆測、誇大，以博君一笑。」

「你不認為會發生災難？」

「很遺憾的是，不會。似乎沒有這種跡象。」

「好吧。如果你身在我們的處境，你會怎麼做？」

「我會咬掉自己的腳，來掙脫你們的處境。」我說，「那會痛得要命，也許真的會要命，但那是我對監禁的自動反應。我很久以前就做了這樣的決定，連想都不用想。」

「但你不建議我們任何人這麼做？」

「不建議。」

「為何不？」

「因為你們有美好的生活，就算是在沉睡，那又怎樣？這就是人生。你們做著美夢，何必醒來？何必破壞如此美好的安排？又沒有什麼事物面臨危險。看看你們的生活，你們位居史上最幸運的百分之一人口的前百分之一，你們想搞砸嗎？」

3 假扮狄克

所有人都必須讓自己的生命——就算是最細微之處——配得上他在自己最崇高而危急的時刻思索的一切。

——梭羅

我坐在陽台上等待我們的車。天已經黑了，那裡只有一張長椅的視野還不錯，一個約二十歲的孩子也過來坐著。他拿著啤酒，點燃一根大麻煙。我們距離屋子夠遠，如果有人過來，他可以把大麻藏起來或丟進酒瓶裡——假設他不想讓人看到。他把煙遞給我，我婉拒了。他以孩子的口吻談論他父母與屋內的其他人，帶著那種叛逆青少年的焦慮，而且已經很醉了。他問我為何在這裡。

「我不在。」我說道，回憶起大學時一段類似的對話。

「咦？」

「我其實不在這裡。」我重複說道，很好奇他會不會中計——如果他處於合適的心理狀態的話。

「好吧，是啊，當然。那麼你他媽的到底在哪裡？」

「跟你一樣，在另一個時空。」

他哼了一聲，又吸了一口煙，然後看著我。

「真是充滿詩意。我必須說，你比裡面那些活死人有趣多了。」

「你可沒有。」

他僵住了。「哦，是嗎？去你的！」

「我來這裡就是要告訴你這個，這就是我今晚來這裡的用意。幾年之後，你會跟裡面那些人完全一樣。你現在擁有的一點點熱情將消失不見，然後會嘲笑那些有熱情的人。那就是你的未來，你會活在夢遊狀態中超過六十年，」我指指屋內，「就像他們一樣。」

他嘲笑我，然後停下來，想了一想，又笑了。「你滿口胡言到幾乎算是有趣的程度了。你是什麼東西？菲利普．狄克①的書迷嗎？到處亂搞別人的腦袋？」

「現實就是，當你不再相信時，它也不會消失。」我說。

他哼了一聲。「那是什麼？又是詩嗎？」

「菲利普．狄克。」我說。

他沉默了幾分鐘。我欣賞風景，他享受著大麻煙與啤酒。

「好吧，」一會兒之後，他說，「我跟你玩。我們到底在哪裡，你和我？」

「在加拿大卑詩省落磯山區的一處私人機構，叫席爾學院。」

「嗯哼，好。那我們在席爾學院幹什麼？」

「這是一家安養院。你患了癌症就快死了，我在工作。」

「是啊，」他說，「當然。所以，現在我躺在加拿大某處的病床上，快要死於癌症了？」

「是的，但並不是現在。」

「喔，對，我真笨。不是現在，我們也不在這裡。那麼，你是在做什麼工作？」

「我是塊補丁。」

「補丁？哦，好吧。補丁是啥玩意兒？」

「就像軟體的補丁，為了修正程式的錯誤。聽過吧？」

「當然啦，老兄。」他答道。現在他有點興致了，大麻讓他像個哲學家。不是相信或不相信，只是有點興致。

「所以，我快死於癌症，而你穿越時間——」

「沒有，我不是時光旅行者，而是一塊補丁。」

「喔，對。」他笑了，「你不會認為我真的相信這些鬼話吧？」

「我不在乎。」

「好。那麼，你他媽的想要我的什麼東西？」

「你沒有任何東西是我想要的。」

「很好。那你在這裡幹什麼？」

「我來告訴你一些事情。」

「那就快說，然後把你的狗屁鬼話拿去說給想聽的人聽。」

「我已經說啦。我的工作完成了，現在我只是在欣賞風景。」

「是啊，然後星期一早上你會從你賣保險或寫什麼爛電視劇的辦公室欣賞風景，因為你對某個孩子說的一堆聰明的鬼話而笑。不過，你是在騙自己，因為我覺得你只是個該死的失敗者，正在高談闊論自己失去的青春或什麼的。」

「那應該很容易確認。」

「是嗎？怎麼確認？」

「你父母會常常請一些神祕賓客來家裡吃飯嗎？去問問我的名字，問問你父母怎麼認識我的。然後，星期一早上來我辦公室嘲笑我。」

他思索了一下。

「你真是瘋得可以，老兄。」

「我只是來這裡傳達訊息的。」

「哼。所以你已經說了，對吧？說什麼？補丁嗎？你說了什麼？來吧，就當我相信你。」

「時間是二〇六六年，我們在席爾學院。你躺在床上等死，幾乎是個活死人，所擁有的只剩下你的夢想和回憶。你在心中重溫生命中的某些時光，因此才會來到加拿大的席爾學院等死。」

「喔，所以現在我完全不在這裡？我只是夢見這一切？老兄，這真是越來越精采了。繼續吧。」

「回顧你的生命時，你將自己視為失敗者。你相信你浪費了一生，沉睡了一生。你記得不是一直如此，你曾經醒來過，充滿生氣，但是，接著你又漸漸睡著，就像屋裡的那些人，然後就一直保持如此了。」

「酷！所以，現在我奄奄一息地躺在病床上，遺憾自己睡掉了一生。於是，我派一塊補丁去修正事情，讓我從此過著幸福快樂的生活。也許就像你？一個真正醒來的傢伙？」

「很接近，但不完全是。沒有從此幸福快樂這件事，這不是你的人生，在病床上的才是，而且快要結束了。你半昏迷地躺在那裡，夢見自己的人生。你想要夢見你的人生應有的模樣，而不是那種樣子。所以，應你的請求，一塊補丁被放在你記得自己還有一些膽量的最後一刻。我每週會進行這樣的對話十幾次，沒什麼特別的。」

我試著適當表現出無聊。過了一會兒，他才又開口。

「你真是鬼話連篇，老兄。」他說。

「是啊，也許吧。」

「是啊。好，你玩過了你的動腦小遊戲，傳達了你的小訊息，但沒有任何意義，因為我一點都不信，完全浪費了。」

我首次正眼看他，然後轉回去看風景。「誰在唬誰？你當然相信，你知道這是真的。你現在還有些勁兒，但你知道不會維持很久。看到裡面那些人，那些活死人沒有？那就是你的未來，你就在裡面。他們以前就像你，而你以後會跟他們一樣，成為迷宮中的老鼠。這是真的，你知道。」

這讓他住口了一分鐘。接著，克莉絲汀出現，亨利跟在她身後。

「祝你今生愉快，老兄。」那孩子離開時，我這樣對他說。

「你剛才真是不簡單。」亨利興奮地告訴我，「你非常有架勢，應該上舞台的。」

我望著克莉絲汀，希望有好消息。

「車子至少一個小時之後才會來。」她說。

「喔，不行。亨利，請給我鑰匙。」

他把鑰匙遞給我。

「我可以載你們去。」他說。

我瞪著他，他膽怯地笑了笑。

「你在生我的氣嗎？」他問道。

「沒有。」我說。

「真的嗎？」

「真的。」

「你確定？」

「確定。」

他看起來有點沮喪。

「亨利，我確定。」

他又高興起來。「真是太棒了，」他說，「太好玩了，今晚的事會讓我們談論好幾年呢。你說得完全正確。生命如此豐富，有如此多的可能性，所以，如果一切都崩潰又怎麼樣？我們這麼恐懼幹什麼？你們真的要走嗎？我以為你們要——」

我站起來，走上最沒人使用的小路來到車道，克莉絲汀與亨利跟在後頭。我為克莉絲汀打開車門，自己坐上駕駛座。亨利又說了一些道別詞，還要我再度保證沒有生氣。我沒有生氣。

「你會打電話告訴我賓士停在哪裡吧？」他問道。

「賓士？天啊，亨利，你真是快要了我的命了。」

「你說得對！完全正確！我何時變成這樣一個混蛋？」他問道，露齒傻笑著，好像這一切都太美好了。

我笑了，因為的確如此，然後，我們便駕車離去。

①菲利普·狄克（Philip K. Dick），美國著名科幻作家，作品多探討身分認同與現實錯亂，屢屢被好萊塢搬上大銀幕，如《銀翼殺手》《魔鬼總動員》《關鍵報告》《記憶裂痕》《關鍵下一秒》等。

4 魚的故事

「如果要攻擊，就刺穿那個面具吧！
囚徒除了衝破牆壁，
還有什麼辦法能到外面去？」
——梅爾維爾，《白鯨記》

我來到紐約，但抵達後，我不知道自己為何要來這裡。我去看了雙子星大樓在九一一之後留下的坑洞，吃了一個燻牛肉三明治，觀看清理工程。我來到帝國大廈頂端。我在街上逛了幾小時，慢慢走向格林威治村與紐約大學，最後來到華盛頓廣場，坐在一張長椅上。太陽西沉，我在那裡坐了一個小時，並告訴宇宙，我會一直待在那裡不動，直到宇宙想出更好的點子。

過了一會兒，「孤獨的洗禮」這個詞出現在我腦中，接著很快變成一股成熟的渴望。我心想，搞什麼啊？我真是自討苦吃。不過，說好了就是說好了。我搭上計程車來到甘迺迪機場，買了張機票，經由西班牙的馬德里前往摩洛哥的拉巴特。我待在摩洛哥西部的海濱小鎮索維拉大聲朗讀幾本保羅．鮑爾斯[1]、戈馬克．麥卡錫[2]和福克納[3]的書，以及一本美國內戰書信集。當我覺得受夠了，便前往摩洛哥西南部的古城馬拉喀什，在那裡安靜地閱讀普爾曼[4]、羅琳[5]與托爾金[6]。我避開人群與新聞，盡可能不做什麼，讓時間在我四周重塑它自己。幾個月之後，我不想再待在那裡了，便搭飛機回到紐約，訂了週五下午前往紐約長島東端——漢普敦——的砲彈列車的座位，搭上車。三小時之後，我來到位於東漢普敦的蒙托克；兩個月之後，就是現在了。

這幾個月，我就像《聖經》裡的約拿，被一隻鯨魚吞下了肚。我一直沉浸在《白鯨記》這本書裡，直到現在才真正了解它，直到現在才看到它的真實面貌。這是一個讓人興奮的過程，因為我不認為以前有人真正看清楚《白鯨記》的真實面貌。在漢普敦期間，我住在一位女士的房子裡，因為梅爾維爾與《白鯨記》對她有特別意義，成了我讀這本書的契機。這位名叫瑪麗的女士多年前在大學教授美國文學時開過《白鯨記》的課，然後，她與過世的丈夫比爾花了許多年把他們的私人生活塑造成十九世紀美國船運業與捕鯨業的風格，依據的核心就是梅爾維爾的《白鯨記》。

如果你對十九世紀美國的捕鯨業有興趣，那麼紐約長島東端是個很好的生活區域。這個產業的歷史全在距離此區車程或船程幾小時的範圍內：沙格港、冷泉港、米斯提克、新貝福德、南塔克特島、鱈魚角和瑪莎葡萄園島。瑪麗與比爾閒暇時就到這些地方旅行，參觀博物館、看書、買古董與擺飾。其實，他們就相識於鱈魚角的一家冰淇淋店——四海冰淇淋，現在仍有營業——而且努力在每個相識週年紀念日都回去那裡。比爾過世將近十年了，他死後，瑪麗就著手寫一本關於美國捕鯨業與《白鯨記》的書，並且計畫將此書獻給比爾。

如果你對十九世紀美國先驗主義有興趣，長島也是一個好地方。惠特曼就出生在這裡的蘇福克郡，而我距離梭羅住過的沃爾登湖、康科德，以及惠特曼晚年居住的康登大概只有兩、三小時的車程。我並未計畫去觀光，但在這裡就有很好的感覺。

瑪麗的房子前門旁邊的小房間過去是比爾的辦公室，除了多了一部筆記型電腦，大概跟他最後一次看到的樣子差不多——陰暗、溫暖，大量的橡木與皮革裝飾，豐富的法律藏書，以及捕鯨與海洋相關書籍，包括幾乎所有研究梅爾維爾及其作品的書，和數百本關於美國東岸沿海地區海洋生活的書。

所以，住在這樣的房子裡，要我不讀《白鯨記》實在很難。

瑪麗年約六十來歲，高䠷，愛爾蘭人，天主教徒。

我大概從五歲起就認識她，因為她與她丈夫有參與我們的家族事業，尤其是瑪麗，她就像我的家人。我們失聯了許多年，但後來她協助處理了我第一本書《靈性開悟不是你想的那樣》的一些結構問題。她個人對這個主題產生興趣，於是我們重溫舊誼。她不停地邀請我去她那裡住一陣子，想住多久都可以，所以我就去了。

她的房子坐落在長島東邊的加德納灣，就在漢普敦、沙格灣和謝爾特島之間。這裡很富裕，觀光業很發達。我在長島海灣的另一邊長大，現在還有家人住在那裡與曼哈頓。通常我喜歡避開金錢、觀光客及家人過日子，但我發現自己在瑪麗家很自在。她家與常有人走的小路有一段距離，安靜、隱密，四周還有散步與騎單車的好地方。

瑪麗房子的前院是碎石庭院與車道，四周有開了一扇門的石牆與濃密的樹木圍繞。房子從前面看來小巧而古典，白牆與紅門，黑屋瓦與百葉窗，茂盛的灌木與常春藤，還有一座鵝卵石煙囪。從前面看來，它並不像其他許多房子那樣注重外觀，無意讓賓客與路人留下深刻的印象。就像許多海邊的房子，這棟住宅的正面注重功能，背面才是重點所在。這是一棟翻修過的一九二〇年代漁夫小屋，瑪麗與過世的丈夫清空了內部，創造出高大寬敞的空間，並在後方兩側增建翼房來當臥室，把包含露台及後方海岸線的戶外生活空間圍進來。屋子包住了後院，這樣的設計讓整個起居空間都能將風景一覽無遺。建築物的中央有起居室、餐廳與廚房，構成一個大的開放空間，有著教堂般的天花板與高窗，落地雙扇玻璃門則讓房子內部與戶外空間結合在一起。

兩側增加的房間從主屋向外展開，以溫和的弧度包住庭院。兩翼的其中一側有兩間臥房，我住的房間靠外，裡面那一間空著；另一側是主臥室，裡頭有大浴室與衣物間。三個臥房都有大窗戶與落地雙扇玻璃門，通往超大的露台。這房子其實不大，但光線明亮、空間開闊，感覺既寬敞又舒適。從當地的房地產資料看來，這樣的房子價值超過百萬美元。如果在旺季出租，瑪麗一個月收到的租金會超過許多人一年的收入，但她從來沒有這麼做。這是她與過世的丈夫在養大子女後打造的夢幻之屋，她對這棟房子的感情似乎有如家人。

這房子很適合室內與戶外生活。墨西哥灣流讓此地的氣候舒適宜人，夏天涼爽，冬天溫暖。後院有一半是一個超大的白色露台，連到房子，往下走兩層會碰到一塊小草坪與壯觀的海灣景色。露台上層與房子背面角對角連結在一起，部分被類似棚架的木條遮蔽，那些木條如白色肋骨般從房子伸出來。露台上有一張附陽傘的餐桌與幾張椅子，還有烤肉架與兩張懶人椅。房子的背面朝東，所以早上陽光充足；過了中午，屋子的陰影就會延伸過來。

往下走，露台的第二層變得寬敞，而且比較沒有在使用。這裡有一些椅子、一張以欄杆為靠背的固定式長椅，還有一張含鐵架的吊床放在陰暗處，上方有枝葉遮蔽。台階往下穿過一道低矮的長青樹籬，來到一處四分之一畝大、充滿陽光、修剪整齊的草坪，有一條小路通往海邊。後院並不是往水邊傾斜，而是保持水平，直到觸及一條像木板路一樣環繞著瑪麗家整個臨海面的陳舊木頭甲板。一座漂浮船塢伸入海灣六公尺，船塢裡沒有船，但有時客人會從那裡來。有幾張舊的木製躺椅放在那裡，很適合在日出或日落時入座，遠遠地可以看到海灣裡的東方角、加德納島與惡名昭彰的梅島⑦。

有些經典書大家都同意它是本文學巨著，卻沒人真正讀過，而我總是聽說《白鯨記》就是一個典型的例子。我剛住進瑪麗的房子時，曾坐在上層露台的小桌邊花了幾小時閱讀這本書，很清楚地看出以上兩個事實。這本書的前四分之一的確高潮疊起——伊實瑪利與奎奎格相遇成為朋友，並加入捕鯨船皮谷德號、馬伯神父的講道、亞哈船長變得「傲慢、不信神、有如神一般」的前兆——但它確實很沉重，且結構怪異。我不確定自己為何會去讀這本書，或者是否該繼續讀下去。

一直要讀到第三十六章，超過一百五十頁之後，我對這本書才首次有了愉快的領悟，之後還有一次。是亞哈本人鼓勵我繼續下去。那個場景是船已啟航，亞哈為了他的目標——獵捕一條白鯨——而召集船員。他的大副史塔巴克不願意讓這艘船與船員放下捕鯨的正事不幹，投入報仇。亞哈問史塔巴克是否不想捕殺白鯨莫比敵，史塔巴克答道：

「我是願意去打牠的鉤嘴，也願意打死神的嘴，亞哈船長，如果是在捕鯨時遇到，我們就追上去。但我是來這裡捕鯨，不是為長官復仇的。」

亞哈把史塔巴克拉到一旁，說道：

「你又來了——狹隘的低層次。老兄，所有可見的事物，都只是紙糊的面具。但在每一個事件裡——在活動中，在無可置疑的行為中——有某種未知卻合理的事物從這不合理的面具之後顯現出它面貌的模型。如果要攻擊，就刺穿那個面具吧！囚徒除了衝破牆壁，還有什麼辦法能到外面去？對我而言，那條白鯨就是那堵牆，向我擠了過來。有時我認為後面空無一物，但這樣就夠了。」

這是精采刺激的一章，我一路讀得很開心，直到這段文字鎖定了我。他說的真的是我以為他所說的嗎？我又讀了十幾次。有可能嗎？似乎不可能，但那些字就在那裡。《白鯨記》頓時成了一本非常有趣的書。

為了讓我們對這本書有點共識，我簡單扼要地說明一下。書的一開始是文學史上最著名的開場白：「叫我伊實瑪利。」（這句話的重要性從未被徹底了解），接著是敘述者的冒險故事。他因為情緒沮喪，而投入大海與捕鯨旅程，以逃避自己黑暗的絕望。他與剛認識的食人族朋友奎奎格加入了皮谷德號，從南塔克特島出航。該船的船長是只剩一條腿的謎樣人物亞哈，而前面提過，我們直到第三十六章才知道真正的情況：船長全心全意追求一個目標——獵殺那隻白鯨。前一次出海，亞哈的腿被白鯨莫比敵咬掉；而現在，表面上看起來，亞哈想要復仇。進行獵殺任務的皮谷德號航行四海，與其他船隻互通資訊。這是一個精采的故事，敘述得很精采，充滿了預期之外的幽默與魅力。整個故事在追逐莫比敵三天之後結束，皮谷德號與所有船員全都葬身大海，除了伊實瑪利一人生還。

在瘋狂追求報仇的過程中，亞哈把皮谷德號占為己有，用來滿足自己的復仇之欲，導致三十名船員送命，他的妻子成為寡婦，兒子失去父親。基本上，他是個心態扭曲的精神變態者，被白鯨咬斷了腳所帶來的痛苦與羞辱，導致最極端的瘋狂。他背叛了所有信任他、依靠他的人，讓三十個人送命，以滿足他對一條魚的瘋狂執迷。除此之外，他還失敗了——亞哈死了，那隻笨魚逃脫了。

簡言之，相當糟糕的一個傢伙。精神變態、瘋狂、充滿仇恨、凶殘，以及一個完全的失敗者。

反正過去一百六十多年來，他一直被如此看待。我在開始讀這本書之前看了一些評論與介紹，發現大家似乎都覺得《白鯨記》很模稜兩可，不適合明確的詮釋。在我那兩個領悟的第一個發生之後，我開始更深入地研究。我翻遍了瑪麗的藏書，用比爾辦公室的筆記型電腦上網搜尋，甚至進城兩天，上圖書館研究，其中包括紐約公共圖書館在格拉莫西公園的「領悟分館」（不是刻意的）。最後我終於得到結論：從來沒有人曾經弄清楚這本書。大家似乎都認為不可能弄得清楚。許多評論者說海洋象徵這個，鯨魚象徵那個，亞哈的追尋則象徵另一樣東西，但從來說不出什麼道理，這些理論的作者也時常承認這一點。

《白鯨記》象徵的是人類對抗大自然嗎？對抗命運？對抗上帝？亞哈是普羅米修斯[8]？

約伯[9]？納西瑟斯[10]？他是個悲劇英雄嗎？《白鯨記》是關於善對抗惡？邪惡對抗邪惡？邪惡對抗更邪惡？瘋子對抗魚？它是對人類心理的探索？政治諷喻？反奴隸宣言？對資本主義與工業化的控訴？一本贊成民主主義的專書？以上皆非？那麼是什麼？讓我們把事情弄得單純一點。當一個人如此扭曲、變態，為了找一條笨魚報仇，寧願摧毀一切人事物，這究竟意味著什麼？我們要如何解讀？我們**能夠**如何解讀？從沒有人提出清楚的解釋，有什麼好奇怪的？有清楚解釋的可能嗎？或者，就像評論家經常做出的結論，梅爾維爾對自己寫的東西也不清楚？

我們將會看到，答案是否定的。梅爾維爾寫《白鯨記》時完全知道自己在做什麼，沒有任何含混不清。我們也將發現，在此之前沒有人真正了解這本書，是有一個非常單純的理由。

聽起來一切都很好，但我們真正關切的問題是：如果正確解讀，《白鯨記》有可能引起本書——一本叫《靈性衝撞》的書——讀者的興趣嗎？

目前，我的回答是：梅爾維爾是他的族人中走得最遠的靈性先鋒，《白鯨記》則是他這趟旅程的船長日誌。

所以，是的，讀者可能會有一些興趣。

① 保羅·鮑爾斯（Paul Bowles），在美國具經典地位的虛無主義作家、作曲家和翻譯家。大半生居住在摩洛哥的坦吉爾，以示遠離和抗拒美國的物質文明。成名作為《遮蔽的天空》。

② 戈馬克·麥卡錫（Cormac McCarthy），美國小説家，被譽為海明威與福克納的唯一後繼者。曾獲美國國家書卷獎、美國國家書評人獎、普立茲文學獎、鵝毛筆獎等獎項，代表作有《血色子午線》《所有漂亮的馬》《長路》等。

③ 威廉·福克納（William Faulkner），美國小説家、詩人和劇作家，是美國文學史上最具影響力的作家之一，也是意識流文學在美國的代表人物。曾獲諾貝爾文學獎。

④ 菲利普·普爾曼（Philip Pullman），英國小説家，代表作為奇幻小説「黑暗元素」三部曲（《黃金羅盤》《奧祕匕首》與《琥珀望遠鏡》）。

⑤ J·K·羅琳（J. K. Rowling），英國小説家，代表作為奇幻小説「哈利波特」系列。

⑥ J·R·R·托爾金（John Ronald Reuel Tolkien），英國作家、詩人及語言學家，代表作為奇幻小説《哈比人》與《魔戒》。

⑦ 隸屬美國農業部的動物疾病中心位於梅島，據傳，它其實是美國陸軍的生化實驗室。

⑧ 希臘神話中盜火送給人類的英雄。

⑨ 《聖經》中的人物，曾在身體與精神方面遭受嚴格考驗，仍持守純正。

⑩ 希臘神話中的自戀狂。

5　靈性自體解析

寫作時沒有什麼是靠運氣。
不容許任何伎倆，你只能寫出你本身最好的狀態。
——梭羅

在《靈性開悟不是你想的那樣》一書中，我介紹了「靈性自體解析」，那其實就是一種吃了大力丸的記事過程，讓我們能以最快、最無痛的方式燒掉自我和幻相那些看似無限多的層次。試著寫下某些真實的事情，一直寫下去，直到你真正寫出來。這是一根火柴，將來會成為烈焰。

此外，在《靈性開悟不是你想的那樣》中，我們也認識了茱莉這位聰明迷人的年輕女子。她為了某本靈修雜誌來訪問我，而離開時，她帶走的比她**以為**的還多。事實上，茱莉踏出了她這輩子（也許是好幾輩子）所追求的一步：**第一步**。

《靈性開悟不是你想的那樣》第三十五章快結束時指出，對茱莉而言，一切都還沒有結束，只是開始而已。而她當初展開的那個過程可以讓我們在這裡舉為範例，因為茱莉選擇把「靈性自體解析」當成面對她漫長戰鬥的主要方法。她也選擇把我當成寫作的對象，這很合理。她可以寫給她認識的某個人，想像寫作時這個人就坐在她對面，或與她一起踱步思索、陪她散步。我是她認識的人，也是她正在經歷的過程的畢業生。可以對一個想像的我發言，對她來說是非常有力量的工具。

當我經歷同樣的過程時，沒有一個像我這樣的人讓我傾吐，所以我寫給「你」，我想像的讀者。《靈性開悟不是你想的那樣》正式出版的十二年前，我在兩年內寫了十五個版本，而且寫每一版時都真誠地想要出版，然後每一版都被燒掉或刪除，但每一版都達到了它真正的目標。

剛住進瑪麗的房子時，我見到了她管家的兒子。科提斯是一位十八歲的非洲裔男孩，有一天來接他母親時抱怨說他必須去漢堡店打工到九月，然後開始上社區大學，他在那裡獲得部分的足球獎學金。我們談了幾分鐘，我問他要不要來我這裡工作，而不要去麥當勞，反正我總是有很多不想做的事情要做，尤其是關於寫作與收集這本書的資料。他答應了，我們就去徵求他母親的同意。她想如果我是瑪麗的客人，應該沒問題，便說好。

很好。

科提斯要做的事之一，就是去把我大量累積的電子郵件瀏覽一遍，並對每一封郵件做出以下三個選擇之一：如果可能就刪除，如果有必要就歸檔，如果無法決定，就給我看。這對他而言並不容易，因為他完全不熟悉靈性的玩意兒或我的觀點。但是，他誠實以對。他讀了《靈性開悟不是你想的那樣》的電子版，提出一些好問題，對我的工作方式有了一定程度的熟悉。他保持距離，不會接受或排斥任何事，但他了解我的需求，工作有效率且愉快。我們在第一個禮拜就習慣了彼此，建立起很自在的友誼。

在整理我的電子郵件時，科提斯看到一個子目錄，那是我存放茱莉郵件的地方，大部分都沒讀。我看了最早的十幾封，看看是否有需要我之處，但沒有。那裡有累積超過一年的郵件，有時她一天會寄來十封。我要科提斯瀏覽一下，看看裡面有些什麼，結果他帶給我一大疊印出來的茱莉郵件，不知道該怎麼處理。

茱莉注定要經歷這個覺醒的過程，而且進展非常快速。我告訴她，如果需要我的注意或回應，就在主旨欄寫下「碧翠絲」這個名字，但她還沒有這樣做過。她有時在一小段裡就從輕鬆饒舌變成緊張驚慌，這是好跡象，因為這表示她沒有太常重讀或修改自己寫的東西。這是正確的做法：只管繼續往前爬，不要浪費時間去修飾外表。過去的就是過去了。她在下面這段話裡表達她了解這種不停止的前進動能有多麼重要：

靈性自體解析的過程對我有點困難，理由很蠢。身為職業寫作者，以及一個以前想成為作家的學生，我一直都很倚賴編輯與改寫的過程，讓文字如我想要的那樣表達出來。我非常反對只是寫下來就不管，讓文字停留在草稿階段。我看得出其價值，看得出其功能。我知道沒人看得到這些文字，也許除了你傑德（也許沒有，但我必須假設你認真讀了我的每一個字）。我猜我寫了又寫、改了又改、編輯了又編輯的東西是我內心的想法，而不僅是文字，所以時常修改的過程現在只是到了另一個層次，但我還是不習慣只寫一次、不修飾文字的做法。

發現與創造過程就是過程的一部分，意味著你必須建立自己的過程，成為自己的技師，去調整它，以符合你的需求與喜好，在快速的進行過程中隨時修整，不需要的東西一旦變得不需要，就立刻丟棄。

我已經認識四十或五十位所謂的開悟者，男女都有。我訪問過他們，讀了他們的書，聆聽他們的話語，參加過記不得次數的共修。我撰文的雜誌很有影響力，我總是讓受訪對象感到備受尊崇，所以我一直很受歡迎。

現在回頭看那些卓越人物，我想不出有任何一個不是某種專業的、縮小的、混合的、裝飾過的或修改過的自我。卓越的自我。現在看起來非常悲慘、可憐。愚蠢而渺小的男男女女在證實過的安全主題上宣揚他們訂製的各種理念，如合一、靜心、覺知、活在當下、愛、服務、更高意識等等，往下看著那些引頸期盼的人們，那些人急切渴望的不是真相，而是某個可以追隨的人。盲人帶領盲人，其實都是孩童。那就是我。

你說他們是最後一層界線，真的是這樣。不是自由的守護者，而是幻相的警衛。我開始明白為何如此，也明白為何不算太糟，但我還沒抵達目的地——我仍然很憤怒、很怨恨。我不應該這樣，但我就是——或者我是這樣，所以應該憤怒、怨恨。我知道他們並不邪惡，也沒有犯罪，他們只是為幻相女神瑪雅效力。我不是氣他們，而是氣我自己相信他們，去當一隻羊，並給予他們崇高的光環。

茱莉來自加拿大，家人有度假小屋什麼的，她就是在那裡寫這些信。她一個人在小屋裡，除了偶爾有熊來翻垃圾。她使用一部蘋果筆記型電腦，我打賭她一分鐘可以打一百二十個字。我閱讀時就有這種感覺，彷彿她的手指速度趕不上文字的洶湧而出。

現在回顧這些愚行的高峰——或應該說是深谷？如果此刻有任何一個享譽盛名的靈性導師來到我門前，願意協助我度過目前這種狀態，我也不會讓他們進來，甚至不會開門。我為何要開門？現在他們對我毫無用處。他們一點也不知道這個過程，不知道從自我到無我的這種轉變。我寧願讓一隻飢餓的熊進來。現代靈性導師對一個正在經歷覺醒過程的人所能提供的引導，不會比這裡的漁獵嚮導更多。

我現在更能了解「更遠」這個詞的重要性了。部分的我想要繼續探究虛假的教導、輕易受騙、自我妄想、恐懼、我執和否認的迷人機制。追求靈性的個人與團體的心理，尤其是老師和學生的關係，似乎是非常好的報導或著書題材，我很想多花點時間在上面，但接著，我想像你，傑德，坐在我對面，而你甚至不需要開口。我看到了我渴望尋找分心之物。我必須記得我在這裡不是當一個記者或觀光客，而是在進行自己的旅程，只是路過，但總會有誘惑與理由讓我脫離旅程，因此最重要的詞就是「更遠」，我了解。一定要保持警覺，因為敵人就是如此。世上的一切與我們自己都要求我們停止，我們只有一樣事物來對抗這些強大的誘惑：更遠。我在這裡發現我所謂的善良變成了最惡毒的敵人，我很容易就出軌回到自己的助人衝動，以種種名義停止前進：幫助他人啦、分享我現在所學到的啦，一些我執的菩薩藉口。我現在就有這種衝動，覺得必須分享自己的領悟，如此一來，我當然就必須停止發展我的領悟，以學習最好的分享方式，而這當然就等於是要停止前進。是的，我想要分享我所學到的；是的，我想要幫助其他人，讓他們知道這條路；是的，我想要對抗那種我自己正開始找路逃出去的黑暗與無知；然後，是的，這一切都是自我精心打造的有效策略，好讓我停止我的旅程——旅程只是一個譬喻，象徵剝離一層層自我的過程，就像剝掉我自己的皮膚。我是在胡言亂語嗎？又來了？抱歉，這些領悟都是一陣一陣湧來，要求立即被表達出來——或試圖表達。你應該看看你沒看到的那些東西！

我們會看到，她不是一直這麼頭腦清楚、這麼深思熟慮。

在這個過程中，有個譬喻是很有幫助的，它可以提供一個熟悉的架構來航行、辨識景物、監控進程等等。將塞滿東西的自我硬碟重新格式化，或是對幻相敵人的大軍宣戰，都可作為譬喻，重點是創造出一個心理空間，一個虛擬實境般的立體架構來進行你的旅程，就像將軍站在地圖桌前監控戰爭一樣。我給了她一些建議，讓她知道如何為自己的過程提供一個背景架構，而她接受了這個想法：探索與清理她的內在空間，就像闖入閣樓清理多年來的胡亂堆積。

> 這些廢物到底是哪裡來的？真是亂七八糟！我以為我的腦袋是屬於我的，但我來到這裡，只找到黑暗陰沉的空間，塞滿了所有的廢物與垃圾！有些我認得出來，有些認不出來。這是我的腦袋，這是我，這就是我這個人。我本來以為會找到乾淨、簡單、有條理、沒有胡亂堆積、有如禪寺般的空間，結果卻找到這一團可怕的混亂。我還能夠思考真是奇蹟。真希望我有一把火焰槍或一枚炸彈，就算會要了我

的命，我也不在乎。這不是什麼比喻，這就是我的頭腦、我的自我。我真是感到噁心，而且氣到腦袋快要爆炸了！

我笑了。科提斯似乎有點困惑，我抬頭透過鼻梁末端那副很有老師模樣的半月形眼鏡望著他。

「怎麼樣？」我問他。

「她似乎很生氣。」他答道。

「沒關係，」我告訴他，「這是最好的一種憤怒。一切都很好。將郵件瀏覽一遍，把你覺得有趣的印出來，我們再看看是否可以用在書上。」

「我？」

「對啊。」

「為何找我？」

「有何不可？」

「我怎麼知道什麼是有趣的？」

「什麼讓你感興趣，就是有趣的。」

他茫然瞪了我一會兒，然後轉身回去有筆記型電腦的辦公室。我回來看我手上的電子郵件。在這封郵件裡，茱莉剛開始進入她的閣樓，震驚於自己發現的東西，而且很快就變成了憤怒，這種強烈的情緒將幫助她面對前方的旅程。

我覺得自己在負面情緒中燃燒，我一直被教導不該如此，但感覺真好！有必要！我感受到不滿與輕蔑，甚至憤恨。一切的謊言、任何讓謊言長存的人、任何關於我的謊言，我都以怒火一把燒掉！我把臉埋進枕頭裡尖叫！我環顧這個閣樓──我！──感覺自己從小就被綁架，而且現在才了解自己被囚禁的真相：我的整個身分都是假造的，我的整個世界都是某種幻覺。我是誰？就是這樣！我到底是什麼玩意兒？我環顧這一堆垃圾，不知道它們是從哪裡來的。這不是我，不是我放在這裡的。我的意思是，有一些是我放的，有一些我認得。我看到我的芭蕾舞鞋、吉他、日記，我看到我的書與筆記，看到我的照片，但我知道那是我被誇大的自我形象，不是其他人真正看到的，當然也不是真正的我。但什麼是真正的我？閣樓的比喻真是太完美了，我懂了，但我的閣樓很黑暗，我必須找到窗戶讓陽光進來。光線！更多的光！我感覺重點就是光。光與輕盈，而不是黑暗與沉重。我覺得這裡的東西不分好壞，都承受不住直接的光明。光明！這是整理這一團混亂的關鍵。我知道我像個瘋子一樣胡言亂語，但我不在乎。不管這是什麼，我都要扯開來，找出真實的。這一切都不真實，我要找到真實之物。

大多數追求靈性的人可能甚至無法認出來，茱莉所經歷的是覺醒過程的一部分。大多數人，不管有沒有靈性，都寧願咬斷自己的手，以避免落入這個女人目前的處境。這個女人必須咬掉自己的**腦袋**，但首先，她要成為一個寧願咬掉自己腦袋也不願保持原狀的人。

她繼續以這種心境寫了幾段。憤怒、難堪、抱歉、被背叛、更憤怒。

我花了多少年燒香、點蠟燭？靜坐？追尋上師與導師，閱讀那一堆垃圾，追隨各種愚蠢的新潮流，閱讀每一本愚蠢的新書？但現在我看得很清楚，非常清楚，我所做的一切，這一切的意義，都是為了逃避這個。逃避我。現在我看出來了，只有這個，**這個！**我所做的一切都是為了讓自己分心，這樣才不用去做這件事。生命、這個世界、現實，全都在於不做這件事。這是真正的褻瀆，真正的異端。

我很高興。我整個生命似乎都是為了這個小小的動作，這個朝內轉向的動作。我翻閱手上的紙張，隨意瀏覽。

沒有外在的權威，我就是我自己的權威。真是讓人自由的領悟！以前我怎麼不知道？

有一個巨大的、怪物般的家具或櫃子——我甚至看不出來有多巨大——看起來是基督教，或宗教，但都不是。這裡的東西都沒有貼標籤，沒有什麼清楚或特定的事物。這東西很沉重、漆黑且模糊，但不僅如此，它還很不一樣，而且非常巨大！我絕對無法移動它。那只是其中一樣，這地方充滿了這樣的東西。垃圾！如山的垃圾！有一樣巨大的東西像黑色的大理石，像一家保險公司或銀行，或巨大貪婪的金融機構，存在我腦中、我心中，如一團無法移動的恐懼，全然的恐懼。我看到一個像棺材一樣的大箱子，上頭有一面旗子。那好像是我的愛國心，也或許是我的政治或國家認同之類的東西。一切都黑暗、模糊又沉重，我看不出每樣東西真正的面貌，也或許，它們都不是真實的東西。也許這才是重點。它看起來顯然是真的，但現在我看著它，卻絲毫不知道它是什麼、為何在這裡。這些垃圾都是如此，沒有任何事物是表面的樣子。

我真的在這裡嗎？這裡有我嗎？我必須找一扇窗戶，必須讓一些光線進來。但

> 窗戶被垃圾擋住，我甚至無法到窗戶那裡。光!!!這地方讓人窒息，我被濃密的死寂空氣嗆住了——被我嗆住了。我被我的死寂空氣嗆住了。事實上，所有人都是如此，當一個人就是這樣，沒有人比我好過，而這個事實毫無意義，完全無法讓人感到安慰。我什麼都不是。我是一團混亂。我是垃圾。
>
> 垃圾，塞滿到天花板。沒有任何東西比其他的更好或更糟，只是大小不同、輕重不一。爸媽在那裡，我的童年在那裡，我那糟糕的青少年時期在那裡。這些玩意兒怎麼還在這裡？遮住太陽，就是這樣！擋住，阻礙，導致腐化、潮濕與敗壞，使我成為一個封閉、黑暗、恐懼的人，戴著愉快的面具。這是壓迫，這是壓迫。這是不可能的，我就算努力十輩子也無法清理乾淨，太多了。但我還能怎麼辦？我沒有其他事情好做。如果要花十輩子，就花十輩子。

不用花十輩子，但這是個緩慢且讓人生畏的過程。你盡力而為，一次處理一個。這是在隱喻的脈絡之中，茱莉**真正**在做的，是拆解一個並不完全是她自己創造出來的巨大自我中樞，而她實際上**真正**在做的，是殺掉自己，一次一小塊。

6 那裡沒有綠洲

幻相的終結就是你的終結。

——克里希那穆提

（我很喜歡克里希那穆提的很多東西，但有時候，我根本聽不懂他在說什麼。本章，以及後面還會有兩章，摘錄了一些克里希那穆提的話，呈現了他的觀點與我的交集之處。我也許有點斷章取義，但重點是：為了傳達複雜且時常矛盾的理念，以及展現一個了悟之人的狀態以供觀察，我想這些摘錄有其作用。

對真誠的求道者而言，受到挑戰是一種樂趣——挑戰與樂趣是一體的兩面。不管他可能有些什麼其他特質，克里希那穆提都深具挑戰性與娛樂性。）

大家都說我是個「開悟者」——我討厭這個詞——因為他們無法找到其他字眼來描述我的狀態。此時我要指出，根本沒有什麼東西叫開悟。我這麼說是因為我這輩子一直在尋找開悟者，也想成為這樣的人，而我發現完全沒有「開悟」這種東西，所以根本不會有某人是否開悟的問題。我一點也不在乎西元前六世紀的佛陀，更別說我們之中那些如此宣稱的人。他們都是一群剝削者，靠著人們容易上當的特質而獲利。人自身之外並無力量，人是因為恐懼而創造了神。所以，問題是恐懼，而不是神。

我為了自己去發現，也靠自己發現，並沒有一個「自我」來了悟——這才是我所說的了悟。這是一個令人震撼的打擊，有如被雷打到。你孤注一擲，把一切都下注在「自我了悟」，結果到頭來，你突然發覺並沒有一個自我來發現，沒有一個自我來了悟。於是你對自己說：「我這輩子都在幹什麼?!」你備受打擊啊。

我們並不想擺脫恐懼，只想跟它玩遊戲，並大談如何擺脫恐懼。

不斷用思想來讓你分離的自我延續下去的，就是「你」。除此之外，你的內在並無他物。

你要明白，追尋讓你遠離自己——你自己在相反的方向。追尋與你自己沒有任何關連。

追尋總是在錯誤的方向，你認為非常深奧、非常神聖的一切，都是意識上的一種汙染。

你也許不喜歡「汙染」這個詞，但你認為高貴、神聖、深奧的一切，都是汙染。

我的生命故事來到某個時刻，然後便停止——之後我就沒有生命故事了。

無欲、無貪、無嗔——這些東西對我毫無意義。它們是虛假的，不僅虛假，也讓我變得虛假。我已經完全結束這些玩意兒了。

我有什麼資格給你東西？我擁有的，你已經有了。我們都在山尼希街二十五號，你還問我：「山尼希街二十五號在哪裡？」我說你已經到了，但那並不表示我知道我已經到了。

所有的聖人都是騙子，他們告訴我的東西都在書上。我可以讀到「就這樣重複做下去」，但我不想要那樣。我不要那種經驗。他們想與我分享某種經驗，但我對經驗沒興趣。以經驗來說，對我而言，宗教經驗與性愛經驗或其他任何經驗並無差別；宗教經驗就像其他任何經驗一樣。我對經驗婆羅門沒興趣，對經驗現實沒興趣，對經驗真相沒興趣。這些也許對其他人有幫助，但對我沒有。我對於同樣的事情一做再做毫無興趣，我所做過的已經夠多了。

你丟給我的抽象概念，我並無興趣。抽象概念之後有任何東西嗎？

我來到了一個位置，可以告訴自己：「佛陀誤導了自己，也誤導了其他人。人類所有的老師與救主都是該死的傻瓜——他們愚弄了自己——所以我對這類東西沒有興趣了。」因此，它們完全從我的系統被排除了。

我在這裡沒有試圖販賣任何東西，這是你模仿不來的。這件事發生在我期待、夢想與想要改變的範圍之外，所以我不會稱之為「改變」。我真的不知道自己發生了什麼事，我告訴你的只是我運作的方式。我與你的運作方式似乎不太一樣，但基本上不會有任何差別。你與我怎麼會有差別？不可能；但從我們表達自己的方式看來，似乎有別。我覺得有一些差別，至於究竟是什麼樣的差別，便是我想要了解的。所以，這就是我運作的方式。

你瞧，對於那些來找我的人，我的難處在於：他們似乎無法了解我運作的方式，我也似乎無法了解他們運作的方式。這樣我們要如何交談？我們都必須停止。如此一來，雙方要如何對話？

你的自然狀態與宗教狀態——如極樂、至福與狂喜——毫無關連，那些都屬於經驗領域。數百年來帶領人們追尋宗教精神的人，也許體驗到了那些宗教狀態。你也可以，那都是由思維引發的狀態，來去無常。克里希那意識、佛陀意識、基督意識之類的，都是方向錯誤的旅程——它們全都在時間的範圍之內。無時間的狀態永遠無法被任何人體驗，永遠無法被了解、被掌握，更別說被表達。這條老路無法帶領你到任何地方。那裡沒有綠洲，你只能找到海市蜃樓。

你瞧，人們往往會想像，所謂的開悟、自我了悟、神性了悟什麼的（我不喜歡用這些字眼）是某種狂喜，你會永遠快樂，時時處於極樂狀態——大家對開悟的人有這種印象……你的這些印象與實際情況毫無關連……因此我時常告訴他人：「如果我讓你看一眼這一切究竟是什麼，就算讓你用三公尺長的棍子，你也不願意碰。」你會逃得遠遠的，因為這不是你要的。你要的並不存在，知道嗎？

如果有人突然問我一個問題，我試著回答，並且強調和指出那個問題沒有答案。所以，我只是重述、重組，然後把同樣的問題丟回去給你。這不是玩遊戲，因為我並不想贏過你，要你贊成我的觀點。這不是提供看法的問題——當然，我對一切都有我的看法，從疾病到神聖性，但那些看法就像其他人的一樣，一文不值。

簡單說，我無法了解很複雜的架構——我在這方面有困難，你知道的。也許我是個低等的蠢蛋或什麼的，我不知道，我就是無法了解概念性的思維。你可以用很簡單的話來說：問題究竟是什麼？因為答案就在那裡，我不需要提供答案。我通常會重組問題，以某種方式重述，讓問題聽起來對你而言似乎毫無意義。

知曉的狀態就是沒有任何問題了，沒有任何事情可以說：「現在我懂了！」——這就是我們之間的基本難題。知曉我所說的一切之後，你將無法前往任何地方。

發問者創造了答案；發問者因答案而得以存在，否則就不會有發問者。我不是在玩弄文字。你知道答案，但你想從我這裡得到認可，或者想要讓你的問題獲得某種啟發，或者你只是好奇——如果你與我談話是基於以上這些理由，就是在浪費時間。你應該去找個學者、專家、博學之士，他們對這樣的問題可以提供很多啟發。我對這類對話只有以下這個興趣：幫助你建立自己的問題。試著建立一個屬於你自己的問題吧。

7 陰影潛伏者

幻相一被你識破，它只好銷聲匿跡。

——《奇蹟課程》

克里希那穆提在前一章碰觸到兩個重點，顯示於以下四段摘錄：

如果有人突然問我一個問題，我試著回答，並且強調和指出那個問題沒有答案。所以，我只是重述、重組，然後把同樣的問題丟回去給你。這不是玩遊戲，因為我並不想贏過你，要你贊成我的觀點。這不是提供看法的問題——當然，我對一切都有我的看法，從疾病到神聖性，但那些看法就像其他人的一樣，一文不值。

問題究竟是什麼？因為答案就在那裡，我不需要提供答案。我通常會重組問題，以某種方式重述，讓問題聽起來對你而言似乎毫無意義。

知曉的狀態就是沒有任何問題了，沒有任何事情可以說：「現在我懂了！」

發問者創造了答案；發問者因答案而得以存在……我對這類對話只有以下這個興趣：幫助你建立自己的問題。試著建立一個屬於你自己的問題吧。

首先，問題本身就是進展的阻礙，而不是因為缺少答案。問題是鑰匙，一旦真正了解問題，就會得到想要的答案。正確問題所呈現的阻礙被移除，就是想要的答案。被正確了解的問題，就是阻礙；如果不是，請看第二點。

第二，提出正確的問題。總是只有一個。不管你現在身在何處，那就是你被卡住的地方，而唯一重要的問題，就是能讓你解套、讓你往前一步的問題，其他所有問題都是基於恐懼、保護自我的時間消磨物。忘了概念與理念，忘了過去與未來，忘了人類與社會，忘了神與愛，忘了真相與靈性，找到那個問題，那個你的自我不讓你提出的問題，把所有注意力放在上面，這樣才會有進展。其他都是緩兵之計。

要往前進，你必須弄清楚是什麼在阻礙你。不管那是什麼，其實都不存在。它不是現實，沒有實質，它是你自己創造出來的，一個躲在你心智陰影中的幽靈，一個陰影惡魔。你的阻礙是你的惡魔，你的惡魔是陰影潛伏者，它們在無知的晦暗之中生存、壯大，所以斬殺惡魔的方法，是用你全然集中的專注力來照亮它、正視它，用盡全力。以光亮驅散陰影，然後自己看清楚，根本沒有阻礙存在，從來都沒有。我們創造了自己的惡魔，並餵養它們，而為了覺醒，我們必須斬殺它們。這就是完整的過程：斬殺一個惡魔，往前一步。

然後重複。

8 不是你想的那樣

回顧當年和語言學家及其他對手汗流浹背度過迷霧的日子，
我既不嘲諷，也不爭辯——
我在一旁見證，並等待著。

——惠特曼

我坐在露台上，用放在那裡的雙筒望遠鏡觀看海灣中的船隻。因為沉浸在思緒中，所以被科提斯的聲音嚇了一跳，他在一公尺外向我報告我目前的民調結果。

「有人批評你。」他說。

「希望如此。」我答道。

「不由得你希望，」他說，「你看。」

「我不用看，」我說，「我有你。」

「嗯，我看了，然後帶來這一堆批評你的東西。」他印出了大約二十封電子郵件與業餘書評，還不賴，因為我當初要他篩選的可不只這些。

「怎樣的批評？」

「有人說你很自大。」他回答。

「好，真讓人傷心。還有呢？」

「我不知道，就是批評嘛。」

「我知道看起來是批評，但其實不是，不真的是。我希望有一些合理的批評。我指的不是反對《靈性開悟不是你想的那樣》核心訊息的評論，那是無法反對的——如果我們有的是真相，誰能反對我們，對吧？——但我希望看到一些能揭露我在表達上有哪些漏洞的回饋。我們花了很多工夫讓那本書，呃，很完整，沒有留下任何沒回答的問題，讓它可以獨立存在，不需要其他東西。」

科提斯給了我一個茫然的表情。

「你記不記得那本書上說，問題有很多，但答案是有限的？」

「記得。」

「嗯，我們——」

「什麼我們？像英國女王說的『我們』嗎？」①

「有一群人在那本書付印之前先讀過，尋找問題、漏洞、遺漏和邏輯上的錯誤。」

「好的。」

「我們想確定裡面包含了所有那些有限的答案。事實上，寫現在這本書的原始動機就是要回答你手上那些東西。」

「批評。」

「對，算是吧。建設性批評。我們希望如果那本書有所疏漏，忘了什麼重要的東西，讀者可以提醒我們，而讀者的回饋將是這本書的基礎。」

「也就是你現在正在做的。」

「這一本？是的，但這不是我們的計畫。這本書主要是為了好玩，提供一些不同的觀點，看看各種發展階段，從一個不尋常的位置來描述景色。說得明確一點，我想它的焦點會放在區分兩種最常見的靈性目標：了悟真相，也就是開悟，以及人類成人——這是完全不一樣的東西，但我認為大多數追尋者真正想要的是這個。這本書並非《不是你想的那樣》的延續，懂嗎？不是下一階段什麼的。《不是你想的那樣》本身就很完整了，昂然獨立。我們做得不錯。」

他舉起印出來的那些紙張。「那這些是什麼？」

「你自己好好看一看，像個律師或科學家那樣去看。看透情緒，試著找出本質，看看是否有人提出有根據的論點，然後告訴我。真的，那對我會很有幫助。」

「有人說你沒有開悟，因為你一直在談我、我、我，好像你有太多自我。」

我笑了。「那都與我無關。這有點棘手，你確定要聽下去？」

「是啊。」

我指著旁邊的空椅子，他坐了下來。

「嗯，每當你看著一群人——任何一群人喔——都可以把其中的每個人排列在我執的光譜上。光譜的一端是完全認同於虛假自我，另一端則是事不關己地穿戴著自我，像一件寬鬆的外衣。懂嗎？一端是處於這個世界又屬於這個世界，另一端則是處於這個世界但不屬於這個世界。由於這種執著的程度是衡量人類年齡的唯一真實依據，光譜也可以用年齡來呈現，例如八歲到十六歲，明白嗎？」

「稍微，」他說，「但不是真的明白。」

「很好，不懂就說不懂很不錯。我們繼續探討下去，你就會明白。靈性書籍的讀者也一樣，可以放在我執光譜來看，我們說過這比看人們的實際年齡還要準確。《不是你想的那樣》這樣的書所觸及的讀者，會比實際適合閱讀它的人多很多。書上說的東西很刺耳、很成人。它說沒有信仰是真的，說上師、靜心與靈性教誨都是溫和的謊言，用來安慰內在的膽小鬼，而不是鍛鍊內在的英雄。所以，《不是你想的那樣》看起來像靈性書籍，其實是反靈性的；看起來像寫給所有人，其實是給很少數的人看的。」

「所以，當他們說你不可能開悟——」

「我個人？這與我毫無關係。任何人想把我拖進來，只是意圖讓自己分心，不去注意真正的訊息，成長的訊息，也就是一種自決。非常嚇人的玩意兒。如果他們說不相信我開悟了，他們是對的，也是錯的。之所以說他們是對的，是因為沒有人開悟。我在《不是你想的那樣》就說過，沒有所謂的開悟者，這是個永遠不變的矛盾。而之所以說他們是錯的，是因為他們說的開悟就是我這樣的狀態，不管他們知不知道、喜不喜歡。這些人的論點是建立在其他事物上。他們或許覺得開悟是主觀的、是夢境中的，也或許，他們認為我這個作者想尋求他們的贊同或確認，認為我的真實與否要由讀者決定。靈性市場似乎鼓勵這種買賣互動，而不是嚴格的科學探究——對於這麼重要的事，後者應該更恰當。」

「聽起來好像在比賽誰比較受歡迎。」

「沒錯，大家似乎覺得意見很重要。哥德說，最無望的奴隸是那些錯誤地相信自己是自由之身的人。我覺得這句話可以用在這裡。有人會說他們是有靈性的，或者他們想要知道真相什麼的，但是在重要的問題上，他們要的大多跟其他人一樣：只要過得去就好，只要足以讓他們繼續過日子就好，也許讓情況好一點，讓他們可以自我吹噓一番。其實就是這樣，這些宗教與靈性的玩意兒，你看得越仔細，它們就越朦朧，我想很多人樂於待在迷霧中。」

「所以這些人，」他舉起紙張，「如果他們說你不知道靈性開悟的意義……」

「那是個有趣的問題：靈性開悟究竟是什麼意思？我想是意味著覺醒——了悟真相，恆久非二元覺知——但我猜其他人有不一樣的想法。事實上，只有三種可能的目標：人類成人、了悟真相，與變異意識狀態。真相是絕對的，此外沒有其他的了，所以如果有人說開悟不是了悟真相，那麼他們貶低的是開悟，而不是真相。沒有任何事物超過真相，而任何不真實的都是虛假，所以如果說開悟不是了悟真相，意味著你是在說開悟存在幻相之中，這聽起來不是很開悟。明白我的意思嗎？」

「一點點，」他困惑地搔著頭，「聽起來像人們在尋找某樣東西，但他們不確定那是什麼，也不是真的想找到。」

我笑了，因為聽起來就是如此。

「那樣不算瘋狂？」他問道。

「瘋狂是一種數字遊戲。」

「就像如果有夠多的人這樣做——」

「——那就不算瘋狂。」

「所以你寫了這些書，」他繼續說，「描述那樣東西到底是什麼，又該如何找到，給那些並不是真的想找到它的讀者看。」

「唔，是啊，也許吧。我想有些人是想找到，而我覺得處於光譜任何位置的任何人都用得上一張好地圖。」

「這整件事聽起來有點——」

「怎樣？」

「——讓人頭昏腦脹。」

「是啊，」我同意，「是有點。」

對於這些議題，我就像科提斯一樣困惑。誰要尋找什麼？有多想要？為什麼？誰是真心誠意的？誰只是用這個來裝飾自己？誰把覺醒當成睡得更沉的手段？二元性是一座樹木盤根錯節的森林，許多自稱為自由追尋者的人揮舞著區分的大刀，但其效果就像一把奶油刀一樣。他們不知道自己要去哪裡——如果真的有地方要去——待在原地已經夠讓他們滿足了。他們畏懼真實，擁抱虛假：選擇言語和裝飾，而不是真正的改變；用空洞的修持法與無用的知識助長靈性成長的幻覺，在原地打轉以創造移動的感覺。最重要的是，他們不會傷害到自我，用靈性去補強，而不是拆解自我形象。任何一個客觀的人都會得到和哥德一樣的結論：我們越是認為自己沒有受騙，就越可能受騙。瑪雅對我們的控制，在我們覺得最弱時，反而最強。俗話說沒有人是完美的，這在字面上是真的。如果想要變得完美，就要先成為「沒有人」；而要掙脫瑪雅的掌握，唯一的方法，就是沒有任何東西讓她掌握。

「你在書中說你並沒有達到更好的狀態，對吧？」科提斯問道，「真的嗎？就像現在，你與我是同樣的狀態？」

「當然。我們都坐在這裡，感覺到陽光與微風。我不是在什麼山頂，你也沒有墜入地獄深淵。我看起來像狂喜嗎？」

「狂喜？」

「不自然的快樂。」

「你看起來就像一般人。」

「就是這樣。如果真有實際上的差別，那就是你的幅度比我大。你有一輩子的高低起伏在前方等著你，而我有一輩子的，呃，滿足。」

「但滿足是好事。」

「不一定。滿足是在沒有時比較吸引人；一旦擁有了，你就會忘記它有什麼好的。」

「所以不是好事？」

「你有看到那邊那張吊床嗎？」

「看到了。」

「看來不錯吧？在吊床上搖晃著，微風吹拂，無憂無慮，聽起來很好吧？」

「聽起來相當好。」

「這是一種對比的好，而不是恆久的好。也許偶爾在週日下午搖晃個半小時很好，卻不是生活的現實狀態，懂嗎？」

「懂。這就是你的狀態？」

我笑了。「很接近。躺在吊床上，帽子蓋著臉，掛著愚蠢的微笑，基本上就是我的生活。」

「沒什麼好抱怨的。」

「是啊。所以，差別不在於我有什麼而你沒有，在於你相信那個什麼，而我不相信。你覺得那是真的，我卻看不到。此刻，我甚至記不得了。」

「我覺得什麼是真的？」

「一切。你相信的一切，你絕對確定的一切，你敢賭上性命說它為真的一切。」

科提斯敲敲桌子。「我賭上生命說這張桌子是真的。」

「很完美的例子，」我說，「我完全不會想到這張桌子有真實性。我沒有任何類似的念頭，沒有脈絡讓這樣的想法存在。現實對我而言沒有真實性。」

「你是說沒有桌子嗎？」

「我是說沒有桌子的**疑問**。」

他一臉懷疑地看了我一分鐘，想要弄清楚我是不是在說，我不認為我倆倚靠的桌子是真的。

「你是生活在全像甲板裡。」他指的是《星艦》影集中的電腦虛擬實境，「不只是桌子，還有我？海洋？一切都是？」

我讓他自己思索。他很快就想出來了。

「電腦，」他說，「結束程式。」

他期待地環顧四周，但沒有任何改變。

「好吧，」他說，「這是我從書上得到的想法，但聽起來還有更深的東西，比你說的更多。」

我深感佩服。

「一點也沒錯，非常好。現實與真相存在，但傑德．麥肯納無法表達，也沒有讀者能夠了解，因此我在書中說，你們自己來看。那是唯一可能的回答。我知道這不合理，能夠談這件事的人沒有一個說這是合理的。這是範式之間的隔閡。傑德．麥肯納也許能夠侃侃而談那些可以被談論的，但傑德並沒有比這張桌子更真實，所以他只能談『什麼不是』，而不能談『什麼是』。」

「但有某樣東西**是**，對吧？我是說，並非沒有東西是。」

「我不知道，也許沒有東西就是所有東西。」

「就像沒有東西是某樣東西？」

「你拿沒有東西來對比某樣東西？」

「聽起來有點，我不知道，讓人不滿意。」

我又笑了。

「是啊，如果你點了這道菜，大概會後悔。」

「怎麼說？」

「意思就是，我們所談的並不是某種可以期望或想要的東西。不是靠想要來取得，而是靠痛恨與摧毀它相反的一方，因此是消去法。看起來像憤怒或仇恨，但不僅如此。這樣合理嗎？」

「跟其他的差不多。」

「是啊，嗯，就是這樣。兩種不同的範式。它在理論上不像實際上那樣說得通，所以理論家有點不爽。」

「這就是你的讀者——那些靈性團體——在搞的東西嗎？」

「不算是。靈性團體的組成分子相當多元，沒有內聚力，沒有核心教義，沒有單一的引導哲學來將他們結合在一起，除了大家都是在主流之外。有佛教與印度教的思維貫穿其中，但沒有真正形成什麼基礎；有許多形而上的玩意兒，我不是很清楚；有一堆生活方式之類的東西、各式各樣的療法。所以，並沒有某種單一的特質可以加諸在這些靈性讀者身上，除了某種思考上的獨立性，亦即在宗教、健康與生活方式上排斥傳統的觀點——其實就是排斥一切吧，我想。」

「所以這些寫信給你的人，我不是說他們全都很糟糕，大多數還不錯，很不錯，但是有糟糕的——」

「例如說我不可能開悟，因為我是從一個有我執的人的觀點來談的？」

「唔，他們說的方式不一樣——」

「這就是《不是你想的那樣》盡力在闡述的。這個答案有被觸及到。你讀過那本書，可不可以根據你看過的內容來處理這種反對之聲？」

他想了一會兒。

「可以，我很確定。」

「好。所以我才說那本書是給成人的，而不是懶人的開悟手冊，或三十天內開悟之類的。如果那本書落到了對靈性抱持童話觀點的人手中，告訴他們這是一件嚴肅的工作，而且幾乎百分之百會失敗，他們當然要反對。」

「那是給成人的書。」

「對，能夠面對事實的人，就算可以看到自己不想面對事實也就夠了。」

「但是跟年齡無關？」

「無關。真實年齡從出生後就和那種一年一年固定增加的年紀不一樣，你現在就比我在你這個年紀時更老。」

「真的？照你的算法，我現在多大？」

「我不知道，算是小孩吧。十一歲？十二歲？」

「十二歲？」他睜大眼睛，僵住了，「我十八歲了！可以上戰場了！」

我舉起雙手。「放輕鬆，」我說，「深呼吸。不需要生氣，釋放那種感受。」他很快就平靜下來。「好，現在去觀察那種感受，那種被侮辱的感受。後退一步觀察你自己、你的過程，看看你對我的話是如何反應的。那就是你手上那些信裡面的東西。寫信來的人跟你剛才的反應一樣，他們信仰某些事，而信仰是包含感情的。他們覺得這玩意兒是衝著自己來的，很容易受到冒犯。這東西把你的個人認同搞得一團糟，它的重點在於發現自己其實不是自己以為的那個人，所以會讓人有點毛躁。」

「所以我並不真的是十一歲或十二歲？你只是說說而已？」

「我不知道。讓我們把你砍成兩半，算一算年輪。」

他又給了我一個茫然的表情。

---

① 英國女王一貫用「我們」來代替「我」。

9 極端清明

所以，人的瘋狂是天堂的清明。
一旦離開凡人的理性，人最終會產生天堂思維，
而這對理性來說是荒謬且瘋狂的。
不論是福是禍，就去感受，然後像他的上帝般不受影響、漠不關心。

——梅爾維爾，《白鯨記》

瑪麗與我每週日晚上都會共進晚餐。我們的作息時間不一樣，所以這也許是一週內我們唯一能見面的時間。她總是去城裡，或是去紐倫敦或格羅頓，而我總是出去散步，或是在奇怪的時間睡覺，所以我們決定在週日抽出時間碰面。半小時車程內有幾十家很棒的餐廳，所以我們每次都會去不同的地方，輪流請客。我總是計畫著要吃牛排，結果變成海鮮。今晚我們來到一個遊艇俱樂部，坐在外面露台上的桌位俯瞰著碼頭。我吃的是龍蝦，她吃的是清蒸海鱸魚片。一如往常，我腦中想的是《白鯨記》，我覺得瑪麗在比爾離開多年後，應該很高

興又有人可以一起討論這本書。

「所以，你了解亞哈為何要追白鯨？」她問道，我們已經開始討論了，「不是為了復仇？」

「不是為了復仇。亞哈不是在追白鯨。」

「亞哈不是在追白鯨？」

「不是。」

「亞哈船長不是在追捕莫比敵？」

「不是。」

「唔，好吧，這個說法相當不簡單。那他是在追捕什麼？」

「我不知道，他不知道。這無關緊要。」

「但不是莫比敵？」

「不是，莫比敵是路上的阻礙，是需要被消去的。亞哈想要走得更遠，而莫比敵擋住了他的路，所以莫比敵是敵人。記得我在《靈性開悟不是你想的那樣》提到的無門之門嗎？」

她想了想，說記得。

「那就是莫比敵對亞哈的意義。莫比敵是個看似龐大而無法越過的障礙，亞哈必須完全投入與牠較量，不帶任何期望或想要成功的念頭。」

「這就是你對這本書的兩個領悟之一？」

「不是，這是很清楚的。亞哈說莫比敵是他與自由之間的牆壁，這就是為什麼那條鯨魚是白色的，就像一塊空白的銀幕，讓我們可以投射我們自己通往自由的障礙上去。我的兩個領悟中的第一個是：《白鯨記》是世上最偉大的靈性書籍之一。它不是個捕鯨故事或海洋冒險旅程，而是一趟靈性追尋，很驚險的那種。也許要給這樣的書評分是很蠢的，但從實用的觀點來看，我要說它是靈性大地上最準確的地圖，因此是有史以來最有用的靈性書籍，也因此是最棒的一本書，無庸置疑。我是這樣推論的。」

安靜地坐了幾分鐘後，瑪麗又繼續這個話題。「所以，你在《白鯨記》裡看到了別人都沒看到的？」

「就我所知，是的。」我說，「有一把鑰匙可以解開《白鯨記》。一旦你有了鑰匙，它就變成完全不一樣的書，一本真正偉大且重要的書。」

「很多人認為它已經是偉大且重要的書。」

「是的，我真搞不懂。以它目前被詮釋的方式，《白鯨記》是一本失敗的書。我不驚訝這本書失敗了，而且梅爾維爾死時籍籍無名；我驚訝的是它能夠死而復生，再度流行。這本書在許多方面都很棒，但在最高的層次失敗了。所以，」我聳聳肩，「還剩下什麼？」

「我想我明白你的意思。亞哈的偏執顯然沒有令人滿意的詮釋，而那似乎是這本書的主題。」

「是的，我過去幾週都在閱讀《白鯨記》的相關評論。我把你屋子裡的藏書都瀏覽過一遍，也去了幾所地方圖書館和城裡的圖書館，還上網搜尋。我讀了——嗯，瀏覽了——跟《白鯨記》有關的各種角度的觀點，其中沒有一個承認他們是在讚揚一個錯誤的運算公式，承認那個公式根本不合理。看起來好像很怪，但事實上，《白鯨記》只有在正確詮釋時才說得通，而就我所看到的，目前沒人做到。一般都把《白鯨記》詮釋成一個可悲的故事，講的是一個心理變態的瘋子摧毀了他影響力所及的一切人事物，卻沒有一個令人信服的理由——如同史塔巴克說的，為了向一頭愚蠢的畜生報仇，他簡直被最盲目的直覺迷住了。有意思的是，一百六十多年來，讀者對梅爾維爾的看法，都沒有像史塔巴克看亞哈那樣清楚。許多評論者想從書中搾出某種重要性，彷彿他們知道這是本巨著，因此運算公式必定是正確的，但其實不然。運算公式錯了，**很明顯地**錯了。國王沒有穿衣服。有些評論者說這是一個人類對抗命運或上帝的故事，因為那些是他們說得出名字來的最偉大的事物。若要在今日找到一個他們那悲劇英雄版的亞哈，應該就是某人走進速食店槍殺了三十人，因為他的車子在停車場被刮到了。那就是亞哈。說《白鯨記》如同大家認為的那樣是一本偉大的書，就好像為速食店槍手辯護，把他提升到某種崇高的、神話般的地位一樣好笑。太荒謬了。」

瑪麗顯然一下子無法接受這麼多，而她也夠精明，不會看不到我把她也列入指控對象之中。

「但是，你也說它**是**一本偉大的書。」

「喔，沒錯，超越文學上的偉大。我的意思是這樣。有機會發掘這本書與它的作者，是我生命中的一大樂事。」

「嗯，別吊我胃口了。你到底看到什麼別人沒看到的？到底是什麼樣的鑰匙把《白鯨記》變成完全不同的一本書？」

「亞哈船長神智清明，比清明還要清明，**極端地**清明。」

她瞄了我一會兒，看我是不是認真的。最後，她慢慢地開口：「關於亞哈神智清明這件事，我從來沒聽過有說服力的論點。有人試過，但總是格格不入。我想不出有**任何**詮釋，能讓亞哈船長被看成是神智清明的。」

「我知道，」我回答，「但**我**可以。我看得很清楚。《白鯨記》就像梅爾維爾寄給我們的一張風景明信片，直到現在，所有人都認為這是想像出來的風景，一個虛構的地方，但其實不是。這是一張描繪某個真實地點的真實照片，我認得出來，因為我去過。」

瑪麗無言地看著我，神情有點不自在。梅爾維爾的書是她多年來浸淫其中的，在她的生命裡占有重要地位，如此貼近她的心，現在看起來卻沒那麼熟悉了，也許還有點敵意。

「梅爾維爾超出了地圖的範圍，」我繼續說，「超越了已知，超出了大家懷疑其後還有任何東西之處。這不是大家所想的那本書，甚至不是大家所想的**那種**書。」

瑪麗的女兒曾與我一起上過舞蹈課程，那是我們還在換牙的年紀。我們戴上白手套，她是我鞠躬邀請的第一個女生，而我是她第一個屈膝回禮的男生。瑪麗那時都叫我漂亮的小夥子，現在她的漂亮小夥子長成一個奇怪的人，也許沒那麼漂亮了；她的小夥子現在可以在一個美麗的夜晚坐在她對面，俯瞰著港口的船隻，告訴她，她其實從未真正理解她一直密切注意的東西。就算是現在，孩子長大了，丈夫過世了，生命的腳步放緩了，她的旅程也許才要開始。她不是因為感覺到一個新的開始而不安，她的不安來自事情開始之前必定會來臨的階段。生命的週期與身體的週期並不一致，任何年齡都可能出現一個全新的世界、一個全新的生活，但在擁抱新的之前，必須先釋放舊的。

10

現在把我握在手中的人，無論你是誰

現在把我握在手中的人，無論你是誰，
少了一樣東西，一切皆白費。
在你試圖進一步占有我之前，我先警告你，
我不是你想的那樣，而且相距甚遠。

誰想要追隨我？
誰想要簽下名字，成為贏取我的愛的候選人？

這條路很可疑，結果不確定，也許有毀滅性，
你必須放棄其他一切，只將我一人當作你獨一無二的神。
你追隨的過程將會是漫長且心力交瘁，
你過去的整個人生觀，以及對你周遭生命的種種順服，
都必須被拋棄。

所以，現在就放開我，以免給自己帶來更多麻煩。
放開你搭在我肩上的手，
放我下來，走上你自己的路。

但這些詩頁將誘騙你走向危險，因為你不會了解我與這些詩頁。
它們從一開始就誤導你，後來繼續如此——
我當然也會誤導你，
即使你認為你已經毫無疑問地攫住了我，
你瞧！我已經逃離了你。

我不是為了我寫在這裡的東西才寫這本書，你也不會透過閱讀得到它，
那些最了解我、仰慕我、誇大地讚美我的人也得不到，
那些想要贏得我的愛的候選人（至多一、兩個），也不會成功。
我的詩不會只帶來益處，也會有一樣多的害處，或許更多。
沒有我暗示的東西，一切皆無用，你就算猜測多次，也不會猜中。
因此，放開我吧，走上你自己的路。

——惠特曼

11 薩德侯爵

我明白沒有一條深思熟慮的路會宣揚跨越或跨越所須承受的痛苦，另一方面，我們又不能對此無知，或誤導他人。事實上，抵達對岸會將人類極限伸展到斷裂邊緣，且不只一次，而是一再重複。誰能承受？基督教用十字架當作核心象徵，不是沒有理由的。

——伯納迪特．羅伯茲

我懷疑是否還有其他發展階段，如茱莉目前經歷的那樣進展快速，又維持這麼久。不管要花多久時間，這個階段永遠不會慢下來，永遠不會停頓。只要還有燃料，火焰就會熊熊燃燒。每一天，有時是每個小時，都會是全新的一場遊戲，因為玩家是全新的一個人——更單純、更無負累、更不虛假、更覺醒。

該死，我的危機進行得很不順利！我真可憐！我的徹底崩潰並不如我預期的那樣，所以我大概要抱怨訴苦一番，像個被寵壞的小孩！真是個膽小鬼！我覺得自己真丟臉，雖然我知道事情就是如此。沒人能避開，沒人能輕鬆度過，就是這樣。今天做不到的，我明天會做。小小的步伐，一次一步，一次一步。我只能做我能做的。我從來沒想到自己會走這麼遠，到這個關頭。每天我都走得更遠一點，完成更多，而且我知道得更少，了解得更多。現在我完全明白何謂每天都驚訝於自己昨天有多幼稚。當然看起來不可能。我連看都不應該看！為何要往前看？我想要讓自己灰心嗎？專注。專注！下一件事就是唯一的事，而下一件事也許會殺死我。看著下一件事之後的事，我發現那根本不可能完成，但上一件事曾經是下一件事之後的事，而現在已經在我後面了，所以我又知道個什麼？我什麼都不知道！只要去做下一件事，下一件事就是唯一的事。

茱莉把家人養的黃金獵犬泰莉帶在身邊，因為他們家的規矩是使用度假小屋的人都要帶狗去，以作為陪伴與保護。她在那裡沒有看到很多外人。她花許多時間散步，可以在樹林中走好幾公里路而看不到其他小木屋。她必須開車到三十多公里外的小雜貨店買生活用品，至於其他東西，就要到幾小時車程外的一個大學城才找得到。為了上網，她必須使用某種昂貴且不穩定的無線連線方案。她以能量棒、水與咖啡為生，連她的狗都吃得比她好。

當我經歷這種過程時，我就知道誰沒經歷過。教宗沒有經歷過，所以他算老幾？達賴喇嘛沒有經歷過，但至少他承認。我想到過去幾年來我奉為神明的那些混蛋，簡直想吐。老師們、導師們、靈性嚮導們，全都充滿自我，但他們沒有一人來過此地，沒有一人經歷過這個，所以他們算什麼？什麼都不是。騙子，只會耍嘴皮子的可憐人。我見過偉大的聖人施行奇蹟，心中充滿崇敬之情，彷彿自己來到了上帝面前。我到底在想什麼？我幹麼在乎聖人與奇蹟？讓死人復生，從你的屁股裡拉出一匹小馬，誰在乎?!拉我的手指，我就給你奇蹟。扯到奇蹟要幹什麼？我想到那些被我當成靈性老師的人，想到他們不停地鬼扯什麼更高的意識狀態與神聖的愛，我簡直目瞪口呆。小孩賣糖果給小孩，如此而已。我每天都讀你的書，傑德。你說得對，全都在書裡。有時我會用聖經占卜那一招：在心中說出問題，然後打開書頁，就找到了我需要的，雖然可能沒有那麼快看出來。你說得對，宇宙是魔法——全然的魔法——我就是宇宙，宇宙就是我，全部都是魔法。有什麼不是奇蹟？沒有任何東西不是奇蹟、不屬於奇蹟、不屬於我。在寫這些東西之前，我剛以聖經占卜的方式翻開了你的書，結果看到這個：

「我跟其他人一樣喜歡快樂，但驅使人追求真相的不是快樂，而是不想繼續說謊的激烈狂熱，不計代價，不管後果。這不是關於更高意識、自我發現或在塵世找到天堂，而是關於血在其上凝結成塊的劍、佛陀腐爛的頭，以及將自己丟進火裡，其他任何說法都是在販賣並不存在的商品。」

我知道你，傑德。我知道你是什麼，我知道你沒說出來的那部分，我知道你在哪裡、是怎麼抵達的。你當初也是這樣嗎？也曾經如此害怕嗎？你曾經這樣時時被恐懼與瘋狂拉扯嗎？你的狀態是像這樣嗎？我做得正確嗎？我到得了那裡嗎？但是，並沒有那裡，對吧？我知道你在書中說過，你從未真正相信你能熬過來，但這並不表示我會熬過來。太困難了，我不知道另一邊是什麼。我想到你，讀你的書，緊緊抓著這個想法：那裡一定有東西。

老天爺，我何時開始像這樣咒罵？我坐在電腦前，充滿了強烈的情緒，沒有言語能表達我的領悟。對於回顧，你說對了。我回去看我週一寫給你的東西，對於自己竟然如此愚蠢、幼稚感到非常難為情，而且我了解將來我對於今天寫的東西也會有同樣的感覺，雖然我現在無法想像、無法相信。我回顧那些我努力想要克服的巨大障礙，結果，現在我看不到它們了，已經沒有了。那全是我的想像嗎？難道什麼都沒有，只有思想嗎？如果真是如此，那思想到底是什麼？思考者又是什麼？思考者會不會只是思想的總和，並沒有實質基礎？當思想消失時，還剩下什麼？我不知道。我不該在這種問題上鬼混，那只是我的頭腦在暫停期間到處遊蕩罷了。

謝謝你推薦的書。太完美了！我本來卡住了，還以為大概就要停在這裡了。我好像一直都會這樣想，但這次不一樣。那是一個巨大的阻礙，我確定自己無法摧毀，但我摧毀了——我看穿了它——每一步都是它自己的高山。如果一年前你告訴我，薩德侯爵將是我的靈性導師之一，我可能會給你一巴掌！

我有幾次看過她的信之後提供建議，通常只是告訴她可以往哪裡去找鑰匙，以打開目前擋住她的那扇門。（我建議她吃能量棒，擔心如果沒有給她別的選擇，她可能會吃通心麵與乳酪為生。）建議她讀薩德侯爵的書，是為了讓她理解動機良善的自私之類的事。她被困住的地方，薩德的《喬絲婷，或喻美德的不幸》剛好握有門鎖的鑰匙，而且因為這本書是公共財產，她可以從網路下載，快速瀏覽她需要的部分，所以似乎值得建議她這樣做——雖然是來自不太體面、靈性上不正確的來源。我不認為薩德的書會經常被當成靈性答案，但鑰匙的來源由不得你選擇。有些鑰匙你本來就有，有些你必須自己打造，有些則必須去尋找。

我開始看出來不是這個，也不是那個。對於某個議題或爭論，採取什麼立場無關緊要——只要採取立場就輸了，它就占有了你、擁有了你。我還不完全了解，但我開始看出來。惠特曼說：「戰鬥以獲勝的方式失敗。」我開始了解他的意思，彷彿事情的成敗是次要的，重要的是你參與的程度。我想意思是，如果你參與了戰鬥，你就無法擺脫戰鬥。我不知道，但我知道事情是這樣運作。我想要了解問題，於是繼續啃咬，最後終於到了開始了解問題的地步，那樣似乎總是能提供答案。這不是科學研究或解方程式，總有正確答案可尋；這不是關於回答問題或解決麻煩，而是去摧毀它們。這是全然明晰地看一個問題，好讓它消失，彷彿從未存在過。

在這閣樓裡的不僅是我的一些人格特質，所有構成我人性的東西都在這裡。我扮演過的每一個角色、穿過的每一套戲服都在這裡。一切都不會存留，現在我看出來了。一切都不會存留。我所知道的一切，傑德，都來自你——來自你說過的話、你的書。如你說的，這就像走在山上的小路，突然滑倒，發現自己從泥濘的斜坡滑下去，速度足以讓人跌斷脖子。最後，以跌斷脖子的速度滑下斜坡就成了現實。這就是我的現實：以跌斷脖子的速度滑下斜坡。我知道會結束，儘管我不相信；我知道結束之後是什麼，儘管我無法想像。**第一步**就是最後一步，我知道我再也無法體驗「腳踏實地」了——應該說，腳踏實地的**幻相**。沒有什麼**實地**，因為沒有東西是**堅實**的，只有**未知**。

我們看到的這些茱莉寫的片段文字，並未按照一定順序排列。這些文字被選出來，是因為它們展現了過程本身：她對過程的覺知、她對過程的持續發掘，以及她與過程的關係。

她大部分的文字都是針對她自己，對大眾沒有什麼意義。她的燃料來源主要有兩種，第一是她母親，很誇張地占據了茱莉大部分的腦袋；另一個讓茱莉火熱燃燒的，是她這些年來接觸的那一長串靈性導師，他們尤其讓她覺得遭受背叛。她花了幾百頁來斬殺與分解各種靈性教義，看出是什麼吸引了她，然後照亮她內在的那個東西。然而，我們不準備看她整個過程的實際內容，而只看她的過程本身。觀察某個人獨特的鎖與鑰匙，還不如留意該如何確認鎖的類型、該如何找到鑰匙。

> 我從一開始就應該知道這個，從一開始就應該知道**很多**事情。我本來認為不可能的，現在我明白，那是超出不可能好幾光年。我進入這個概念上的閣樓，以為可以讓我調查、探索自己，也許清掃與整理一番。然後我慢慢明白，我來這裡不是要探索、發現或揭開什麼，不是來清掃、整理，而是來這裡**摧毀**，不計代價地移除一切，完全清空這個空間，然後從零開始。我的工作是清空這個空間，擦洗牆壁與地板，讓明亮的光線與空氣進來；然後，一旦我重新取得這個空間，我就可以——只要我想要，只要我存在——重新把東西帶進來，小東西，一次一樣，而且每一樣都由我仔細挑選。矛盾的是，這一堆東西**就是我**，所以，當這些垃圾被清空後，還剩下誰？我不假裝我了解，但我這麼做不是為了自我改善，而是因為我必須如此，因為「我」並不是**我**，所以「我」必須死掉、必須被清掉。之後是什麼就不用考慮

了。只有這樣，我才能取回我的這個空間。看了你的書我就應該知道這個才對，傑德，但這種事無法靠閱讀得知。如你所說，看老師在黑板上演算數學是沒用的，你必須自己去計算，否則答案只是空談。

現在我開始明白某件事，那是你告訴我一千遍我也不會了解的：我來這裡不只是要清理空間，還要來燒東西。這個閣樓要變成一個火爐——它已經是個火爐了。這是我燃燒「我」的地方。我已經感覺到熱，過程已經開始了。這就是正在發生的一切。寫這些字的時候，我的身體很不舒服，我因為這種持續增長的了悟而不適很多天了。我寧願死掉，也不想繼續下去；我寧願接受酷刑，也不想面對即將發生的事。我無法繼續，也不願繼續。我以為我可以，但我不行。我看到無法接受的未來：沒有任何好結果，沒有人受惠，沒有任何事情改善，沒有任何事情變得更好，只是空無。空無有何意義？我必須摧毀一切，連好的、美的都不例外，這是繼續前進唯一的路，所以我無法繼續。很好，我將如奴隸一樣受苦，被「無知」囚禁。我不在乎。我算老幾，居然以為自己辦得到？沒人真的做得到。沒有任何女人可以——當然也沒有一個母親辦得到。真是可怕、討厭，又讓人噁心的事。結束了。我真是個笨蛋！我受夠自己了，真希望乾脆一死了之。

每一步都是一座山，這條路就是如此。

12 美國方式

基本上，美利堅合眾國本身就是最偉大的詩。

——惠特曼

這些年來，我逐漸有一種很有意思的了悟，但直到碰到白鯨才真正確定。在我心中，梅爾維爾的《白鯨記》是建構我這個主張的最後一塊石頭，而這個主張基本上就是：

美國的靈性一級棒。

我可以很有信心地說，美國的求道者用自己的語言在自己的國家尋找，不會輸給前往東方、回歸佛陀。

現代求道者不需要覺得自己追尋的答案被埋在遙遠的土地、古老的經文與異國的語言中。我們生產的靈性就像東方的一樣勇敢且條理分明。雖然我們不需要，但現在我們可以自在地擺脫印度、日本、中國、西藏和其他地方。任何人想要的，在這裡就可以找到——用我們自己的語言，在我們自己的時區之內。

這並不意味著東西方的靈性較勁，我只是分享自己觀察到的一件有趣的事：美國不是靈性第三世界了。我們不需要成為靈性考古學家，尋遍各種年代、走遍世界各地，彷彿只有在最遙遠之處，或者還要更遠，才能找到我們要找的。我們自己這個時代、這個地方就能提供我們需要的一切；我們自己的同胞完成了他們的旅程，回來用我們自己的語言告訴我們，他們找到了什麼。

不論何時何地，求道者的現實處境總是一樣：說得越多的越貧乏、翻譯不值得相信、服務社會的靈性與服務個人的不一樣、自我稱霸，以及如果是為了達到覺醒的目的，那麼世上百分之九十九點九九所謂的智慧——無論東方或西方——其功用就像一杯裡面有根毛髮的溫口水。

呸！

這樣流暢地表達之後，我要如此來描述我心目中優越與原創的美國靈性：

如果只能選擇《聖經》《摩西五經》《古蘭經》，或《奇蹟課程》，我會選擇《奇蹟課程》。

如果只能選擇老子或梭羅，我會選擇梭羅。

如果只能選擇魯米或惠特曼，我會選擇惠特曼。

如果只能選擇《摩訶婆羅多》或《白鯨記》，我會選擇《白鯨記》。

如果只能選擇《奧義書》與《法句經》，或是賽斯、亞伯拉罕與麥可，我很樂意選擇那些通靈的傢伙。

如果只能選擇全世界的神祕主義文獻，或是美國的意識探險家——泰倫斯．麥肯納、史坦尼斯拉夫．葛羅夫、麥可．哈納、肯．凱西、約翰．李利、提姆．黎瑞等等——的著作，我會選擇後者。

最後，冒著被認為靈性正確的風險，如果要我只選一樣東西，或是只推薦一樣東西，那會是狄巴克．喬布拉的著作。對於任何想要知道真相的人，我的建議是自己來吧，但凡是把真相當成觀念來崇拜的人，很少能夠接受真相的現實。絕大多數的靈性求道者要的是美夢，而不是摧毀夢境狀態。喬布拉醫師在他的許多著作中抽取世界各宗教與思想系統的精髓，並濃縮之，完整且清晰地表達了客觀現實與我們在其中的位置。如果希望為自己與家人創造更多健康、豐饒與快樂，為社會帶來更多和平與繁榮，為地球與人類帶來更光明的未來，喬布拉醫師的著作會是無可比擬的寶貴資源。

當然，這份資源清單可以一直列下去，而且無疑應該延伸到美國本土之外，但重點是要讓清單簡短，而不是冗長。提到東方或西方所有智慧的最頂端，就是言簡意賅的：「自己思考，弄清真相。」

有些人會說，東方的教導要比年輕衝動的美國教導來得深奧、豐富、微妙而複雜。此話雖然沒錯，但我的回答是，覺醒就是一種年輕衝動的作為，想要尋求更深層次的了解，只會滿足自我的拖延與自保意圖。

我不想在這裡太鼓吹美國的東西，因為我只是半開玩笑地採取這種愛國立場（話說回來，我看不出靈性與真相有什麼相同之處），但如果有人要說那些無形的高靈很少被宣稱是美國人，我要說那些高靈是透過美國人來傳達訊息。同樣地，這裡提到的某些高靈並非出生在美國，但他們是在這裡完成重要的工作，所以這一切都指出：年輕衝動的美國是現代世界的靈性中心。

梅爾維爾與惠特曼的生日相隔兩個月，兩人同樣在七十三歲過世，時間相隔六個月。這似乎有些含意，但我還不知道是什麼。

《白鯨記》不是一本小說，而《草葉集》不是一本詩集。惠特曼與梅爾維爾並不只是坐在書桌前思索生命意義的作家或哲學家——猜測、推論、建構複雜的理論——而是粗獷、自決的人，非常深入參與生命。梅爾維爾上了船去捕鯨，還曾在遙遠的島嶼與當地原住民一起生活；惠特曼在內戰時的醫院照料傷者與死者，關懷那些面對死亡痛苦的老少男人。

惠特曼與梅爾維爾是先鋒、未知領域的探險家與現實的地圖繪製者，文評家根本沒有那個眼界或能力評論他們。惠特曼的詩人身分並非首要，他是想要弄清楚自己的處境，於是發展出一種不受限制的書寫方式，來描述他的旅程、他所變成的人，以及這個嶄新的人看到的世界。梅爾維爾的小說家身分並非首要，他是一個走完一趟旅程，然後來述說自身故事的人。我們可以探究《白鯨記》裡的角色——他們可能象徵什麼、究竟是什麼人——但最終說來，他們當然全都是梅爾維爾。

霍桑在某次與梅爾維爾見面之後寫下這段文字：

> 梅爾維爾一如既往地開始思索天意與未來，以及人類理解範圍之外的一切，然後告訴我，他已經「相當拿定主意要被滅絕」。但他似乎並不安於這個預期，而且我想，除非他能找到明確的信仰，否則永遠不會安然。他堅持在這些沙漠中來回遊蕩（這些沙漠就如同我們當時所坐的沙丘一樣荒涼而單調），他這種奇怪的堅持從我認識他之後就是如此，而且可能很久之前就開始了。他無法信仰，又無法對自己的「沒有信仰」感到自在；然後，因為他過於誠實與勇敢，以至於無法不去嘗試這兩者。如果他是個虔誠的人，會是最有宗教情操的聖人；他有高尚尊貴的本質，比我們大多數人都更適合不朽。

約翰．布洛斯的書《接納宇宙》中有一章「宇宙的詩人」談到惠特曼，他是這麼說的：

我要說，不管《草葉集》可能是什麼，它都不是這個世界所謂的詩。它是受到啓發的聲音，但不落於詩的任何傳統類型。如果說惠特曼的愛好者是為了詩而接近他，就好像在說你去海邊是為了尋找海灘上漂亮的貝殼與石頭。他們接近惠特曼是為了他的精神，為了被他對生命與宇宙的態度激勵，為了他堅實的信仰、他遍及全世界的同情心，為了他寬宏的視野，以及他聲音中的智慧。

13 激盪科提斯

看到自己真實本性的人，不會再像一般人那樣將生命視為充滿惡意與苦難。他原來錯誤的個人意志與責任感都消失，取而代之的是自由與歡愉。現在生命只是一場有趣的表演，就像一場遊戲或一場夢，他並沒有真正參與。

——拉姆西．巴西卡

我在這裡開的是一輛老吉普車，車身的紅色已褪，有著加裝襯墊的黑色防滾桿、黑色內裝與黑色軟篷車頂，我通常都是放下車頂。這輛車在比爾過世後就一直停在車庫裡，瑪麗說我可以使用。我找了技師清理油缸與化油器，焊接修補了車架，保養、調整了一番，裝了不錯的二手胎，現在行駛順暢。瑪麗看到它被清乾淨，又能順暢行駛，就想把它送給我。我拒絕了，於是我們展開一場很蠢的逆向講價，買賣雙方都很慷慨。最後，我說服她以九百美元握手成交。我把車子轉到我名下，買了保險，裝了CD音響與喇叭，讓它成了一輛很酷的交通工具。

現在我有了一輛吉普車，就想做一些吉普事——在這裡意味著去海灘。我判定在某個海邊觀看日落會很好，便問科提斯想不想去，因為他似乎不常放鬆自己欣賞美景。我想多花點時間與科提斯相處，讓我們更加了解彼此。我要他更清楚他正在為我做的工作，因此需要多了解他一點。他問他母親的意見，她同意了。我問她是否允許她兒子喝幾瓶啤酒，她說可以。科提斯的母親似乎很高興有成年男子對她兒子感興趣，因為他的生命中缺少父親。我並沒有太多的父親概念，但我想這無傷大雅。

我們開車前往蒙托克，那裡的海邊有一處岩石崖壁——我去探勘過了，那顯然是舉行海邊烤蛤蜊派對的熱門地點。我們把車子開上海灘，擺好冷藏箱、椅子、木柴等等。然後，我們開著吉普車在沙灘上兜風。科提斯不知道如何駕駛手排車，我們便開始學習課程——在除了浮木與貝殼之外什麼都不會撞到的沙灘上駕駛一輛有防滾桿的老吉普車，有什麼學習方式比這種更好？他學得很快，覺得在海浪中開車是他這輩子做過最有趣的事。我們一直開到太陽西沉，然後把車子停在剛挖好的火坑旁，準備休息。

我們有很棒的冰鎮進口啤酒，我還帶了一些昂貴的宏都拉斯雪茄，因為我覺得在星空下的海灘營火旁，邊喝昂貴的啤酒，邊談論大事時，很適合抽一點上好的雪茄。我並不常喝酒或抽菸，但是當場合對的時候，如果不好好去做，就不好玩了。

安排好一切之後，我們就坐進火坑旁的低矮海灘椅，面對著海洋與漸黑的天空，如同在觀賞永恆露天劇場裡的時空表演。我們讓火焰變小，才不會阻礙視野。太陽沉入我們身後，把我倆的影子拉長投射到水面。我們閒聊了一會兒，啜飲啤酒，看著船隻與鳥兒，等待月亮現身。我將頭往後靠，打起盹來。

我問科提斯幾個關於他自己的輕鬆問題，他很樂於回答。他告訴我，他在教小孩子踢足球，而他從事的另一項運動是網球，過去四年都參加了美國公開賽。他稍微聊到家人，過了一會兒，他告訴我他哥哥橫死的事，以及他母親如何費盡心力把他與妹妹帶離那個充滿暴力的地方。我大多時間都在傾聽，視線放在遠方海天交接之處。科提斯想要知道所有承受悲劇打擊的人都想知道的事：世上為何有惡？為何有醜陋與苦難？為何生命要承受毫無意義的恐怖打擊？

他的問題很好。這些問題把悉達多王子打醒，脫離昏睡狀態，也許還有許多其他人也是如此。這些問題很適合坐在沙灘上的營火邊、眺望著海洋與天空時提出來。我可以花一百個小時、用一百種不同的方式回答科提斯的問題，但那樣對他沒有任何幫助。答案永遠不是答案。並不是說我知道答案，科提斯不知道；而是我不知道問題，但他知道。我看得出困擾科提斯的問題並沒有自己獨立存在的現實。我們想要發問，並得到答案，而當別人問我們問題時，我們想要提供解答，但真正的答案只有一個，就位於問題的正中心。

我可以告訴科提斯，並沒有所謂的善惡，只有融合，以及非融合的夢境、分離的夢境，告訴他那種虛假的分離感就是自我，而自我是世上所有的惡，告訴他無知導致的失調會以善與惡的形式顯現。科提斯堅持說他看過惡，他很確定。我可以對他說，他所謂的惡大部分是恐懼，他所謂的善也大部分是恐懼。他告訴我，他母親很善良，我同意，並告訴他，他母親不僅善良，而且是個成人，一個人類成人，這是十分罕見的。他說他外婆是個嚴格、敬畏神的女人，也很善良，但我可以從他的描述判斷出她的年齡。我談了一點真實年齡與人的發展的事，說明他外婆還是個孩童（只是這個孩童很有經驗），而她的女兒，也就是科提斯的母親，則是個成人。

我刻意用不帶情緒的語氣來談這些事，避免有所冒犯。我說他的外婆是個孩童，科提斯似乎沒有被冒犯，這是個好現象，但他對於這種區分還是不太了解，所以我們聊到其他人，一些我們都認識的政客、藝人與運動員，也聊到成人的意義是什麼，以及「在恐懼與分離的層次運作」到底是什麼意思。他不太相信總統、電影明星與億萬富豪可能是孩童，而一個靠擦地板為生的非洲裔單親媽媽是成人。

「將來你的感覺會反過來。」我告訴他，「有一天你會看到一個成人擁有權勢或影響力，然後反而很納悶怎麼會這樣。」

他問我這是不是《聖經》上說的，溫順的人將接管世界。我說我以前沒有這樣想過，但聽起來是這樣。用「溫順」來描述某人臣服於天意很彆腳，但現在不適合咬文嚼字。他安靜地坐著，想要了解我們所談的一切，看看如何應用在自己的生活中。科提斯對於靈性的了解大多來自他的外婆、他的教會與他的基督教養育背景，他似乎把宗教、哲學與靈性當成同一樣大玩意兒，所以他的教會牧師、他外婆和我是同一隊的。他從未冒險走到基督教之外，因為他從來沒有理由這樣做。他沒有任何問題是基督教無法滿足的，所以他沒有離開教會，去追求更好的答案。但現在他與我在一起，而表面上看來，這是不可能發生的事，所以我必須假設他很快就會開始質疑，或者已經開始了。

我們談了一整晚，大部分圍繞著釋放自我的話題，以及他過去學到的東西要如何應用在他現在學到的上面。就像過去幾年我見過的許多人，科提斯想把一切翻譯成基督教語言，而這總是讓我感到很尷尬，所以我會比較少回應，只有在的確有清楚的答案時才提供答案。

科提斯以前從來沒做過這樣的事：坐下來，放輕鬆，好好審視自己過去的所在之處與歸屬。我猜他的生命結構到目前為止都相當受限，但此刻這個環境對他的擴展過程是最有幫助的。我們同意什麼都可以談，科提斯想要知道我是怎麼想的，那些電子郵件與那本書又是什麼。他不想被推銷或被說服，他只想要了解。

我想我打了幾分鐘的盹。當科提斯開口時，我睜開眼睛。月亮出來了，鳥兒安靜了，船隻入港了。

「那麼罪與原罪呢？你說根本沒有？」

我揉揉眼睛，想要回憶起我們的談話是怎麼到這裡的。然後我在想我是否說過沒有罪惡，或者這一點是否轉變成一件值得討論的事。我一如往常地出於自己的好奇心而回答，想看看這個問題能帶我們到什麼地方。

「只有一種罪，」我告訴他，「這唯一的罪是無知。無知就是罪，罪就是無知。沒有其他東西了。」

「對什麼無知？」

「不是那種無知。不是你不知道某樣事物的那種，而是你知道某樣並不真實的事物那種無知。」

「聽起來顛倒了。」他說。

「是啊。」我同意。

「那麼天堂與地獄呢？」他問道。

我用雙手擺出「你瞧！」的姿勢。「這裡就是了。我要說，此時天堂比較多。」

「地獄呢？」

「當你哥哥遇害時，感覺如何？」

他花了一分鐘思考，然後繼續問。

「那麼救贖呢？應該要有救贖吧？唯一的罪是無知，而這一切——生命——就是天堂與地獄，對吧？此時此地就是？」

「差不多。」

「所以你現在就是在天堂或地獄？在生命中？」

「我想是的。」

「不是之後？不是未來？不是在你死後？」

「我對於之後、未來與死後一無所知。」

「呃，」很長的停頓，「那麼，你要如何解脫？你要如何讓你的無知之罪得到救贖，離開地獄，進入天堂？」

科提斯顯然有過嚴肅對話的經驗，他的腦子裡似乎有一套完整的操作手冊。我重新定義了一部分，而他想知道如何重新定義一切。我決定用比較完整的方式來回答他的問題，看看他會如何運用。火堆已經成為發亮的餘燼，鹹鹹的海風吹拂，月亮高掛，我舒服到不想再去拿啤酒了。

「無知不是那種你將來要付出代價的罪，而是你此刻就在付出代價。」我低聲地解釋，彷彿對海浪說話，「無知的代價就是生活在無知中，就像畏縮在冰冷潮濕的陰影裡的代價就是生活在冰冷潮濕的陰影裡。離開陰影，進入溫暖的陽光中，那個罪可以說立刻就被赦免了，你的世界馬上變得溫暖明亮，冰冷潮濕的陰影就被遺忘了。業障就是這樣。聽過業障嗎？」

「聽過。」他說。

「業障就像罪，像欠了錢。」

「會累積嗎？非還不可嗎？」

「是啊，燒掉業障。燒掉業障的唯一方法就是燒掉無知，也就是燒掉自我，因為無知與自我是同一樣東西。無知不是自我的**某個面向**，而是自我的**本質**。不是『應該有某樣東西，結果卻空無一物』，而是『從空無一物中精細地編織出某樣東西』。『空無』被織成『某物』，就是你所謂的現實。你稱為**你**的那個部分，就是自我。」

「請等一下。」他說。

「好的。」

「自我是什麼？」

「假我，性格，一切你視為你的事物，一切使你不同於『非你的一切』的事物。」

「假我是不好的嗎？」

「不是，它只是虛假。」

「虛假不會不好？」

「事情沒有好壞，是思考讓它有好壞之別。」我改述哈姆雷特的話。

「所以天堂、地獄與業障之類的東西，就像罪的代價嗎？所以，這些東西並非獨自存在，而是你的虛假人格帶來的。」

「差不多。」

「因為假我來自無知？」

「是的，假我**就是**無知。任何說你與其他一切分離的說法，都是虛假的。」

「我不是與其他一切分離？」

「不是。只有一樣東西，它之所是即你之所是。只要說不是如此的，就是你自己的虛假詮釋。那是自我，那是你，那就是無知、罪與惡的真實面貌。」

沉默了幾分鐘之後，他請我舉個例子。我想了一下。

「就像你是個穿著人形外套的鬼魂，正在抱怨下雨。雨水讓你難以忍受，所以你說雨水是邪惡的，但雨水並不邪惡，它只是雨水。下雨並不是問題，問題在於你穿著人形外套。脫掉外套，問題就解決了。」

他又沉默了一分鐘。

「但是這樣一來，我也無法得到人形外套的好處了？」

「沒錯。」

「而且問題並不只是我穿著人形外套，還有我以為自己就是那件人形外套，忘了自己其實是鬼。」

「是的。」

「所以雨水不是問題。」

「沒錯。雨水並不是問題，被雨水淋到的東西才是問題。一般對罪的理解是，穿上人形外套沒關係，但被雨淋到就不好。」

「所以，真正的罪並不是人形外套引起的那一切，而是人形外套本身——認為你**就是**人形外套，忘記你是個鬼。」

「是的。」

「好，請等一下。」

我等了。我很感謝科提斯對此付出的努力。談論重要事物跟談論一般事物不一樣，必須常常停下來界定字義，也需要時間接受、消化新理念。對方如果有勇氣，願意接受，會需要更多時間，因為他們會更努力地建設與拆解。他們問更多問題，需要更多時間。這些玩意兒距離科提斯很遙遠，他算是很尊重這些與自己的觀念有牴觸的看法，願意努力去了解。

即使如此，我們的對話算是很輕鬆自在。我曾經進行過十分漫長的對話，斷續進行了好幾週、好幾個月，花了更多時間停下來好好為我們使用的字琢磨出準確定義，或換成較長但較不含混的句子，或者全部丟掉——花在斟酌用字的時間，比實際用那些推敲出來的字詞進行討論的時間還多。每琢磨一次就會讓對話離題數小時之久，但這是完全有必要的，如此參與者才得以全然了解。我自己命名並使用的靈性自體解析過程就是像這樣，毫不容許含混的字眼，幾乎不依賴外來的字詞或觀念，絕不輕易放過華麗的概念與多愁善感，任何重要的關卡，只要有一點模糊不清，就不會草率通過。不知情的旁觀者不會覺得這種對話是熱烈的靈性辯論，而是冗長乏味與看似不必要的挑剔，就像法律，就像科學，就像數學。這就是我所謂與一個認真的人進行認真的對話——非常仔細，非常準確。每個人都要全力以赴。

非常激烈。

「好了，請說。」科提斯在十分鐘之後說道。

「我忘記說到哪裡了。」

「業障，地獄，雨中的鬼魂。」

「業障、地獄與受苦都不是獨立存在，而是因假我的薄弱本質受到干擾而起。問題不在於造成干擾之物，而是受到干擾的東西。被干擾的東西是虛假的，如果它不在那裡，就沒有東西會受到干擾——沒有東西會被刺穿、燒毀或晒乾，沒有東西會受傷或被斬殺。」

「沒有東西會受傷或被斬殺。」他重複一遍。

「事實上，並沒有一本帳簿上面寫著我們的紀錄，沒有業障需要燒掉，沒有人審判我們，只有我們認為真實的一切，以及從那個信念中產生的幸福或受苦。自我是虛假的，而會承受自己的無知帶來的負擔的、會受苦或覺得幸福的、會遭受非自我的外在力量影響的，就是自我。對虛假自我的信仰，是所有受苦與幸福的源頭。」
「沒有人來審判？」
「你的真實本質就是一切的真相，誰來審判？」
「我不懂那怎麼說得通。」
「我知道。你不需要完全弄懂，我只是希望讓你對那些電子郵件在說些什麼有點概念。」
「好的，很有意思，我喜歡。我不是說那是錯的，我只是不明白怎麼會這樣。自我與罪怎麼會是一樣的？還有無知。怎麼會只有一樣東西？真讓人困惑。」
讓人困惑，是因為界線模糊了。這些界線似乎總是很模糊。把真相帶進對話中是我的錯，真相是無關的。我們要顧及太多層面，因為我倆的方向相反。我想要觸及真相的玩意兒，因為他為我工作時會經常看到；他想要知道在他自己生命中有實際價值的東西——可以幫助他成為像他母親一樣的人，而不是他外婆的東西。其實我也想要如此，所以我應該省略真相，讓他能夠無礙地了解有趣而重要的議題，如無我、臣服、自由地以旁觀者模式生活、放開船舵等等。另一方面，我並未選擇要說什麼，我對這段對話就像科提斯一樣好奇。他不是需要被輸入精確資料的電腦，一次就把東西一股腦兒地丟給他，讓他自己花時間整理，也沒什麼大礙。時間是成熟的要素。
長夜漫漫，兩分鐘就可以讀完的對話花了一小時，我們兩個人都不時神遊太虛。雲朵越過天際，但天空算是晴朗無雲，星辰滿天。我們花了很多時間討論年齡，探討看起來像成人的人類為什麼通常只是過熟的孩童。科提斯喜歡這個主題，因為他立刻從自己的生活中看到差別，從他母親與外婆身上。這對他而言夠私人，他有直接的經驗，不像假我之類的觀念讓人無從著力。

「我想要成為那樣。」科提斯說，他心裡對成人與孩童的區分更清楚了。我很高興他看得出差別，但不會對他的選擇感到驚訝。任何看得出差別的人都會做同樣的選擇，至少理智上如此。沒人想要幼稚、小氣又膽小。我們被自己的恐懼與無知奴役，它們是一體的兩面。當我們移除了無知的屏障——謬見——就會看到自己**可以**處於何處，而那會是我們**想要**在的地方。

但是，說「我想要成為那樣」並不會讓你變成那樣，不然我們都會是時髦迷人、永生不死的。願望與實現願望不是靠運氣，那是一門藝術、一門科學，可以專注去學習，然後越來越熟練，卻不是一件你能控制的事。你無法把這件事縮小來配合你，而是要擴大自己去加入，所以，你必須削去限制這種擴展的束縛。這是所有人都可以做到的，是我們與生俱來的權利，在我們之內運作到讓我們不會反抗的程度——每個人的這個「程度」時時都在改變。如果科提斯真的想要如此，就真的會發生，但那種「想要」必須發自頭腦，來到內心，然後從中心點往外擴散。這需要時間，而且會像是被拉向某樣東西，又像被推離另一樣。

「我想，我的生命必須是這樣。」科提斯說，「我看不出有什麼比這更重要的。謝謝你告訴我這些。」

我的日常生活是在模式的層次運作，而非細節。我興味盎然地看著這個清潔婦的非洲裔兒子如何擺脫貧窮與暴力，來到富饒區域，還跟一個像我這樣少見的存在體進行私人談話。這不是意外，而是有一支無形的手在輕柔地推動與提醒。科提斯為何來這裡、將來會怎樣，都與我無關。不管他是怎麼來到這裡的，他就是在這裡了；不管他在哪一個層次，他很快就會到下一個層次。他會邁入成人期。他看到了成人的狀態，以及**不是**成人又是什麼樣子，所以他會轉化。首先，他會看到有個這樣的轉化要達成，會看到他目前認為正常與美好的一切，是不正常、不好的——這就是他現在正開始要做的。然後，透過死而重生的過程，自我造成的束縛將開始發癢，這種癢會讓他越來越難受，直到他似乎對自己的皮膚過敏。最後，他會脫下虛假的皮膚，彷彿重新出生到一個他知道自己歸屬的世界，在那裡，他不再是個非法闖入者或欠債的人，那個世界是他的，而不是他之外的任何一個人的。那裡是生命的開始，學習的開始，成人的開始。我們是這樣被逐出樂園，也是這樣重返樂園的。一旦回去之後，我們可以開始探索自己跟世界的真實關係，以及世界與我們的關係，然後我們學到一切都是意識與能量，它們是同一樣東西，而它們的真實面貌就是**我們**的真實面貌；也就是說，生命只是一場夢。這就是自我與真我的差別、人類孩童與人類成人的差別。人類孩童小氣、充滿恐懼又讓人煩躁，人類成人則是開放、自在，且與一切都和諧一致，而不是只有自己。人類成人並不等同於了悟真相，但如果你心存疑慮，人類成人才是你想要的。沒人**想要**了悟真相，那是無法被「想要」的。然而，人類成人**可以**被想要、**可以**被擁有，而且事實上，這是從古至今全世界的求道者真正想要的，儘管他們也許不自知。

除了簡短描述桑娜雅——她象徵最徹底的無我執狀態——之外，我在《靈性開悟不是你想的那樣》中廣泛探討了這個題目。那本書講的是靈性開悟，我將之詮釋為最高狀態。人類成人不是真相，或與真相有關，它完全存在於夢境狀態中，包含無數的灰色層次，不像真相那樣黑白分明。了悟真相、恆久非二元覺知、靈性開悟，這些字眼是指最高狀態，而最高就是終極、「之後沒有了」。人類成人不是最高狀態，而是自然狀態。跟處於人類成人狀態相比，擁有金錢、他人的愛戴與權勢根本一文不值。所以，一位低下的清潔婦可以高貴如王者，而富裕美麗的電影明星可能只是一介平民；最前面的會變成最後，最後面的會變成第一；駱駝無法穿過針眼①，溫順的人將接管世界，諸如此類。

一旦從自我那些吸食生命的要求中解脫出來，我們清楚看到自己一直以來的未成熟狀態：人類孩童。就像小孩子，而且不是那種活潑快樂的感覺，而是粗魯的、自私的、不和諧的。我們在孩童身上看到的聰明、美麗，其實是完整發展的人類——也就是人類成人——固有的特質。我們真實的狀態是愛玩樂、純真、不帶機巧、不受限的心靈、健康的體魄與內在的光輝、一種自然的自信、對「什麼是對的」有準確的感受、沉著、優雅、平靜的眼神與輕鬆的幽默感、平衡、沒有惡意與狹小的氣量、不帶恐懼、慷慨、充滿感恩之情。創造力。連結。正確性。這是人類很清楚、很當然的狀態，要達到這種狀態，我們必須讓肉體死去，精神重生。我們的生命能量之前是被自我揮霍，現在可以用來在這個精采的二元性遊樂場中追求生命的更高目標與潛力了。

我們都在椅子上睡著了。我醒來時，營火已經變成一堆覆蓋灰燼的木炭，新的一天的曙光正要開始溫暖空氣。我走到水中伸展身體，把我的名字寫在沙灘上，回到椅子那裡時，科提斯已經醒來，正看著第一道陽光從大西洋上方升起。我從冷藏箱中拿出一些蘋果、葡萄、梨子、綜合堅果與瓶裝水，放在我們之間。我們一邊吃，一邊觀賞新一天的誕生。

①典出〈馬太福音〉第十九章第二十三到二十四節：「耶穌對門徒說：『我實在告訴你們，財主進天國是難的。我又告訴你們，駱駝穿過針的眼，比財主進神的國還容易呢！』」

14 沒有來世

夢的記號隨處可見，你應該更早認出來。

——馬克．吐溫

（本章內容摘自馬克．吐溫《神祕的異鄉人》第十一章）

一年之內，撒旦繼續現身，但次數比較少了，然後有很長一段時間，他完全沒有出現。這總是讓我感到孤獨與鬱悶。我覺得他對我們的小世界失去了興趣，隨時可能完全放棄來訪。有一天，當他終於來找我時，我非常欣喜，但為時甚短。他說，他是來道別的，而且是最後一次。他在宇宙的其他角落有一些研究、一些工作要做，會讓他忙碌好一陣子，超過我能等待他回來的時間。

「你要離開，再也不回來？」

「是的，」他說，「我們合作了很久，很愉快——對我們雙方而言都很愉快，但現在我必須走了，我們不會再見面了。」

「此生不會，撒旦，但來世呢？我們當然可以在來世見面吧？」

然後，他平靜、嚴肅地說出了奇怪的答案：「沒有來世。」

一股微妙的影響力從他的心靈吹入我的心，帶來一種隱約、模糊，但充滿祝福與希望的感覺：那不可思議的答案也許是真的——甚至必然是真的。

「你從來沒有懷疑過嗎，席奧多？」

「沒有，我怎麼會懷疑？但就算可能是真的——」

「是真的。」

我胸中湧起一陣感激之情，但將它化為言語說出來之前，我有個疑問。於是我說：「但是，但是，我們見過來世，實際看到它，所以——」

「那是幻相，並不存在。」

我因為滿懷極大的希望，幾乎喘不過氣來。「幻相？幻——」

「生命本身只是一個幻相，一場夢。」

真是有如電擊。天啊！我心中這樣想過不下千次！

「沒有任何東西存在，一切都是夢。上帝、人類、世界、太陽、月亮、星辰——一場夢，全都是一場夢，全都不存在。沒有任何東西存在，除了空虛的空間——還有你！」

「我！」

「你也不是你——你沒有身體、沒有血、沒有骨頭，只是一個意念。我自己就不存在，我只是一場夢——你的夢，你想像力的產物。一會兒之後，你就會明瞭這一切，然後把我從你的幻相中驅逐，我就會消失於空無之中，那個你從中創造出我的『空無』……

「我已經開始消散，越來越弱了；我正在消失。一會兒之後，你就會獨自一人處在一個無邊的空間，在無盡的孤獨中遊蕩，沒有朋友或同伴——因為你將繼續是個意念，唯一存在的意念，本質上是無法消滅、無法摧毀的。但是我，你卑微的僕人，已經讓你知道你自己的真相，讓你自由。去做其他的夢吧，更好的夢！

「奇怪！你多年前——幾個世紀前、幾個時代前、萬古之前——本來不應該懷疑的，因為你已經孤獨地存在了很漫長的時間。真的很奇怪，你本來不應該懷疑你的宇宙與其中的內容物都只是夢、幻相、虛構！奇怪，因為它們是如此明顯而極端地瘋狂，就像所有的夢一樣——上帝要創造好孩子跟創造壞孩子一樣容易，卻寧願創造壞孩子；可以讓他們每一個都快樂，但卻沒做出任何一個快樂的；讓他們珍惜苦難的生命，卻又吝嗇地隨意取回；讓祂的天使們毫不費力就得到永恆的幸福，卻要祂其他的孩子努力爭取才有；給予天使們毫無痛苦的生命，卻詛咒其他的孩子染上心靈與肉體的惡疾；宣揚正義，卻創造地獄——宣揚仁慈，卻創造地獄——宣揚黃金法則、七十個七次的寬恕，卻創造地獄；對其他人宣揚道德，卻不用在自己身上；不贊成犯罪，卻犯下所有的罪；不打一聲招呼就創造了人類，然後又試圖將人類作為的責任推到人類身上，而不是光榮地擔負起責任；最後，帶著全然神聖的遲鈍，邀請這個可憐的、受虐的奴隸來崇拜祂！

「現在你知道，這些事情只有在夢中才有可能。你了解它們是純粹而幼稚的瘋狂，一個並未察覺自身異常的想像力的愚蠢產物——簡言之，它們是一場夢，而你是創造者。夢的記號隨處可見，你應該更早認出來。

「我告訴你的是真的：沒有上帝，沒有宇宙，沒有人類，沒有塵世，沒有天堂，沒有地獄。一切都是一場夢，一場可笑而愚蠢的夢。沒有任何東西存在，除了你，而你只是一個意念——一個流浪的意念，一個無用的意念，一個無家的意念，在空虛的永恆中孤獨地遊蕩著！」

他消失了，留下我目瞪口呆，因為我知道，且領悟到，他所說的一切都是真的。

15 突破原型

「亞哈船長啊，他是個高大、不信神、有如神明般的男人；不常開口，但是當他開口時，你最好注意聽。先警告你了，亞哈不同於一般人，他上過大學，也曾與食人族共處，很習慣比海浪更壯觀的奇景，而他憤怒的長矛刺過比鯨魚更強大、更怪異的敵手。」

——梅爾維爾，《白鯨記》

亞哈船長是個精美的創造物，且獨一無二。文學、哲學或宗教上沒有另一個角色符合、甚至接近這個未知原型的性質，而亞哈不僅符合，並定義了它。

這是一個原型，因為這是人類戲劇中的一個共通角色，超越了地域、時間與文化，由所有人共有，所有人都可觸及。這是**未知**的原型，因為覺醒狀態是一個未被發現、未被覺察的國度。這是**終極**原型，因為它是**最後**的原型，突破了**所有**原型參與演出的那一場戲的限制。

因此它是，突破原型。

突破原型是未知的，也會維持未知。很少人可以在概念上了解它，能夠藉由扮演或演過那個角色直接了解它的人更少。而那些直接了解它的人，幾乎沒有一個會想要思索它，或談論它。

亞哈船長的角色非常明確——接下來你就會看到——因為梅爾維爾創造亞哈時，很清楚自己在幹什麼。瑪麗建議我列出理由，說明我為何認為亞哈船長是從頭開始設計的未知原型。她也建議我列出這種原型有哪些特徵是亞哈可能**缺少**的。我把我列出的清單與筆記帶給她看，我們一起討論了幾個晚上。她對《白鯨記》的深入研究，加上她對我第一本書的熟悉，讓她能夠在概念上了解這個原型，所以她能認出亞哈與突破原型共有的特徵，提出可印證的例子與矛盾之處。但儘管如此，當時我仍尚未確定我對亞哈與突破原型的一項主要了悟。我那時沒有跟瑪麗討論，也沒有寫在清單上。

提到突破原型，亞哈有一項最顯著的特徵，就是他與火之間深沉而神祕的關係。火是突破原型的**要素**，也是亞哈的**要素**。梅爾維爾多次以許多方式表達了這個觀點，從描述亞哈的外表開始：

> 他看起來像一個從火刑柱被解開來的人，雖然火焰燒壞了四肢，但沒有把他燒毀，或是將他那飽經風霜的結實體軀損毀一絲一毫。

亞哈從頭頂、到臉、到脖子（有暗示說到腳）都有燒傷的疤痕，就像閃電擊中一棵大樹所造成的垂直傷痕。我們有理由懷疑亞哈目前的狀態並不是被鯨魚咬掉腳之後才開始的，而是在那之前，他參與了拜火儀式。在書中最聳動的一個場景裡，閃電呼嘯，船的桅杆如九根蠟燭般被點亮，亞哈像手持火炬般揮舞著一根燃燒的魚叉，表達了他最徹底的反抗態度，然後他拿著燃燒的魚叉，對驚恐的船員發表演說：

> 被他的模樣驚呆，更想迴避他手持的那根燃燒著的魚叉，船員們都沮喪地退縮了，然後亞哈再度開口：「你們或許知道這顆心在想些什麼。看這裡，我就是這樣吹熄最後的恐懼！」他一口氣吹熄了火焰。

正確地看，《白鯨記》是一個很簡單的故事：人類、海洋與鯨魚，就是自我、宇宙與妄念。火是否定，其他一切就是其他一切。亞哈是無限之海中一艘船的主宰，發動一場「不是你死，就是我亡」的戰役，來爭取他的自由。帶著純粹的意願及「被血液與閃電淬鍊」的武器，亞哈全力以赴追求一個目標。白鯨是亞哈的龍，他目前的無知層次。龍究竟象徵什麼並不重要，重要的是它存在。只要有龍，就會有一個亞哈；只要有亞哈，獵殺就會繼續。

接下來的項目，適用於亞哈，以及踏出**第一步**走上覺醒過程的人，也就是「突破原型」。

- 亞哈擁有純粹的意願：狂熱的偏執。
- 他經歷過明顯的死而重生。
- 亞哈採取行動，但不會在意行動的結果。他把所有生命力量與資源用在單一的方向，但對結果沒有期望，除了走得更遠。
- 亞哈是專制的，宰制別人，也自我主宰。他不是有道德，也不是沒有道德，他是**無關**道德。
- 他失去了自己很重要的一部分，永遠無法找回。
- 亞哈知道自己是孤單的，他與人類的連結是過去式。他這麼說：

「亞哈獨自站在世上的數百萬人之中，神明也好，人類也罷，都不是他的鄰居！」

●亞哈經歷過激烈的轉化。

亞哈帶著極度的痛苦躺在吊鋪上，在仲冬時節繞過孤寂荒涼的巴塔哥尼亞角。然後，他破碎身體與受創靈魂的血流入彼此之中，兩者融合為一，使他瘋狂。

●亞哈的目標並非表面上的那隻鯨魚，鯨魚只是阻礙：

「如果要攻擊，就刺穿那個面具吧！囚徒除了衝破牆壁，還有什麼辦法能到外面去？對我而言，那條白鯨就是那堵牆，向我擠了過來。有時我認為後面空無一物，但這樣就夠了。」

更遠，不管發生什麼。那就是亞哈的意思，那就是他航行所肩負的使命。其實與鯨魚沒有什麼關係，因此，對於鯨魚與白色到底象徵什麼，眾人從未達成共識。

在我們畫出的最遠區域之外，有著「此處有龍！」的標示，而那就是這場獵殺任務帶領我們前往的地方。任何阻止某人往那個方向前進的事物，就是他的白鯨。

●亞哈的反抗超過普羅米修斯。比起從瑪雅那裡竊取幻相，從神明那裡竊火等於小事一樁。

「你之外還有某樣無可消散之物，你這個清明的靈魂。對它而言，你所有的永恆只不過是時間，你所有的創造力都像機械一樣呆板。透過你，你燃燒的自我，我灼傷的眼睛可以隱約看到它。」

●亞哈是被推動，而不是被吸引。他的行動不是出於欲望，他不是因為想像自我或世界可以因此變好而被吸引，他的動機不是利他主義或利己主義。相反地，他是要進行某種毀壞，而且什麼都無法讓他轉向離開目標：

「要讓我轉向？通往我既定目標的路是鋪設了鋼鐵的軌道，我的靈魂快活地奔馳其上，穿越無聲的峽谷與群山被掠奪的心臟，鑽過洪水奔流的河床，往前直衝！在這條鋼鐵的軌道上，沒有任何阻礙，也沒有任何歪曲！」

他也無法讓自己轉向：

「這整個行動是注定的，無法改變。這是你與我在海洋流動的十億年前就排演過的。笨蛋！我是命運之神的副手，我奉命行事。」

●亞哈被綁在一輛高速行進的火車前方，很快就要發生撞擊。他是大自然的威力，剛開始只是小小的海浪，逐漸增強到足以橫掃城市。「無關個人恩怨。」海浪說，「這是注定的，無法改變。」如此而已。

「你們跟我一樣，都必須遵守獵捕白鯨的誓言。將心、靈魂、身體、肺與生命都交出去，我老亞哈宣誓非做不可。」

●這裡，亞哈在五句話中說出了突破原型的五個重要概念：

「如果太陽侮辱了我，我也會攻擊它，因為假如太陽可以這麼做，我也可以還手。自從世上有一種公平競爭以來，猜忌就支配著萬物。但是各位，即使那種公平競爭也無法主宰我。誰能主宰我？真相是沒有止境的。」

第一句話就值得寫成一章。

「如果太陽侮辱了我，我也會攻擊它。」

「我會與眼前的任何敵人戰鬥。」亞哈等於是這樣說。「我正往前行，任何擋到我的都是敵人，我會毫不保留地對付它。」

這場戰鬥是絕對要發生的，因為目標是「永遠往前進」，任何擋住路的都是戰鬥的對象。目標不是生存、幸福或持續的安康，目標只有一個，而且永遠不變：更遠。

第二個概念「世上有一種公平競爭」是很關鍵的觀察結果，這讓人有挺身戰鬥的能力。「猜忌支配著萬物」可以詮釋為對立面的平衡，就像陰陽符號，但亞哈知道我們面對的任務都不會超出我們的能力範圍這個事實，顯示出他深切了解一個適用於所有人、但只有少數人知道的規則：宇宙總是公平競爭。如果我們必須如此，我們就可以做到。

第三個：

「即使那種公平競爭也無法主宰我。」

那種公平競爭是對立面的平衡：因果、作用與反作用、二元性的宇宙。亞哈是在宣稱他了解了非二元性。

第四個重要概念來自以下文字：

「誰能主宰我？」

聽起來也許像自大狂說的話，但就亞哈而言，說話的並非自我。這是一個人在宣布他的「自主」——這項特質深植於突破原型的心與頭腦中。任何宰制我們的，都只是我們前進過程的另一個障礙。

第五個值得注意的洞見是：

「真相是沒有止境的。」

這個完美的聲明是亞哈船長與《白鯨記》的鑽石核心。這是黃金鑰匙之一，就像「非二」或印度哲學中的「汝即彼」，能解開整個謎團。如果真相是沒有止境的，那麼所有的局限皆假。一個獻身於擊破所有局限的人最後必然會到達真相，所以，更遠。

•亞哈擁抱自己的瘋狂，他知道那在任務中是不可或缺的．

「在這場獵殺中，我的病成為我最想要的健康。」

•亞哈把他的瘋狂視為某種清明。他覺得很奇怪，其他人好像也在類似的處境中，卻沒有類似的反應。當歷盡滄桑的鐵匠告訴亞哈：「我已經是被燒灼過的人了，叫你被燙一個傷疤可不好受。」亞哈回答：

「我覺得你細微的聲音聽起來太平靜了，可悲的清醒。我自己不在樂園中，所以對他人身陷苦難卻不瘋狂十分不耐煩。你應該瘋狂啊，鐵匠。我問你，你為何不瘋狂？你怎麼能忍受不發瘋？是不是天堂還在痛恨你，因此你無法發狂？」

●亞哈知道自身存在的真相：

「白鯨也好，人類也好，魔鬼也好，都無法擦傷老亞哈高尚且不受侵犯的存在。」

把這段話與《薄伽梵歌》相比較：

我告訴你，武器威脅不了生命，
火焰燒不了，水無法淹沒，乾燥的風也無法讓它枯萎。
無可穿透，無可進入，無可攻擊，無可傷害，無可觸及，
永遠不朽，完整無缺，穩定，確實，
無形，無可描述，言語及思考無法了解，永遠全然自主。
這是靈魂的宣示！

還有《道德經》：

懂得養生的人，
在路上不會害怕犀牛或老虎，
在戰場上不會受傷。
因為犀牛在他身上找不到地方可以刺入牠的利角，
老虎找不到地方可以揮舞利爪，
武器也無法刺穿。
為何如此？
因為他不讓死亡有地方進入。①

- 亞哈船長使用了不尋常的理解方式。他掙脫傳統的導航方法，採用更高、更直觀的方法：

「你這該死的四分儀！」他將四分儀狠狠地砸到甲板上，「我再也不要靠你來指引我在世間的方向。」

亞哈說他從來不思考，只是感受。他的「邪惡陰影」費達拉是個傳神諭者，算是亞哈的非傳統知識來源。

●亞哈從來不計較損失。真實之物是不會受損的，而虛假之物不會存在。亞哈的追尋將讓他的船沉沒，讓船東蒙受損失，害死了船員與兩個男孩，讓他的妻子成為寡婦、子女失去父親，也摧毀了亞哈。他不是不知道代價，而是知道代價無關緊要，不是問題。

●亞哈既是玩家，也是旁觀者；他參與過程，也在一旁監視。他時常自言自語，顯示他正處於旁觀者狀態：

「我有膽量去做的事，我已具備去做的意志；凡我有意願去做的事，必定全力以赴！他們以為我瘋了——史塔巴克這麼想——但其實我已著魔，猶如瘋魔般地瘋狂！那野性的瘋狂才是唯一能平靜地理解它自身的力量！」

●亞哈船長所在之處有完美的確定性。他也許導致極大的衝突，但他自己沒有衝突。雖然像其他人一樣，由「生存本質」與「角色化的心智」兩種面向組成，雖然有時兩者看似衝突，雖然有時亞哈會悲嘆自己失去人性，但事實上，他對於自己的目標非常清楚，毫不動搖。

●亞哈是選擇自己的命運，還是被命運選擇，連他自己都不清楚：

「亞哈是亞哈嗎？舉起這隻手臂的，是我，或是神？如果偉大的太陽並非自己運行，而只是天上一個跑腿的小夥子；或者，沒有一顆星星是自己旋轉，而是要依靠某種無形的力量，那麼這顆小心臟要如何跳動，這顆小腦袋要如何思考，除非是神來跳動，神來思考、來生活，而不是我。」

●亞哈缺乏「基本的享樂能力」。生命中所有正常的樂趣，他都無法得到。他身處一個他無法享受的遊樂場，或者如他所說的，樂園：

「啊！是時間的關係。太陽出來會大大地刺激我，日落則能讓我安定。再也沒辦法了。這可愛的光照的不是我，可愛美好的一切都讓我痛苦，因為我無法再享受。我天生有高超的覺知能力，卻缺乏基本的享樂能力。我受到詛咒了，極其巧妙，又極其狠毒！在樂園之中受到詛咒！」

●亞哈船長看似瘋狂。旁觀者如亞哈的船員與梅爾維爾的讀者，認為亞哈自己選擇了航向，也可以更改，但他沒有，所以他必然是發瘋了。完全正確。**除了**在突破原型的脈絡中，沒有辦法將亞哈詮釋為正常。

●亞哈是絕對的。他毫無保留，沒有備用計畫，沒有第二考慮因素或目標。他將所有的生命力量用在單一任務上，從來不承認莫比敵之外的任何未來。

●亞哈還是人，仍然在**這個**範式中。對於他所失去的，以及他付出的代價，他表現出真誠而感人的追思之情。他已經出發，但還沒離開。

●亞哈承受巨大的壓力。他受到驅使，有如著魔地追求一個無法理解的命運，遠遠超越了人類的局限：

「這是什麼，這個無名、不可理解、不屬於塵世的東西？是什麼狡詐藏匿的主宰和殘酷無情的君主在命令我，讓我違反所有自然的愛意與渴望，不斷推擠著把自己卡進去，並且不顧危險地要我去做我的本心不敢做的事？」

●亞哈不會後悔，沒有不安。他也許覺得快承受不住，也許有懷舊的渴望，但他並未表示希望處境有所不同。

●亞哈沒有推卸責任。從外在的表象看來，他可以調轉他與船員的命運方向，有如點頭一樣容易，但內在的現實就不一樣了。

●亞哈是在扮演角色的同時發掘他的角色，這可以從下面幾件事看到：他丟下四分儀這種較低層次、科學性的理解工具，而採取較高層次的理解方式；他明白抽菸不再能帶給他樂趣，首先是領悟到：

「喔，我的菸斗！如果連你都失去魅力，我就要遭殃了！」

然後想出對策：

「我要這根菸斗何用？這玩意兒是要帶來平靜，把柔和的白煙送到柔和的白髮裡，而不是像我這種被扯亂的鐵灰色頭髮中。我不要再抽菸了——」

他把還沒熄滅的菸斗拋入大海。

● 亞哈是個欺騙者。他內在誠實，而非外在。他將虛假的面貌呈現給世界，以執行他的任務：

現在，亞哈心裡明白：我所有的手段都是清醒的，而我的動機與目標是瘋狂的。但是，他沒有力量去消滅、改變或逃避這個事實。他也同樣了解，他早已對人類隱藏真心，而且現在多少還是如此。

但他的欺騙只是對外，他並沒有欺騙自己：

> 但他的這種偽裝僅限於別人可覺察到的外在，而不是他明確的意志。

●亞哈已經拋棄了大部分的自己。他為了獵殺而精簡自身：他的自我被剝到見骨。他不再浪費生命力來投射一個外在的自我。在他比較正常的日子裡，他一定曾經很在意自己的形象：要看起來虔誠、誠實、可敬、可靠，值得被交付一艘船，值得和他結婚託付終身，值得在他底下擔任船員。而現在，除了與自己的計畫有關的，這種種考量全都被遺忘。他不再想要在宗教、國家、社群、專業或家庭層面維持一個身分，他不再擔負起扮演角色的責任。

●「讓該來的來吧。」亞哈說。他臣服於命運，知道一切已經非他所能控制。例如，他與剛成為朋友的皮普道別，知道兩人的死期可能都不遠了：

> 「孩子，你就像圓周繞著圓心一樣忠誠。所以，上帝永遠保佑你；如果有什麼意外，上帝永遠會拯救你，就讓該來的來吧。」

●亞哈是個純粹的、不懷歉意的虛無主義者，一個摧毀者。他創造了一項武器，一把魚叉，就像「用謀殺者骨頭流出的膠熔接而成」。他不是在水中淬鍊武器，而是在血裡。

「我不是以天父之名為你施洗，而是以魔鬼之名！」亞哈狂亂地吼道。這時，那惡毒的鐵已經滋滋作聲地吸乾了洗禮的血。

「我不是以天父之名為你施洗，而是以魔鬼之名。」這究竟是什麼意思？亞哈崇拜魔鬼嗎？在許多人眼中，虛無主義看起來可能就是如此，但對亞哈而言，如此的區分是沒有意義的。亞哈不是在打造一個創造的工具，或一個保存的容器，他是在打造一把摧毀的武器。他想要摧毀不真實，以到達真實。

正確地解讀，這也是梅爾維爾在《白鯨記》所創造的：　把毀滅的武器。他告訴他的朋友霍桑——《白鯨記》就是獻給霍桑的——「我不是以天父之名為你施洗，而是以魔鬼之名」這句話是該書的宗旨。

亞哈與突破原型共有的最後一項特質，讓他們不被發現、不被懷疑。他們駐留在範式的外圍，因此得以隱藏在旁觀者感知範圍的模糊邊緣中。這種隱藏讓亞哈站在船員面前，他們卻看不到他真實的本質，也讓《白鯨記》攤開在讀者面前，他們卻看不到**它**的本質。旁觀者不知道自身現實的有限，一定會說亞哈是個精采的人物，但終究瘋狂了；他一定會說《白鯨記》是一本偉大的書，但終究無可理解；他一定會說突破原型在理論上很有趣，但沒有實際價值，因為你無法突破現實——你突破後要去哪裡呢？

評論者常常指出亞哈的缺失導致敗亡，以支持他們把亞哈當成亞里斯多德學派悲劇英雄的理論，但那是當我們不自知地把其他範式轉譯成我們的範式時必然會發生的錯誤。因此，《白鯨記》抗拒所有的詮釋，它是要去某個我們甚至沒有**察覺**其存在的地方。

亞哈船長不是一個悲劇英雄，他並沒有顯現缺失，或經歷敗亡。他專心地走在一條路上，從我們第一次看見他，一直到他最後遭遇白鯨為止都是如此。他是一根不偏不倚朝目標高速飛去的魚叉，完全沒有任何偏斜，也完全沒有錯失目標。

亞哈船長與朝覺醒**踏出第一步且開始上軌道**的人，兩者並沒有太多差別。我只發現一項值得一提的差異：歡欣。

瘋狂的喜悅。

全然瘋狂的快樂。

超凡的狂喜。

亞哈在不同的場合表現出憤怒、瘋狂、理性、苦惱、心碎與內省，但從來沒有得意洋洋。他當然可以如此，他大可站在皮谷德號的船頭，雙手張開，如電影《鐵達尼號》中的傑克那樣高喊：「我是世界之王！」但傑克是在開玩笑，而亞哈是認真的。對亞哈而言，一切的不確定、恐懼、懷疑、平庸、小氣、反抗、曖昧，以及其他種種綑綁我們的沉重鎖鍊都被斬斷了。他的命運很清楚，而他的成功是必然的。他以刺激的高速度飛向完美的自由，他知道，他應該會有無法形容的快樂。

---

①語出《道德經》第五十章。原文為：「蓋聞善攝生者，路行不遇兕虎，入軍不被兵甲。兕無所投其角，虎無所用其爪，兵無所容其刃。夫何故？以其無死地。」

16 無法妥協的差異

你是剛被我吸引的人嗎？
首先要警告一聲：我必然與你所想的有極大差異。
你認為你能在我身上找到你的理想？
你認為很容易就能讓我成為你的愛人？
你認為我的友誼會是純粹的滿足？
你認為我可靠而忠誠？
你看不到這個表象之外——這個圓滑而包容的我？
你認為你是腳踏實地走向一個真實的英雄人物？
喔，做夢者，你有沒有想過，這也許全是瑪雅，全是幻相？

——惠特曼

我照約定走進一家公關公司的辦公室。我早來了幾分鐘，就坐在等候區等待著。一會兒之後，馬克出來揮手叫我進去。這是他的公司，他是個公關專家，專門處理新時代書籍與音樂的公關事宜。我承諾當我來到曼哈頓時會跟他談一談，所以找來了。

不幸的是，我昨晚沒睡，因為我沉浸在閱讀與做筆記當中，頭都沒抬，一直忙到天亮。其結果就是，在今天的前兩個涉及私人事務的會面中，我只能設法聽取訊息，先不做任何決定。而現在正要進行的這個約會其實算是禮貌性的，因為我相當確定不會有任何結果，至少不是預期的結果。

昨晚我在讀《白鯨記》，正準備關燈就寢——因為我很清楚今天必須比平常更有警覺力——這時，我的眼睛看到了我之前沒看到的東西：

> 你似乎瞥見了那十分難以忍受的真相：所有深入、真摯的思考都只是靈魂為了讓船隻在海洋中保持開放獨立所做的無畏努力，但天堂與世間最狂野的風卻聯手想把船隻拋向那不可靠又沒有獨立性的海岸？
>
> 但只有在無陸地之處，才存在最高的真相，如上帝一般浩瀚無涯、無可界定——所以，寧可讓它毀滅在那呼嘯的無垠之中，也不要羞辱地衝向背風處，就算那裡是安全的！因為只有像蠕蟲一樣的人才會膽小地爬上陸地！多恐怖的人啊！這一切痛苦都是徒然嗎？

「只有在無陸地之處，才存在最高的真相。」這段話立刻讓我醒過來，直到五個小時之後，我才發現自己實際上已經破壞了必然會很辛苦的一天。

科提斯是臨時被我拉來的。我疲倦時無法好好運作，所以覺得有個警醒的人陪伴是個好主意，以免我被一輛巴士撞上（這可不是隱喻）。

在路上，我們看到一塊《星際大戰》電影的廣告看板，科提斯便談到他在大學英語課寫的一篇報告，內容是關於約瑟夫．坎伯描述的英雄旅程。他的報告是以最早的《星際大戰》電影為基礎，利用天行者路克來說明英雄發展過程的一些關鍵點。這個題材是科提斯感興趣的，所以聽他談起來也很有趣，但他似乎還沒講完就結束了。

「就這樣？」我問。

「什麼意思？還有什麼？」

「關連呢？它為何重要？有什麼意義？」

他似乎不了解我的問題。

「要如何運用在真實生活中？了解英雄旅程對你我有何價值？」

「喔，對。」他點點頭說道。「沒有。」

「沒有？」

「我們沒有談到那個。」

我也點頭，假裝那樣說得通，心想也許我覺得說不通是因為我的腦袋目前籠罩在迷霧中，但恐怕沒有。

馬克是我這一天的第三個約會，也是最後一個。科提斯待在對街的一家希臘餐館——真希望我也在那裡——也許正吃著某種慢火細燉的小羊肉。我不僅沒有休息，也沒有進食，一整天都沒吃東西，除了半塊用玻璃紙包起來的檸檬餅。

我坐進馬克示意的椅子，眼睛望著他桌子後面牆壁上的照片與證書。有一幅書法作品，上面是摘錄自魯米詩作的句子，很有藝術品味，花了大錢裱框，放在他桌子上顯眼的位置，面對著所有坐在我現在的位子上的人：

> 在我們對正確行為與錯誤行為的概念之外，
> 有一處原野，我將與你在那裡相會。
>
> ——魯米

我讀了幾遍，每次都試著用不同的觀點來看，想要了解他為何要放在桌上面對訪客，彷彿那是他個人要告訴客人的：他將在這個不太可能存在的原野與他們相會。我實在太累了，以至於無法思考這個，但這蠢玩意兒就在那裡瞪著我。我用自己的觀點來讀它也弄不懂。馬克覺得它是什麼意思？我很好奇。他是否把它當成某種理想或真理？某種愛或慈悲的宣言？我跟這傢伙談過，看過他展示出來的書籍——那些他想要別人知道他喜歡的書。我相當清楚他在靈性領域的位置，完全知道他的進展。我不知道的是，他認為魯米那句話是什麼意思。那就好像把漂亮的中國書法作品掛在牆上，卻不知道上面寫的是「老外很爛」。不過馬克懂英語，也許那是翻譯了魯米作品的詩人科曼．巴克斯送的禮物。我想不出別的解釋。

在恭維了我的書有多棒，公司裡的人都搶著要看之後，我們坐到一張會議桌，大家都拿著筆記本、筆、瓶裝水，以及其他各種消遣與生產工具。馬克坐在主位，梅根坐在他右邊，珍娜與我彼此相對，坐在桌子中間，馬克的執行助理羅莎琳則坐在另一端，拿著日曆、筆記本、行事曆，與一份攤開在她面前的廣播電視訪問報告。

所有人都知道自己在這裡要幹什麼，除了我。這些人的工作是為作者處理公關事宜：接受訪問、上脫口秀、上廣播節目、報章雜誌報導等等。我們在這裡是要看看如何讓我準備好接受一次廣播訪問，他們說會很棒，因為我可以穿著內衣在廚房裡接受訪問。馬克與他的屬下知道他們要幹什麼，但這些人還不知道，他們的努力將會落空，雖然我一直都說得很清楚。就算穿內衣在廚房接受廣播節目訪問可能很愉快，這場會議的可見目標——由我來宣傳一本書——將不會發生。所以，我為何要來這裡浪費這些人的時間？

我是為了找出可見目標之後的真實目標。我不會根據可見之事來做或不做什麼，而是根據傾向與流動。我被邀請來這裡，而這剛好配合上其他計畫，所以這件事顯然值得去做，雖然理由還不明確。那麼是為什麼？誰知道。我們會看出來的。

或者，也許不會。

「這些問題有的是公司裡的人提出來的，」珍娜告訴我，「大部分是我上網找到的。我只是到某些靈性網站的討論區請他們舉例說明，看看對一個據說已經開悟的靈性老師可以提出什麼問題。我會錄音，如此一來，等我們都覺得事情可以開始進行了，就能讓整個過程聚焦且受控制。我們不打算為你寫腳本，但如果你能發展出幾個流暢的回答與一些控制技巧會很棒。我們會提供廣播電台一些資料與建議問題，讓主持人可以有些根據，但討論的主題有時可能會離題離很遠，尤其如果他們讓聽眾打電話進來。所以，你要能夠把問題轉回你熟悉的領域，這樣才會聽起來輕鬆又博學，而不是失焦與亂扯。聽起來有道理吧？」

「呃，是啊。」

「好，我們稍後再來想開場白、語氣與一些玩笑話。現在我們只是要向你丟出一些問題，看看整體效果如何。準備好了嗎？」

「好了。」

「好。第一個問題：有沒有可能有所體驗，卻不知道是誰在體驗？」

她從筆記本抬起頭來，等待我回答。我只是瞪著她。在我癡呆的表象之下，有一個癡呆的腦袋正忙著弄懂她的意思。經過一番努力思索，我設法說出以下的答覆：

「呃？」

「什麼？」

「呃，我想我沒聽懂問題。」

「有沒有可能有所體驗——」

「請換個說法。」

「你不能要求主持人或聽眾——」

「我明白。很抱歉，我不知道要如何處理這個問題。」

「要我重複一次嗎？」

「我每一個字都聽到了，我只是不了解問題的意思或用意。你能不能換個問法？」

「這正是我們要注意的，」她說，「這種不順暢。希望我們能讓你有所準備，把看似無關或離題的問題順暢地帶回你自己的專長。這種能力不會就這樣出現，需要去練習，而這正是我們在這裡的用意。」

「好的，我猜這個問題就像是問『一個人有沒有可能發問卻不知道是誰在發問』，對不對？」

珍娜猶疑地點點頭。

「這個問題可以簡化成：『一個人有沒有可能**存在**卻不知道自己是誰？』或『一個人有沒有可能去做某件事卻不知道是誰在做？』聽起來不是鬼扯就是很荒謬，你不覺得嗎？」

「嗯，我不知道，」她說，「但你不能對打電話進來的聽眾那樣說。」

我看看馬克，他只是聳聳肩。

「好的，」我說，「唔，我聽起來就是那樣。聽起來像是有人問可不可能存在卻不知道自己的真實本性。他們提問的方式讓問題聽起來像是真正的問題，而我換個問法，聽起來就有點蠢，但基本上是同樣的問題。『我有可能不知道我的真實本性嗎？』回答這種問題很難不讓發問的人覺得自己被取笑。你要不要問下一個問題算了？」

「好。」

「請問。」

「呃，我看看。開悟是不是自然的演化步驟？」

「噢，這是個好問題。答案是否定的，開悟其實是演化的脫軌。我是說，我想這個問題所說的演化是指一個輪迴的人或一個物種的演化，但答案都是一樣的。演化是關於改變，開悟是關於真相，而真相是不變的。演化是發生在比日常生活更大的脈絡中，但仍限於二元性的脈絡；換言之，不管是演化、成長、發展或改變，都是二元狀態中戲劇性事件的一部分。開悟則不是。」

「慢著，」馬克打岔，「開悟是演化的終結嗎？」

「有人可能會發問，要求你澄清或補充說明。」珍娜指出這一點。

「沒關係，」我說，「這是個有趣的問題。我自己是否還會在此生體驗到超過了悟真相的成長？不會。我是否會重生回到無知狀態，也就是說，無形的力量是否會再讓我回去沉睡？不會。這個問題是假設有一個被區分出來的真我存在，就像一個分開來的實體，嗯，這種假設是不正確的。區分與真實是互相排斥的。」

「那麼我們是在跟誰說話？」

「你是指傑德．麥肯納？我毫無頭緒。那是夢中的一個角色。」

「你開悟了，卻不知道自己是誰？」

「無法知道，無關緊要，不在乎。你談的是夢境狀態與現實的妥協，好像一切都必須說得通才行。大家似乎都想要這樣，但你做不到。真相與非真相是無法妥協的。真相存在，非真相不存在。虛假純粹是個幻影，只存在觀者的眼中。真實與虛假不是相對的，它們並非陰陽符號中的黑與白。沒有真我，而假我是無關緊要的。我們不能就自己所知道的堅持要一個說得通的真相，因為我們一無所知。再說一次，區分與真實是互相排斥的，不是一個整體的兩半。」

「哇，很精采，」珍娜說，「很不錯的犀利觀點。某些回答有點長，但我們可以精簡。這個過程就是如此：讓你言簡意賅。這裡有很棒的材料，非常有意思。好了，下一個問題。如果一切都是愛——」

「不行，請問下一個問題。」

「什麼？」

「我們繼續吧。」

「你不想回答？」

「那不是個真正的問題，而是偽裝的定見。不管如何，所有以『如果一切都是愛』開頭的問題，我都不可能回答。就算問題是：『如果一切都是愛，你最喜歡的顏色是什麼？』我也無法回答。」

「你對愛是不是——」

「聽我說，我不願意讓你們無聊到想哭。你們真的有必要聽我解釋每一個不想回答的問題？」

「我想有必要。」珍娜說，「首先，這不無聊；其次，這可以幫助我們想出辦法在開放問答時維持住控制權。如果我們覺得無聊，會告訴你。」她露出微笑。

「好吧。」

「所以，你對愛是不是有什麼看法？」

「那與愛無關，你可以把問題改成『如果一切都是強烈的迦瑪射線』，或『如果一切都是胡桃木貼片』。這個問題真正的意思是：『如果我的信仰正確，那麼你的信仰要怎樣配合？』我沒有任何信仰，無法回答根據別人的信仰而提出的問題。那就像是問：『自由要怎樣配合我的局限？你的無限要怎樣配合我的有限？』沒辦法的。如果問題是：『愛就是一切嗎？』那麼我們可以繼續，但我們不能先接受『愛就是一切』的前提。」

「好吧，愛就是一切嗎？」

「當然。如果有人想要把一切歸於愛，他們有這麼做的自由。我不認為把一切歸於什麼對覺醒有任何幫助，但你可以將之稱為你想要的任何東西——神、宇宙、意識、道與心智都是常見的例子，愛有何不可？」

她臉帶微笑地批評我：「你這樣有點自大。」

「我知道看起來像自大，但其實是另一種東西，我盡全力讓它比較溫和一點。」

她嚴肅地看著我。「進行得不太順利，對吧？」

「那要看你希望的是什麼樣的結果。」

「你想不想接受訪問，宣傳你的書？」

我微笑著。「請問下一個問題。」

「嗯，」她疑惑地看著我，「好吧。非二元哲學宣稱——」

「沒有所謂的非二元哲學。試試下一題。」

「等一下，」馬克說，「世界各地與網路上其實有一大群非二元論者。還有你讚美過的Advaita，意思就是不二論，也就是非二元。」

「好吧，」我說，「但那真的沒有成為哲學。非二元不是哲學，如果有人把它變成哲學，那就是為了私人或財務利益創造了偽不二論。非二元不是哲學，是一種概念，而概念是無法實踐的。就像二次元，你可以在概念上了解二次元，但在三次元現實中沒有實際價值。如果你想進入二次元，就必須離開三次元現實及你的三次元自我才行。」

「那種話聽起來很以偏概全，」馬克說，「可能會激怒很多人。」

「這就回到了本會議的核心問題。」我邊打呵欠邊回答，「如果不激怒他人，我就沒有做好自己的工作。這不是自大，而是現實情況。我打別人耳光來喚醒他們，因為他們在某種意義上請我這麼做，但這種關係在這裡行不通。在這裡，我應該要求別人信任我、相信我，來買我的書。我不想要別人信任我或相信我，我不知道怎麼做，或者為何要這樣做。」

「你不要別人信任你？」梅根問道，口氣中帶著懷疑。

「不要。這無關信任，而是關於自我證實。我們現在都坐在這裡，似乎有促銷書籍的共同目標，但我的優先考量不是賣書，是如何充分地溝通想法，而這讓我與賣書這件事背道而馳。你們的工作是把我擦亮，成為書的門面人物，我來這裡則是要看看有沒有辦法參與促銷這本書，以做個人情給某人，但我很確定沒有辦法。」

這段話招來四對不爽的眼光。這些傢伙之所以在這裡，是因為他們想要從出版商那裡拿到豐厚的支票，而我阻礙了他們。馬克又花了幾分鐘解釋促銷書籍的過程，以免我有什麼不了解。他們覺得《靈性開悟不是你想的那樣》可以成為暢銷書，但暢銷書不會自然發生，需要細心的計畫與運作。

我不想對他們保守祕密，便向馬克解釋，我們花了很多工夫不讓這本書的重點回到我身上。我跟他說我很注重隱私。我已經做好了自己的工作，寫了一、兩本書，因為我似乎必須寫，但是就這樣了。然而，我猜他認為我在開他玩笑，或是開自己玩笑，因為會議繼續進行下去，彷彿我一個字都沒說。我想如果在開會時前後搖晃、哼歌、流口水，可能很失禮，所以試著保持專注，在適當的時間點頭，但很困難。我很疲倦、很餓，而且沒人會說我的語言。

「好，」馬克說，「我們繼續，看看是否有什麼可以用的，好嗎？」

「好。」我說。

梅根開口問道：「好，這裡有個問題：我要如何更加活在此刻？」

我尋找這個問題的意義，什麼都沒找到。

「為了什麼？」

「什麼？」

「你想要更加活在此刻是為了什麼？那究竟是什麼意思？」

「我正努力地更全然活在當下——」

「哪裡？」

「什麼？」

「在哪裡更全然地活在當下？在什麼時候更加活在此刻？」

「在當下，」她理所當然地說，「在此刻。」

「什麼時候？」

「什麼？」

「此刻是什麼？當下的，呃，時間嗎？」

「是的。」她發音清楚地說，好像在對一個智障說話——可能真是如此。疲倦讓一切都變得朦朧，所以我不知道是我變笨了，還是我來到一個愚蠢的地方。

「你想要在當下變得更當下？」

「是的，」她說，「我想要加深自己的覺知，更全然地活在每一刻。」

我覺得自己被困在英國喜劇表演團體「巨蟒劇團」的一齣諷刺鬧劇裡。

「我能不能問為什麼？」我小心地問，試著不帶冒犯之意，而是有點好奇，想知道這個更深的覺知有什麼吸引人之處。

「更全然地活在每一刻，」她說得很慢來幫助我聽懂，「更深入地接觸我的生命。」

「好，更深入地接觸你的生命。你要如何進行？」

「透過加深我的覺知，」她惱怒地答道。我終於明白我們是在繞圈子，而我還是莫名其妙地激怒了她。有人告訴這個女人某件事，現在她很興奮地跑來問我要怎麼做，但我甚至不知道那究竟是什麼。

「我不知道為何會有人想問我活在當下的事。」我客氣地想要轉移話題。我時常想，新時代團體中有多少人是在年輕時對毒品、迷幻藥、迷幻蘑菇之類的有過美好的經驗，想要再次體驗，也許甚至希望那些經驗維持恆久不變。我覺得很多老師與方法抓住靈性大眾的訣竅，都是承諾他們可以重溫美妙的迷幻時光。如果這個梅根是我的學生，我可以跟她打開天窗說亮話，那我會叫她少說廢話，想吃迷幻藥就去吃吧。我知道我會那樣說，因為我對幾十個人說過。弄清楚你到底想要什麼，如果不弄清楚，每次有新的靈性商品推銷員出現時，你就會一直有這種制約反應。假如你想要重新造訪藥物可以進入的內在空間，就別再浪費時間吃安慰劑，去找你的藥吧；如果找不到，或者吃藥這件事讓你感到害怕或羞愧，你可以去接觸史坦尼斯拉夫．葛羅夫或麥可．哈納，或是某個找到可行替代途徑的人。

「但你是個靈性導師，不是嗎？」梅根問道。

「其實不是，我比較像靈性導師的相反。」我嘆口氣，揉揉眼睛，「我不想被拉入這類討論。如果有人打電話來問我對目前最受歡迎的老師、方法或書有何想法，絕不會得到什麼好答案。我會選擇不予置評，或者聽起來像罵人，而我知道那樣不好。」

「嗯，」珍娜建議，「我們可以為你準備一些制式回答，來對付這樣的情況。例如，『我了解某某人這種教導的好處』或『我對這本書有很高的敬意』。你知道的，就是準備一些聽起來不反對但又不支持的制式答案。我今晚會寫下一些點子，為你想出你喜歡的回答。」

我懶得告訴她別費心了。

「喔，這一題很棒，」她說，「自由意志或命運決定？」

「呃，我真的不是要挑剔，但那也不是個正確的問題。」

「怎麼會不正確？」

「它不是獨立的，而是依靠在許多還沒有證實的假設之上。它先把其他不能當真的事情假設為真了。瞧，重點在這裡：所有人，在任何時候，都只有一個正確的問題。我的工作是幫助他們找到這個問題，而不是給予答案。」

「傑德．麥肯納如是說。」珍娜笑了，「你不是那種**好玩**的老師，對不對？」

「我確實不是以那種方式進行，因此這需要測試。在我理想的教學環境中，有一套結構與可接受的過程，不會只是為了發問而發問。對我而言，那就像說閒話一樣漫無目標，也不好玩。我們看過的這些問題，沒有一個來自被困在某處而想前進的人，沒有一個來自某個想找到鑰匙打開下一扇門的人。它們都是靈性手淫問題，來自心存畏懼、想要強化自我的人。因此我同意排練這個過程，也因此，我不會讓自己暴露於這種鬆散的對話中。沒有人會受益。我習慣面對飢餓、絕望、認真的人，我不會發展出什麼靈性花招或瘋狂智語來賺觀光客的錢。當你認真以待，這是世上最美妙、最刺激的東西；如果不認真，就是最可怕的有毒汙泥。」

我站了起來。

「很抱歉浪費大家的時間。」

馬克追上了我，當時我正設法弄懂電梯往下的按鈕在哪裡。他覺得這第一次的會議其實相當順利，我們應該約時間再聚。我微笑點頭，然後他說他有一群一起研讀《薄伽梵歌》的朋友，在皇后區，今晚就有一場聚會，想要邀請我參加。我求他放過我，向他解釋我有多累——今天過得不太順利、睡眠不足、回家的路很遠等等，但他很堅持，而我的腦袋不太靈光，所以同意去一下子。

17 梵歌生活

這軟弱怎麼會上你的身？
何處誕生這不名譽的麻煩，讓勇者羞慚，阻礙了德行之路？
不行，阿周那！禁止自己軟弱！它玷汙了你的戰上之名！
脫下懦弱的外衣！醒來！做你自己！
站起來，懲罰你的敵人！
——克里希那，《薄伽梵歌》

科提斯與我在牙買加站下了地鐵，坐了十分鐘計程車到馬克提供的地址所在之處。聚會是在一個教堂的地下室舉行——是天主教教堂，但又不是天主教，而是某種新的改良版天主教，但還沒有女性教士，所以其實不算什麼改良。房間後面的桌上放了些果汁與一盤無奶油餅乾。彩繪天花板、上了漆的空心磚牆、嗡嗡作響的日光燈與很好的油氈地板都被多年的煙霧染成淡棕色，創造出此地舉行過數十年戒酒無名聚會的氛圍。貼了抗熱塑膠薄板的長桌表面黏黏的，一體成型的塑膠椅子滑滑的，空氣悶悶的，我又累又餓，而且彷彿這樣不夠，科提斯還興高采烈的。

桌子排成一個大長方形，最後有三十幾個人入座，有些地方排了兩到三排座位。天花板上有一根繩子掛著一個紙板切割而成、包上金箔的奧姆（Om）符號，科提斯問我那是什麼，但我目前沒有心情對任何人解釋神聖音節，反正我也解釋不清楚。一位三十來歲、蓄著馬尾、戴著眼鏡的高瘦男子在我的右前方站了起來，對整個團體說話。

「大家晚安。」他開口說道，也是很要命地興高采烈。這些人都在高興個什麼勁兒？科提斯對我笑笑，我瞪了他一眼，但我想不是很有效，因為他笑得更開心了。「很高興看到有幾張新面孔。」主講人繼續說，而我的眼睛與心都集中在出口標示上。「在開始之前，我們可以快速地自我介紹一輪。」

恐怖啊，恐怖。

說起來，這全是我的錯。我怎麼會讓這種事情發生？我不介意冒犯他人，尤其是那個馬克，而且我特別不爽地發現他不在這裡。那我來這裡幹什麼？因為我累了，就是這樣才會犯錯，就是這樣才會踢到東西、發生車禍。疲倦是釀禍的必然途徑，**充分休息**則是生命的快樂駕駛人的第一守則——或許是第二或第三重要，但一定是名列前茅，與**耐心等待**、**少思考**、**多跳舞**並駕齊驅。這一整天充滿了平常不可能發生的小錯誤，全是因為我沒有好好休息，讓我彷彿陷入一場泥濘的夢境狀態，諸事不順，還有一大群漫畫般的人物在說笑話。

「我叫葛文達，」我們的指導者說，「我不把自己當成老師，而比較像是引導者。」他露出友善的笑容。我的腦筋麻木了，甚至沒有力氣閉上嘴巴。我注意到葛文達說話有一種輕快的節奏，有點像在唱歌，彷彿剛從托兒所下班。「我研究印度教經文，特別是《薄伽梵歌》，有十五年之久，但我覺得還有更多可以學的，所以在某方面，我只是《世尊之歌》①的學生，就像你們一樣。」他繼續說道。

我很快地檢查一下自己的隨身物品，沒有找到任何可以讓我上吊或割腕的東西。我讓舌頭在嘴裡動了動，但似乎吞不下去。如果我有所謂的生命指導方針——我想既然開悟了，就應該要有——主要就是別在這個地下室跟這些人與他們的金箔奧姆符號和無奶油餅乾廝混。我這種人就是不會去做自己不想做的事。

而且我喜歡奶油。

自我介紹從葛文達的右邊開始，所以在我之前還有一些人，包括科提斯。我右邊坐著一位五十歲出頭、坐著輪椅的胖紳士，從我們簡短的交談中，找得知他相當積極地參加教堂地下室的各種聚會，尤其是在夏天電視台重播老節目的時段。他叫巴瑞，面前放著一本破舊的《梵歌》，是企鵝出版社的版本。事實上，除了我與科提斯，所有人都有一本《梵歌》，大部分是企鵝出版社的，有幾本則是史蒂芬．米契爾的版本。另外，我認出一本是神智學會的，還有一些其他的版本。

自我介紹繼續進行。米蘭妮是個客服人員，對新事物充滿好奇心。羅罕喜歡探討其他文化之美，但他看起來很像印度人，我猜他是《梵歌》的信徒。寇特想要在自己的生活中實踐《梵歌》的教誨。麥斯不知何去何從，沒有清楚的主張，說的都是什麼服務、責任之類的。另外還有一對同性戀情侶、一對異性戀情侶、一名身上有監獄刺青的西班牙裔男子、幾位印度教徒、幾位新時代信徒。這裡半數的人似乎是很認真的學生，想要從《梵歌》中學到更多。另一半呢，天曉得。

大家在自我介紹時，活力十足的蠢蛋科提斯就在那兒咧著嘴傻笑，愉快的笑容歡迎著所有人進入他持續擴大的懷抱。一個塑膠蓋上面開了一條縫的咖啡罐開始傳遞，用意是要募款來支付地下室的使用費。輪到科提斯自我介紹時，我的眼睛已經在我腦袋裡垮了，我的腦袋在我肩膀上垮了，而我的屁股在椅子上垮了。「我是跟我的新朋友傑……呃，麥克一起來的。」科提斯說，「我其實並不知道《薄伽梵歌》是什麼，但我感覺你們是很特殊、很真誠的一群人，我很高興能與你們在一起。」大家都鼓掌感謝科提斯。我的手自動開始鼓掌，但我命令它們不准動。我到底哪裡出了錯？宇宙在跟我作對。輪到我打招呼了，我開始滑出我的椅子。

「嗨。」我含糊地說，一隻手揮了一下，這個叛徒。「我只是想要到一個有知識的地方。」我笑了笑說道，沒人對我笑。「我們，呃，我與我的朋友——」我不記得我們是否有為科提斯想好假名，所以差點暴露了他的身分，但是我含混帶過他的名字，聽起來就像一個同性戀白人帶著年輕黑人伴侶來參加研讀會，所以我開始傻笑。最後我只能勉強說出：「謝謝大家讓我們參加，希望可以學到很多。」

當咖啡罐傳到我這裡時，我大動作地塞了一把鈔票進去，似乎想為自己贖罪，但可能只是讓我看起來更像神經病。這個智障的舉動稍後在付計程車錢時會對我造成困擾。

自我介紹結束後，葛文達要我們翻到第四章。他注意到科提斯與我沒有書，便要旁邊的人跟我們一起看。坐輪椅的老兄不太情願地把他的書轉向我這裡——好學生替壞學生受罪。我假裝仔細閱讀，表現出勤奮好學的模樣來取悅他。

電影《駭客任務》中，有一幕是經驗老道的墨菲斯毫不費力地在繁忙的人行道上穿過接踵而來的人群，而笨拙的尼歐走得踉踉蹌蹌，一直撞到人，一直在道歉。流動與不流動。沒有喜好，沒有需要不斷地監視與加強的自我，只有一個平靜而不受干擾的心智——我大部分的生活是像墨菲斯那樣順暢航行，而不是像尼歐那樣毛毛躁躁、跌跌撞撞。當流動受到干擾，就算只有一點點，我都能明確地感覺到。我會停止手上的工作，直到找出造成錯誤的阻礙；我會確定自己的呼吸夠深、夠穩定，心智清明，然後讓自己回到那順暢而不費力的運作。錯誤本身並不重要，重要的是消除錯誤或繞過錯誤的源頭。如果流動受到阻礙，回復順暢是主要目標，而不是去研究障礙物。

所有人或多或少都在這種較高的狀態中運行，每個人也都可以學習變得更加熟練，讓它更常發生。事實上，只要學會正確地呼吸，大多數人就可以運作得更順暢、更輕鬆。幾乎所有人都把呼吸局限在肺的上半部，所以擴張的是胸部，而不是腹部。這種淺薄呼吸的結果就是：讓我們永遠處於一種驚慌的狀態，彷彿生命就是戰或逃而已。不安寧的心智狀態成為常態，於是我們尋求可以上癮、可以讓我們分心的事物來逃避，擾亂了白天的活動與夜晚的休息。如果我們擴張橫隔膜，用整個肺部呼吸，自動就會產生安寧自在的心智狀態，然後會反映在我們的環境中。

整個社會的人連如何呼吸都不知道，究竟是怎麼回事？還有比這個更基本的錯誤嗎？更嚴重的是，當我們知道了這個讓人失能的缺陷後，大部分的人完全不會做任何事來改正，因為虛榮心不容許我們讓肚子脹大？

我的腦子如一灘爛泥。我從未患上其他會讓人與事物的能量流動不一致的疾病，所以只須注意不要太疲倦就好，而今天我搞砸了，於是我的世界就脫離了軸心。錯的就是對的，我知道，一切都有理由，這件事也不例外，但採取哲學觀點並不會讓事情變得更愉快。

葛文達開始讀他的《梵歌》，我幾乎無法區分每一個字。科提斯幾乎窩到他左邊那個與他分享書本的漂亮大學女生懷裡。葛文達讀了約一分鐘，然後停下來看著我，其他人也是。我在流口水嗎？

「你還好嗎？」科提斯低聲問道。

「很好。」我慢慢地說，不知道為何大家都在看我。我在心裡回顧過去的幾分鐘，猜想可能是因為一個呻吟聲——我以為我只是在心裡想，卻發出了聲音。

「你有什麼要補充的嗎？」葛文達問道，「對不起，我忘了你的名字。」

我也忘記了。我看看科提斯。

「麥克。」他低聲說道。

「麥克。」我告訴葛文達。

「你似乎不同意克里希那世尊說的話，麥克。如果你願意與我們分享，我們都會很想知道你的看法。」

「嗯，呃，其實沒有。謝謝你。抱歉，請繼續。」

「好的。」葛文達說道，然後回去讀克里希那告訴阿周那，他對阿周那顯現他的宇宙形象，是因為阿周那是非常忠誠的朋友那個段落。我在心裡發出上廁所的聲音，然後很驚訝地聽到那個聲音也出現在現實之中。葛文達停下來看著我。

「拜託，麥克，如果你有話要說——」

大師假冒成新生參加某個課程。無能老師舉起偉人之書，說的話在大師耳中聽來十分可厭。他受不了繼續聽無能老師對偉大之書的錯誤詮釋，就拿起椅子把無能老師活活打死。剎那間，所有新生都開悟了。

——腦袋阿達大師之禪宗教誨

「他在說謊。」我脫口而出，這是我累了之後的一個負面結果。我在平常不會開口的時候開口，說出不應該說的話。

「誰在說謊，麥克？克里希那世尊嗎？」

「是的，克里希那世尊。說謊。我真的很抱歉。請繼續，我會好好——」

「沒關係，麥克，我想世尊可以接受一些建設性的批評。」眾人發出笑聲。

我看看科提斯。他聳聳肩，彷彿在說：「有何不可？」

是啊，有何不可？

「他不是世尊，」我說，「那樣只會讓事情變複雜。如果不弄清楚誰是誰，就無法弄懂《梵歌》。」

葛文達有點緊張地笑笑。「世尊，」他舉起書的封面給我看，「『世尊之歌』。《薄伽梵歌》是關於世尊對他的信徒展現全然的榮耀——」

「噁！」我脫口而出，「才不是。你把它當成基督教的東西了。它不是基督教，或印度教，或其他任何宗教的東西。它是世上最酷的事物，而你完全錯過了。你並不了解這東西到底有多好玩、多重要。」

我在這個可悲的地方、處於這種可悲的狀態，是有原因的。我覺得自己被困在一個促使他人變節的角色中，這是我最不想要的。如果要我猜，我會說這房間裡有一個人來到了關鍵時刻，而我在不可能、不情願的情況下在場，是為了幫助那個人，幫助他踏出下一步。這當然只是猜想，但整個安排如此笨拙，一定是有類似的意義，也許到時候就知道了。

「你自己看，」我說，「看看克里希那是怎麼告訴阿周那的：『我向你顯現這一切，因為你是我的朋友與信徒。』就算翻譯很糟，這也不是實情。克里希那顯然在說謊。問題是為什麼？克里希那為何要說謊？」

我看到許多鄙視的眼光。我說出了異端邪說，糟糕！我想，在週五晚上來到皇后區參加《梵歌》研讀會，是不應該說高貴的世尊是個扯謊的傢伙的。我站了起來，碰碰科提斯的肩膀。

「我很抱歉。你說得對，我不知道自己在說什麼。我們要走了，還得去見別人——」

「請留下來，麥克。」葛文達示意我坐下，「如果你有個關於世尊克里希那的理論是我們沒想到的，那就是這個團體存在的目的：考量不同的觀點，自己做出決定。」他環顧四周尋求支援，沒有獲得太多反應。「請留下來，繼續說。」

我實在累到快哭出來了。我不知怎麼搞的離開了陽光，進入這個悲慘的地底世界。我被困在這個荒謬的角色裡，站在這個破舊的舞台上，看來唯一的出路就是往前直走。沒有其他方法，只能演到底。我吸了一口氣，試著恢復一點清明。

「好吧。」我坐了下來，以免讓人覺得我想跟葛文達爭領導者的角色。「克里希那說謊，他對阿周那顯現自己的理由並不是他所說的那樣。」

葛文達對我的放肆似乎很困惑。「那麼克里希那世尊為何要說謊，麥克？」他還是帶著高高在上的語調。

「你研究《梵歌》十五年了，葛文達，所以你已經知道他為何說謊。他想要某樣東西。克里希那想要什麼？他為何要跟阿周那說話？」

葛文達似乎不太高興變成他要回答，我也不是有意如此，但也沒辦法。

「他要阿周那振作起來，」葛文達回答，「他要阿周那吹響海螺，發動戰爭。」

「沒錯，所以克里希那選擇此時此地顯現，被兩支馬上要開戰的大軍包夾，並不是為了獎勵友誼與忠誠吧？」

「唔，你可以從這個觀點——」

「不要為《梵歌》找藉口，葛文達。你說過，它經得起一些建設性批評，但也許不能另有詮釋。不管如何，重點是克里希那並不重要。這不是關於克里希那，我們關心的不是克里希那。」

「好吧，麥克，」葛文達帶著溫和的鼓勵神情說道，「什麼才重要？我們該關心什麼？」

「阿周那為何倒下？」我問道。

葛文達回答得沒有絲毫猶疑。

「阿周那倒下，是因為他看到敬愛的老師與親友都在敵軍中，而他明白不管多少財富或榮耀都無法讓他屠殺敬愛的——」

「不對，不對，」我打岔，「別浪費時間在那裡，那只是故事，只是譬喻。」我怎麼會被扯進來的？該死的出口在哪裡？「那是阿周那與克里希那在戰場上的小故事，我們不在乎。這不是一個古老文明中的外國人爭奪王位的故事。重要的是**讀者**，其他沒有了。這就是這本書很重要的原因。**重點不在於故事中的人物，而是閱讀這個故事的人**。」

我對葛文達說了這些，然後轉而面對桌子周圍的所有人。「這不是理論，而是實踐。這是關於**你**，你的生命，此時，此刻。你應該把這本書當成你個人的故事。你，讀者，就是阿周那，這是**你的**戰爭。《薄伽梵歌》是關於阿周那為何又站起來發動戰爭，但你無法了解他為何重新站起來，除非你先了解他為何倒下，而關於這一點，我沒有冒犯之意，但你們沒有一個人了解。」

不管疲倦與否，我一旦開始，就無法停止，直到想要表達的理念都完全表達清楚。

「當你們自己看到阿周那所看到的一切，也就是讓世上最偉大的戰士都因為恐懼與困惑而倒地不起的景象，你也會像他一樣，因為恐懼與困惑而倒下、崩潰，然後，你就無法發出開戰的信號。除非**你**也碰上這種情況，否則這一切都是理論，無關緊要；除非你在自己的生命中親眼看到阿周那所看到的，否則《梵歌》對你的價值只不過是一本胡亂塗鴉的書。《薄伽梵歌》開始於阿周那倒地不起，然後就只談一件事：阿周那為何重新站起來？」

我暫停一下。理念似乎都已清楚表達，結束就在眼前了。

「抱歉，真的，我快要說完了。《梵歌》不是什麼枯燥乏味的、智性上的追求，它是偉大的、熱鬧的生命冒險——真相、現實、自由、真正的寶藏——而且不管你是坐在輪椅上、年輕或年老、富裕或窮困、男生或女生、猶太教徒、神道教徒，都不重要，《梵歌》超越了那些事物。但它不是一本讓你閱讀的書，而是你要踏上的旅程——不是阿周那的旅程，而是**你的**。」

我站起來抓住科提斯的手臂。「好了，就是這樣。很抱歉像個白癡一樣胡說八道，希望沒有破壞大家的夜晚。得走了，再見。」

我們溜了。

這似乎是近來重複出現的主題，所以我想我應該多加注意，並在這裡聊一聊。科提斯把人們針對《靈性開悟不是你想的那樣》所寫的信帶來給我看，其中許多信都有個共通的地方：寫信的人把那本書當成他們之外的東西，彷彿那書跟書中的角色有關，而不是正在閱讀的人。然後，科提斯談到他對英雄旅程、坎伯、《星際大戰》的興趣，但他停留在觀眾的角色，沒有看到或認知到生命並不是一場觀賞性質的運動，沒有發覺他生命中的英雄就是他自己，他必須去走這段旅程。而現在，這群《梵歌》的讀者又讓我碰到同樣的狀況，於是我明白，我會被引到那片泥濘的古怪之地，理由之一就是要讓我再次看到這個提供舒適的幻覺，讓我們覺得生命是發生在其他地方、其他時刻，而不是發生在此時此地的特質。我們大多數人不僅活在夢中，而且是在夢中睡覺。

我要說，慣常的免責聲明在這裡也適用。沒有對或錯、比較好或比較壞，真相並不良善，幻相並不邪惡，沒有人領先或落後。蠕蟲才不在乎你墓碑上寫的是什麼，而你的真相將比時間本身存在得更長久。一切都是虛空。

一切。

---

① 「薄伽梵歌」字面意義為「世尊之歌」。

18 阿周那為何倒下？

我的身體部位衰敗，我的舌頭在口中變乾，
身體突然一陣顫抖。
我的頭髮因為恐懼而豎立，我虛弱的手抓不住甘迪瓦神弓；
高燒灼焦了我的皮膚，
我幾乎無法站立，我內在的生命似乎在暈眩。
我看不到任何前景，除了悲傷與哀號！

這樣不好，喔，凱沙夫！互相殺戮絕不會有好結果！
看，我厭惡勝利與宰制、財富與舒適，因此贏得很悲哀！
啊！什麼樣的勝利能帶來喜悅，葛文達！
什麼樣的財富掠奪可以獲利？什麼樣的法則可以補償？
什麼樣看似甜美的生命，會帶來如此的遍地鮮血？

——阿周那，《薄伽梵歌》

茱莉快要親眼看到沒有任何書籍或老師能讓她看到的東西，她快要在自己的生命中直接知道，所謂「真相的代價就是一切」究竟是什麼意思。

對某些人而言，這個階段比較容易，對某些人則比較困難。有些人有多年時間來變得柔軟，可以比較舒服地滑入；有些人，如茱莉，則重重地撞上，沒有事先被警告，也沒有做準備，其痛苦程度超過文字所能表達。在這個階段，人有可能發瘋——像亞哈那樣——或者更糟。

有時我好害怕，幾乎僵住，因為恐懼而動彈不得，真的恐懼到生病。這上面還有什麼？連空氣都似乎沉重到無法動彈。這個閣樓有一些部分我甚至無法看清楚。我可以看到大概的外形、危險的形狀、龐大而無法移動的黑暗物體。現在我知道，這裡沒有惡魔，只有這些東西，但這些惡魔有些是我喜愛的。那是最讓人害怕的。它們是我，但又不是，但它們是！我母親在這裡，我父親在這裡，我的音樂、寵物、夢想、家人、朋友。不全是陰森恐怖，也有一些神奇、愛與美的時刻。詩、花朵、歌曲。我愛過的男孩與男人。我的老師們。你，傑德。來自我童年的地點、氣味與朋友。似乎永無止境，實在太多了。

我過著美妙、愉快、受到祝福的人生。我做了什麼？不全是垃圾，不全是糟糕的，而這才是最讓人害怕的部分。良善要怎麼辦？朋友！愛！舞蹈！我的心！那不都是真實的嗎？這些記憶不都是真實的嗎？我的心不是真實的嗎？那算什麼？什麼？

這裡不是戰場，這是首次完全了解戰場的地方。來到這裡的人，不是那個再往前走的人。在這個過程中，抵抗會被征服，而不抵抗會取而代之——接納、承認、臣服。分離的自我被斬殺，融合的自我誕生。死亡與重生、毛毛蟲與蝴蝶、人類與吸血鬼。旁觀者會覺得這是一種蛻變的過程，但對參與者而言，這毫無疑問是一樣事物的終結、另一樣的開始。

我試著鼓起勇氣，專注在一件事；我的母親。我幾乎做不到，甚至不了解她在這裡究竟是由什麼構成的，但「母親」這個字眼似乎荒唐地不足以描述那數以千計——百萬計！——點點滴滴的不同強度情緒、回憶與影像。當然不是我母親，但全都在某方面與她有關、來自她、感覺像她一樣——恐懼、影像、片段聲音、回憶、希望，有些令人愉快，有些充滿壓迫感。

金錢是另一樣。金錢與安全感。提到錢，我以為自己很清醒，靈性上協調而平衡，但我其實是被它侵擾，它有如癌症般寂靜地轉移到所有器官與組織。驚人！真是驚人！無處不在！它腐敗、發出惡臭、被恐懼汙染，讓我想到都要吐。問題是，提到錢，我以前很清醒。那些被我嘲笑有銅臭味的人，又是被感染到什麼地步？或者那些被金錢奴役、讓我覺得很可憐的人呢？我光想都快要生病。你談過冰山，傑德，藏在海面之下的龐大質量，但這更讓我想起我曾經寫過一篇文章談過的蘑菇。大多數人認為藍鯨是世上最大的生物，但其實是一種叫蜜環菌的蘑菇，我記得它的根部系統可以蔓延超過兩千畝。從地表之上的可見部分，你絕對無法想像它在地底朝四面八方蔓延，可以把整個森林都消滅！當我發現它龐大而有害的根部系統時，就想到了金錢的疾病：可見的部分很小，而且是良性的，底下的部分卻非常龐大，又具毀滅性。

我開始明白一件事：沒有東西是真的分開的。一切事物都彼此糾結，形成某種更大的事物及比其更大的事物的一部分，某種能量上彼此連結的自我迷宮。這是自我織錦的複雜性，絲線不是乾乾淨淨、整整齊齊地前進，而是以混亂、多重空間、旋轉盤繞的模式，有些看得見，有些深奧而不可見。這是我的閣樓，這是我的織錦，我的織品。這織品是我，但我不是編織者。整體看來似乎代表了我，但只要我靠近去看它到底是由什麼組成的，去辨識組成模式、辨識那數百萬根絲線，這時「我」就會消失，只剩下由回憶與情緒胡亂拼湊而成的東西。這就是我的本質。我只是如此。

用強硬的自我來抗拒這個過程，它會打碎你。我個人並不知道有誰在這個關頭自殺，但我認為這並非不尋常。茱莉當然考慮過。你不能不考慮，因為在這種處境——無法前進，無法後退——死亡是第三條路。很可能就是這種念頭，死亡的念頭，讓她敞開來接受必要的放手，而放手本身也是一種死亡。事實上，大多數的自殺可能就發生在這裡，等我們更了解「這裡」是什麼，就會覺得那是很有可能的。

當跌倒的人變成了重新站起來的人，就畫出了區分兩種生命的界線。自我也許想要開悟，但自我無法跨越那條界線。站起來的人不是之前跌倒的那個人，這是最初的死而重生過程，除非發生了，不會有任何進展可言。

茱莉正在學習《薄伽梵歌》中不管如何努力研究都無法發現的那個部分，她快要看到只有在自己的戰場上才會看到的東西。她將看到阿周那所看到的，她將看到阿周那為何倒下。

我不知道我讓自己陷入了什麼。實在太多了，不可能做到的。我真是個笨蛋才會開始這個東西！真是可悲的傻瓜。我怎麼會讓這件事發生？會怎麼樣呢？毫無疑問，我是最蠢最蠢的人。真是太糟了，這會要了我的命，這是我的終結。無路可退，無路可進。我不可能做到，我不知道有任何人可以。沒人做得到，沒人會選擇這個。不會是我，不會是我。這是給完全不一樣的人，我甚至不知道是哪一種人。不可能做到，我做不到。我希望自己從來沒有開始這件事，我只想回到過去那個樣子。我無法呼吸，我的內在扭曲了。真是恐怖，這遠遠超過了我。我的靈魂病得快死了，我的心被壓碎了。

此時，茱莉首次瞥見真實的狀況。她還沒發動戰爭，但她開始看見戰爭的代價。她開始看見戰場到底在哪裡、戰場究竟是**什麼**，開始看見來到這裡的每一個人都會看到的：問題不是那些黑暗、邪惡、有毒的玩意兒，不是無知或罪惡，不是那些我們無法辨認或不知道其存在的東西。茱莉開始看到那迫使世上最偉大的戰士阿周那抛下武器，因恐懼與困惑而倒在地上時，所看到的東西。

那個大怪物是永不屈服的，
你將會知道原因。

對夢境狀態的所有執著都是由能量構成，那種能量名叫情緒。所有的情緒，不管正面或負面，都是執著。人類是由情緒驅使的動物，而所有的情緒都從一種核心情緒取得能量：恐懼。你無法正面對抗或斬殺恐懼，因為這是對空無的恐懼、對無我的恐懼。斬殺恐懼的欲望本身就是被恐懼驅使的情緒。面對恐懼，你只能臣服：凡是你所恐懼之物，就讓它進來。你可以花一輩子斬殺執著的百萬顆腦袋，然後永遠無法向前一步；你也可以跟隨情緒的能量，回到它的源頭、它的巢穴，看見那頭巨獸——光明之敵——的真實面目：

你的心。

那就是阿周那看到的東西。因此，阿周那倒下了。

19 我將肢解那肢解我的

預言說我會被肢解，
是呀！我失去了這隻腿。
現在我要預言，
我將肢解那個肢解我的。
——梅爾維爾，《白鯨記》

（本章內容摘自《白鯨記》第三十七章「日落」，是亞哈召集船員說話後的獨白。那時他一個人坐在船艙裡，靠在船尾舷窗邊，向外眺望。）

我的船駛過，留下一道白而渾濁的航跡；蒼白的海水，更蒼白的臉頰，我航向之地。嫉妒的巨浪洶湧澎湃，要淹沒我的航道。讓它們來吧，但我得先逝過。

那裡，在那始終盈滿的高腳杯邊緣，溫暖的海浪如酒般羞紅。金色的一抹夕陽垂直壓在藍色的大海上，那個西沉的太陽——從中午就開始慢慢降落——正在往下，我的靈魂卻往上攀！無盡的山丘讓她疲倦，難道是我戴的王冠，這頂倫巴底的鐵王冠太重了？但它卻因許多珠寶而閃閃發亮。我這個配戴者，雖然看不見它遠射四方的閃光，卻模糊地感覺到自己戴上了那個，那個令人目眩的困惑。這個是鐵，我知道，不是黃金；它已經裂開——我也感覺到了。裂口的粗糙邊緣刮傷我，我的腦袋似乎在撞擊那堅硬的金屬。是啊，我的鐵頭殼，就算在腦袋被撞擊得最劇烈的戰鬥中，都不需要頭盔！

我的額頭變得乾熱嗎？啊！是時間的關係。太陽出來會大大地刺激我，日落則能讓我安定。再也沒辦法了。這可愛的光照的不是我，可愛美好的一切都讓我痛苦，因為我無法再享受。我天生有高超的覺知能力，卻缺乏基本的享樂能力。我受到詛咒了，極其巧妙，又極其狠毒！在樂園之中受到詛咒！晚安，晚安！（他揮著手，離開了窗口。）

那不是很困難的任務。我以為至少會碰上一個頑固的，但我的齒輪一裝進他們那各式各樣的輪子，他們就跟著轉了。或者，他們就像許多蟻丘般的火藥粉，擺在我面前，而我是他們的火柴。喔，真困難！要點燃他人，火柴本身必須犧牲！我有膽量去做的事，我已具備去做的意志；凡我有意願去做的事，必定全力以赴！他們以為我瘋了——史塔巴克這麼想——但其實我已著魔，猶如瘋魔般地瘋狂！那野性的瘋狂才是唯一能平靜地理解它自身的力量！預言說我會被肢解，是呀！我失去了這隻腿。現在我要預言，我將肢解那個肢解我的。那麼，現在我成為預言者與實現者，那是比你們這些偉大的諸神更偉大的。我嘲笑你們、噓你們，你們這些玩板球的，你們這些拳擊手，你們這些聾了、瞎了的拳師！我不會像小學生對欺負人的惡霸那樣說——去找跟你們身材差不多的人，別來打我！不會，你們打倒了我，現在我又站了起來，但你們卻已經逃跑，躲起來了。從你們的布袋後面出來！我沒有長槍可以打到你們。來吧，亞哈向你們致意，出來看看你們是否能讓我轉向。要讓我轉向？你們無法讓我轉向，還不如你們自己轉！你們還在那裡。要讓我轉向？通往我既定目標的路是鋪設了鋼鐵的軌道，我的靈魂快活地奔馳其上，穿越無聲的峽谷與群山被掠奪的心臟，鑽過洪水奔流的河床，往前直衝！在這條鋼鐵的軌道上，沒有任何阻礙，也沒有任何歪曲！

20 阿周那為何再次站起？

擁有一份強大而持續的平靜的靈魂，
對於哀傷與歡愉都平等接受，不死地活在生命中！
存在的永遠不會停止存在，不存在的將不會存在。
分離本質與偶然、實質與陰影，
就能看到這兩個真相都屬於你。
你要知道，生命是無可摧毀的，透過一切來散播生命；
不管在何處、不管用任何手段，
它都無法被消滅、抑制，或改變。

但是這些充滿了不死、無盡、無限靈魂的短暫軀體，
它們會消滅。就讓它們消滅吧，王子！戰鬥吧！
凡是說：「看！我殺了一個人！」

凡是認為：「看！我被殺了！」
這兩種人都一無所知！
生命無法殺人，也無法被殺！
靈魂無生無死，從未有不存在的時候；
終結與開始都是夢！
——克里希那，《薄伽梵歌》

我坐在上層露台的戶外餐桌旁，有傾斜的陽傘遮蔽著，幾本書與一疊手寫的筆記攤在我面前。科提斯在裡面的辦公室使用筆記型電腦，當門鈴響起時，因為室內與室外都聽得到（透過擴音器，不在屋裡也能聽見門鈴聲），我以為他會去處理，結果錯了，因為一分鐘後，門鈴又響了。

「我想還是我來吧。」他叫道。

一分鐘後，科提斯帶著葛文達穿過了落地雙扇玻璃門。葛文達正要開口，但我阻止了他。

「請坐，」我說，「來，」我指著飲料盤，「自己倒杯冰茶。」他坐下來倒茶，我注意到他沒有加糖。他身體虛弱、面無血色，就像你會在健康食品店及厭惡乳酪漢堡與陽光的地方看到的人。

「聽聽這一段。」我說。

「我不是以天父之名為你施洗，而是以魔鬼之名！」亞哈狂亂地吼道。這時，那惡毒的鐵已經滋滋作聲地吸乾了洗禮的血。

「『我不是以天父之名為你施洗，而是以魔鬼之名！』你讀過《白鯨記》嗎？」

葛文達看起來有點不知所措，沒關係。我確定他對於來到這裡之後要對我說什麼想了很久，我們會聊到的，但我要讓他從一開始就知道我進行對話的方式。

「呃，有啊，高中的時候，」他答道，「精簡版吧，或者我是看過電影。誰要為誰施洗？」

「亞哈要為他新打造的魚叉施洗。用血，用『謀殺者骨頭流出的膠』熔接而成。很厲害吧？」

我的微笑也許有點邪惡，葛文達也許正在懷疑來這裡是一大錯誤。也許他曾經懷疑。我的微笑不是為了幫助他，我只是很享受亞哈創造了他的武器這一章，一整個上午都期待與人分享。

「聽起來有點像撒旦。」他回答。

「是啊，」我同意，「有點像。梅爾維爾告訴霍桑，那是《白鯨記》的宗旨。」

「嗯，我不知道你記不記得——」

「我怎麼會忘記？葛文達。很高興見到你。你在高中讀到這個？」

「讀到哪個？」

「為何這本書的宗旨像撒旦。」

「我想沒有。你大概很驚訝又看到我——」

「其實不會。我預期會看到那天晚上的某人出現，你來是很合理的。」

「噢。」他說。

「我們走了之後情況如何？大家是否都折服於我那高超的智慧？」

「他們大多認為你喝醉了。」

「可以理解。我們去散個步，你願意嗎？來吧。」

「噢，」他又說了一次，「好，可以啊。」

我們走進屋裡。我抓了一頂棒球帽與皮夾，穿上一雙很好的健行涼鞋。我因為更深入地鑽進了《白鯨記》的層次，覺得很興奮，所以有點精力過盛，散步會是很好的抒發方式。

我們跳上吉普車，開了幾公里路，來到一個停船的地方，那是個很好的散步起點，因為我們有幾個風景與距離的選項可以選。我們停好車，走上一條令人愉快的林蔭小徑。葛文達從襯衫口袋掏出一疊鈔票交給我。

「你在咖啡罐裡放了一百七十一塊錢，」他解釋道，「我留了十元，但你仍然算是我們最慷慨的贊助人。」

「當時我有點疲倦，」我向他解釋，「很想離開那裡。」

「是的，我想我們注意到了。」

我倆沉默地走了一會兒。

「我來找你不只是為了還錢。」他說。

我等待著。

「我讀了你的書，」他說，「我從馬克那裡拿到試閱本。我讀了，不知道，五遍吧，留下很多折角，還畫滿了線。那本書很棒，真的。我讀過很多——」

「那個混蛋！」我叫道，「他那天晚上應該要去的，然後，現在他還洩漏了我的祕密身分與藏身處。」

「我想他祖母那天晚上過世了。她久病不起——」

「噢，」我說，「家人過世，王牌藉口，用在我身上真浪費。」

「我想，你的事情他只有告訴我一人。」

「所以我不用擔心還有不速之客會跑來？」

「不用，就我所知不會。我想不會吧。」

「很好。那不是我的房子，我不能讓它變成什麼怪地方。」

「聽我說，我希望你別介意——」

「別擔心。」我說，但我有點擔心。我已經開始回想起我在摩洛哥保留的那個迷人又無自我的地方。

我們離開小徑，來到海岸邊的沙地。

「我想知道阿周那為何倒下。」他說。

「你的意思是，你想知道阿周那為何再次站起，而你了解你必須先知道他為何倒下。」

他思索了一分鐘。「對，我想是吧。」

怎麼做……怎麼做……

殺了克里希那，殺了阿周那。那是葛文達首先要做的。他被困在《薄伽梵歌》裡，我們必須讓他脫困。

「你要知道，」我告訴他，「阿周那不像你。他不是個求道者，不是個靈性的傢伙。他不是研究哲學或追求真理的學生，他在《梵歌》裡與克里希那在一起的經驗不是來自他自己的努力或意願，他不是經由自己的過程來了悟真相，而是拿到了免費門票，**由神祕的咒語揭露**。克里希那作了弊，如克里希那將會做的。他把阿周那帶上直升機，載他去見識一番，然後放他下來，這一切全是為了讓阿周那去做他克里希那想要完成的事。」

「我以前真的沒有那麼想過。」葛文達說。

「《薄伽梵歌》其實沒什麼價值。我喜歡它，但對於想要覺醒的人，它並沒有什麼實際價值。它有一些優點，但它在傳達二元性上面要比傳達非二元性有效多了。對阿周那而言，了悟真相是暫時的現象。他覺醒的程度剛好足以做到克里希那希望做的事，然後他又回到尋常的夢境狀態。他的非二元覺知不是恆久的。」

葛文達沒說話，思索著。

「如果你想看到一個人重新站起來，去讀《白鯨記》。」

我提起《白鯨記》，是因為它適用於此，同時又占據了我的腦袋，而且我喜歡透過徹底討論事情，來讓自己看得更清楚。

「這裡有個亞哈船長，對吧？在他第一次碰到莫比敵之前，他還有兩條腿，還是個正常且受人尊敬的傢伙，對吧？他是個船長，是來自南塔克特島受人信任的專業人士，是人家的丈夫與父親。他靠捕鯨成家立業，那是南塔克特島的主要行業；他加入貴格會，那是南塔克特島的主要宗教。我們其實不太知道他為何倒下，但我們看到他重新站起來。他來到大海之中，也許有好幾年沒踏上堅實的陸地了。他正在進行一場激烈的戰鬥，對手是一隻龐大的白頭鯨。想像一下，他與船員在一艘小而脆弱的捕鯨船上，展開一場激烈的戰役。船隻都被撞碎，海水因為那頭巨獸掙扎扭動攪出的泡沫而變成白色，也被它的血染紅。巨獸！光明之敵！到處都是糾纏的繩索與漂浮的殘骸，船員在水中掙扎，吵鬧地呼喊求救，船撞碎了，而在最中央是一頭房子般巨大的發狂野獸，正為了求生而戰鬥。真是驚險啊，對吧？」

葛文達咕噥了一聲。

「所以，鯨魚占上風。出去獵殺牠的小船都被砸碎了，血紅的海水裡滿是繩索、碎木與船員。亞哈怎麼辦呢？」

葛文達搖搖頭。

「他抓起一把十五公分長的刀子去攻擊鯨魚，就像一個小孩拿著圖釘去攻擊相撲力士。他撲向鯨魚，想用刀子殺了牠。」

「天啊。」

「真是不簡單吧？是什麼東西在他心中累積這麼久時間，讓他做出這種事？誰知道，但他做了。」

「結果呢？」

「鯨魚咬掉他的腿。」

「哎喲！」

「就是在這裡跨越了界線。這是兩種東西的分界。這樣的搏鬥在捕鯨時不算罕見：小船被砸碎，船員落水，鯨魚身上帶著魚叉與長矛逃走。亞哈這樣的船長應該經歷過這種場面數十次，也許數百次。」

「真的嗎？」

「但這次不一樣，這次亞哈不願意撤退。天知道為什麼？亞哈先前與這條鯨魚沒有瓜葛，對他而言只是另一條鯨魚，但這次亞哈抓起一把刀撲向鯨魚，在那一刻，當他腦中的訊號傳到四肢的一瞬間，某種東西結束，另一種東西開始了。」

我們沉默地走了一會兒。

「《梵歌》仍然是很有價值的工具，」我終於繼續說道，「但如果你把它看成某種神聖經文，或是來自神的、無可駁斥的權威，你就是犯下了唯一的、真正的錯誤。」

「停止前進。」他說。

「是的，最重要的就是前進。沒有任何東西是神聖的或天上的，只有真實與否。所以，你想知道阿周那為何倒下。嗯，其實你不想，但我知道你的意思。你想要爬出你花了十五年挖的洞，展開你一直避免的旅程。聽起來對吧？」

他縮了一下，然後點頭。「是的。」

「酷啊！唔，有理由保持樂觀。我並不總是知道宇宙在演奏什麼曲調，但此時它一定正在演奏。你我被一些不太可能的巧合聚在一起，我不知道為什麼，但一定有理由。也許是為了你，也許是為了我正在寫的書，也許是其他東西，也許以上皆是。誰知道？這不重要。理由一直都存在，不管我們看不看得到。」

我們繼續走了約一個小時，在這段時間裡，我開始了解一些我不容易了解的事情。我讓葛文達暢所欲言，而我只是走路，心智保持中立，然後，我開始清楚地看到他並不明白我在第一本書中談到的「放開舵」。也許他認為那只是選項之一，是可以跳過的一步。從他說的話聽起來，他似乎就是不理會這件事，而這正是靈性追求者很奇怪的地方：他們會想盡辦法展開旅程，但就是不移動。他們完全願意出發，只要能停留在原地；他們願意付出一切到達那裡（目標），只要可以從這裡做到。自我想要獎品，所以如果獎品的代價就是自我，那還有什麼意義？用自己的馬兒去交換一個馬鞍，實在沒道理。所以，對策是什麼？

你可以魚與熊掌兼得！這就是讓葛文達原地踏步了十五年的暢銷公式：承諾可以讓你如老鷹般展翅高飛，又不用離開鳥巢。我想是虛擬實境吧，虛擬靈性、虛擬生活。幾年前，我終於必須停止閱讀靈性書籍與雜誌，因為這個不斷被改寫、改編的公式成了整個靈性市場繁榮的基礎——這件事明顯得讓人難堪。我記得我讀過的最後一篇靈性相關文章，是一本雜誌去訪問一位老印度人，他說如果唸誦某個咒語六個月，就會致富；如果站在熱石頭上六個月，就會克服性欲；如果只靠呼吸過活六個月，就會開悟。我很好奇三件事情能否同時進行，這樣我就可以及時在聖誕節之前成為一個開悟的有錢太監，但那篇文章並沒有談到這一點。與其冒險去過很爛的六個月而一無所獲，或只是成為太監，我寧可跟我的人類靈性觀察者歲月告別，從此不再回頭。

我在葛文達身上注意到的東西，這一週以來一直在我腦中醞釀著，現在終於要浮上來了。我最近在茱莉的幾封電子郵件裡看到她提起這個東西，於是開始觀察瑪麗與科提斯，還有其他人，看看他們的運作方式。現在葛文達在此，我真正開始了解，這最基本卻最重要的事，最鮮為人知。其重要性不僅是在覺醒方面，對甜美的夢境而言也是。我這麼慢才察覺，是因為這項特質已經與我完全融合多年，我以為其他人也都有，或我忘記了其實並非如此；或者，也許是我近來這種避開自我的生活方式，讓我沒有看到這件事。

這也許就是這一連串奇怪事件的重點——從我進城前一天缺乏睡眠開始，梅根的活在當下問題、皇后區的《梵歌》聚會、與科提斯在海灘上聊天、葛文達本人追到我這裡，天曉得還會有什麼。假裝知道事情的始末當然很蠢，但可以試著獨立出一些較小的趨向，來推測更大的模式。這一連串事件的重點當然不一定只有一件事，例如，關於其他人對更高層次航行的精通程度，我察覺自己有一個盲點，或是我了解到，許多人以中立的旁觀者角色在過自己的日子。事件的重點當然也可能是關於葛文達與他的進展，而且我確定還有很多其他的線也被織入這一小塊織錦裡。這正是所謂的無限智慧：事物的運作也許看起來十分龐大，且複雜到不可思議，但對於主管一切，且本身就是一切的完美智慧而言，並沒有所謂大或小、簡單或困難、多或少之別。我想我沒有注意到的是，並非所有人都了解這個道理，且根據這一點過生活。我想我一直都忘記，大多數人，包括我身邊的許多人，運作時都是靠有限的頭腦，而不是無限的心智。

這就是這幅不斷展開的拼圖的下一塊。我不知怎麼地沒有察覺到大多數人是使用極低層次的方式在運作，而沒有使用他們本來就擁有的——乞丐沒有檢查自己的口袋，沒發現裡面有一張中獎的樂透彩券。這其實不是開悟，而是關於人類成長。這在《靈性開悟不是你想的那樣》有討論到，但再怎麼強調都不為過：不要成就我的意思，只要成就你的意思；阿拉的旨意；梵天為戰車的駕馭者。如果不了解這個，你不會獲得任何東西；如果這不是你活生生的現實，那麼你就像大多數人一樣，被困在我執的雛鳥狀態。假如是這樣，我的建議是：去觀察這種狀態。研究它在你自己與其他人身上的樣子，把你的心智之光照在上面，看到它的無處不在，學習辨識自我的運作與辯證方式，仔細分析思想、文字與行動，以找出內在恐懼的核心。知道了謊言就會憎惡謊言，洞悉了謊言就會斬殺謊言。靈性貧窮沒什麼高貴的，如果想要脫離這種狀態，你應該祈禱；如果你並不想脫離這種狀態，就應該祈禱自己要有這種渴望。巢窩不是生活，任何展翅而飛的人都可以證明。

開悟這個「覺醒」的花俏說法，是任何人最終都會達成的，而這種較高層次、無束縛的存在方式，此時此刻就可以讓任何真心想要的人得到。如果你寫下一張願望清單，上面是你在靈性追求和修練上想要得到的任何東西，人類成人都可以滿足那些願望，或提供方法。當然，大多數人都無望地被困在自己的生活中，以至於這麼自然且每個人都渴望的事如此罕見，但事實就是如此：大多數人在十歲到十二歲就停止成長，在他們出生的巢中一直待到老死。很容易就可以相信，人類在個人與社會層面的許多苦難都是源自這種成長停滯的狀態。是的，對社會而言是如此，對組成社會的個人來說也是如此。你自己看看。看看你自己，看看新聞，看看政治、宗教，看看教育、健康照護、企業、娛樂，看看原因，以及原因的原因。你能看到的都是貪婪與虛浮，恐懼的產物，而所有的恐懼到頭來都是恐懼無我。翻閱任何雜誌，瀏覽電視上的頻道，去任何有人的地方，你只會看到一個不成熟得很病態、被恐懼感染、發育不良且矮小的物種，被幻相女神瑪雅掌握了至高無上的統治權，無從反抗。

並不是說有更好的方法可以選擇，大多數人卻都沒有利用，而是更好的方法一直都很有力、很有效，但從渺小的分離自我層次來運作，就是在盡全力與其背道而馳。換言之，要讓一個更好的方法在我們的生命中發揮作用，並不是要去駕馭或掌控它，而是要停止抗拒它。這其實就是要成長，要發展成我們潛能充分發揮後應有的模樣。你會以為這是所有家庭與學校的主要目標，但大多數成人都只是不知道自己是孩童的孩童，不自知地延續著無止境的平庸循環——他們對這樣的平庸很自滿。他們相信自己有正常地、完整地發展，因此也把子女養育成不知道自己是孩童的成人，把靈性侏儒症傳到下一代，然後下一代再傳給下一代。我們希望子女長大後能當總統，或富有的醫生，或厲害的律師，彷彿那就是所謂的成功，但是，我們應該希望他們長大後可以成為成熟的人類，並因此重新定義我們對成功的概念。

自我的監獄大門從來沒有關閉，但很少人想要走出來；把我們束縛在柏拉圖洞穴中的鐵鍊並沒有上鎖，但很少人能覺察到自己是被監禁著。那些脫掉鐵鍊的人事實上可能更是受到束縛，他們之所以認為自己得到了自由，只是因為他們的牢房比較大、其他人比較不自由。以為自己自由了，就不會再追尋自由，他們對自己的監禁狀態很滿足。

我想起了我認識的人，然後不得不承認，我說的這種更完整的發展並不是什麼好事或壞事，而是時間到了才會有意義。這是時間到了之後才要擔心的事，而不是之前。不成熟的粗暴、放蕩不羈提供了生命的戲劇元素，畢竟，一個遊樂場如果擠滿了守規矩的成人，有什麼樂趣？傲慢、嫉妒、貪食、不貞潔、憤怒、貪婪、懶惰，這七宗罪不管你喜不喜歡，都是生命的調味料。也許事情有選擇，也許沒有，但我們假裝有，所以何不選擇「不去選擇」？自我的束縛可以是天堂或地獄，但沒有道理爬出天堂；然而，當天堂變成了地獄，如同所有天堂必然的下場，那扇打開的門就會很有吸引力了。在那一刻之前，我們缺乏穿過那扇門的必要動機，而我前面提出的建議——祈禱——就是要讓那個時刻快點來臨。

那是個好建議嗎？我不知道。我想到亨利、他的朋友、他們的特製靈性，以及種種事件如何共同促成我去到他們的牢房大發厥詞，彷彿我知道他們需要什麼，但他們需要的是他們已經擁有的事物。夢的重點就是做夢，而不是醒來。他們的生活會立刻讓我窒息，但他們過得很舒適、很快樂，所以何必去弄得一團糟？因此，我決定不要去牢房探視他人。如果想要出來，他們可以出來；等他們想要出來時，就會出來。假如他們有問題，並且知道如何發問，答案就會出現。

另一方面，現在正在閱讀這本書的你也許可以花一點時間思想，**你的**線要如何織入織錦的這個部分。我們小小的自負以為我們有自由意志，所以你現在也許想要拿一些來用。你可能已經離開了牢房，或者正在打開的牢門那裡摸索，所以現在也許是個好時機，讓你停下來問問自己想要什麼、願意付出什麼代價。並不是所有的火都會按照你方便的時間刻意點燃，有時你根本不知道情況越來越熱，它們就這麼燒起來了，然後你很快就發現兩件事：火是不會跟你商量的，沒有東西是不會被燒掉的。你到底要什麼？如果你有孩子、有房子、有車子、有事業，或是擁有任何你喜歡的生活，然後你研究這裡所討論的議題是為了在靈性上強化你既有的生活方式，那麼我要提醒你，夢境是高度可燃的東西，也要建議你問問自己，**真正地**問自己，你為何要讀這本關於放火燒掉你世界的書。

任何對抗怪獸的人要小心，不要自己也變成了怪獸，因為你若凝視深淵夠久，深淵也會逼視你。

——尼采

21 第一步

他的三艘小船在他四周被撞碎了，槳與船員在漩渦中打轉；一位船長從破損的船頭拿起割繩刀，猛然衝向鯨魚，有如一個阿肯色州人和他的敵人決鬥時那樣，盲目地想要用十五公分長的刀身來結束那條鯨魚深不可測的生命。那位船長就是亞哈。

——梅爾維爾，《白鯨記》

第一步，不管是如何到達這個階段的，都意味著一樣東西的終結，與另一樣東西的開始。除非踏出第一步，否則不可能**從夢境狀態醒來**；而踏出第一步之後，想要**留在夢境狀態裡**是不可能的。我們最早看到亞哈時，他已經踏出了第一步，但敘事者如此描述初期的效果：

> 他的這種狂熱執迷，不太可能是在他失去肢體的那一刻馬上出現的。那時他手拿小刀猛

然衝向怪獸，只是在釋放一種突如其來、強烈的身體上的仇恨；而當他受到攻擊、被咬掉肢體時，可能只是感受到身體創傷的痛苦，沒有別的。但是，當這次的衝撞迫使他返家，且航行時間長達數月，亞哈帶著極度的痛苦躺在吊鋪上，在仲冬時節繞過孤寂荒涼的巴塔哥尼亞角。然後，他破碎身體與受創靈魂的血流入彼此之中，兩者融合為一，使他瘋狂。只有在此時，在遭遇鯨魚後的返家旅程中，最終的狂熱執迷才攫住了他，而且從事實看來的確如此，因為在航行途中，他時而變成一個胡言亂語的瘋子。雖然失去了一條腿，他埃及人的胸膛中還是藏著蠻力，而且因為他的精神錯亂，那股力量變得更加強大。他的船員看到他在吊鋪上發狂，被迫把他綁起來。他就這樣穿著束縛衣，隨著強風的瘋狂搖晃而擺動。

不管是什麼讓亞哈抓起小刀，徒勞無功地跳出去想殺掉鯨魚，絕不是那一刻才有的衝動。之前已有一些預兆事件，但亞哈用這個行動表達他的意願。他用宇宙唯一能了解的語言告訴宇宙，他想要什麼。他許了願，現在他的願望成真了，於是旅程開始。

一個有趣的問題是：到底是亞哈選擇了自己的命運，還是命運選擇了他？從小刀的段落看來，他只是在做捕鯨船長的例行公事，然後，**第一步**如晴天霹靂般擊中了他，就像被巴士撞上一樣。但是，我們看到亞哈在那個轉捩點之前就已經有點不一樣了，因此，他的第一步是由意志或命運主導，界線並不明確，其他方面也是如此。那不是在他失去了腳，「長達數月」瘋狂地躺在搖晃的吊鋪上胡言亂語時發生的。也許看起來黑白分明，一個清醒而負責的人突然在戰鬥中崩潰，但梅爾維爾暗示有一系列的灰色事件導致如此，與拜火儀式、神祕的拜火教徒及費達拉有關。用柏拉圖的洞穴譬喻來說，到亞哈衝向鯨魚時，他早已丟棄了一層現實，現在正向另一層現實宣戰。他已經脫下鎖鍊，偷偷探索過洞穴，現在，藉由踏出第一步，他丟棄洞穴本身，衝向出口。

亞哈踏出了第一步，而剝除自我的最初衝擊極為強烈，讓他深刻且永遠地改變了。踏出第一步之後，亞哈有部分的自己被扯掉了——這必然會發生——而被扯掉的部分永遠不會癒合，永遠長不回來。

> 就在那時，莫比敵突然從下方猛然揮動鐮刀狀的下顎，咬掉了亞哈的腿，如除草機割掉原野中的一片草。

首先，亞哈感覺到巨大而永久的改變；然後，他將忍受漫長的、瞪大雙眼的清醒狀態，無處可喘息。他無法再沉入自己過去稱為「生活」的睡眠狀態。這也許看起來像令人尖聲咆哮的瘋狂與痛苦，但實際上，這是昆蟲學上對蝶蛹階段的描述。一個人在黑暗的船艙中，如蛹般被包在吊鋪裡，死去，然後重生。南塔克特島的亞哈船長死了，瘋子亞哈誕生了：

> 於是，無可置疑地，自從幾乎致命的遭遇之後，亞哈對那頭鯨魚便懷著一股狂熱的復

仇心，而在他的狂亂病態中，他更是著迷於那個念頭，以致他終於不僅把身體上的苦痛，也把所有理智上與靈性上的憤怒全歸到鯨魚身上。在他面前游動的白鯨成為所有惡意元素的偏執化身——那些惡意元素把一些意志強烈的人啃噬得只剩半顆心與半個肺。那難以捉摸、從一開始便存在的惡意，連現代基督徒都認為這個世界有一半歸它支配，而古代東方的拜蛇教則將它塑成他們的魔王像，用來頂禮膜拜——亞哈並沒有像他們那樣倒地膜拜，而是瘋狂地把它的概念轉移到那頭令人憎惡的白鯨上，逼著遍體鱗傷的自己去對抗那個惡意。所有最令人瘋狂與痛苦的事，所有攪起事物殘渣的東西，所有帶著惡意的真相，所有撕裂肌腱、讓腦袋結塊的東西，所有生活與思想中詭祕的惡魔崇拜，所有的邪惡，對瘋狂的亞哈而言，都成為具體的形象，可以實際在莫比敵身上趕盡殺絕。他把人類從亞當以來的所有憤怒與仇恨都堆積在白鯨的背脊上，然後，彷彿他的胸膛變成了一門砲，他就在那上面發射自己火熱的心臟。

最初的衝擊之後留下什麼？瘋子亞哈上場了。但他不只是不一樣的生物，而是不同**層次**的生物。他的運作方式不一樣、看法不一樣、思維不一樣。因為覺知者已改變，被覺知的也改變了，亞哈來到一個跟原來不一樣的世界。

對於這種新狀態，他知道要保持沉默，所以從蛹中出來後，他的外表與行動不像瘋子亞哈，而像受人尊敬的南塔克特島船長亞哈。他偽裝起來，創造一個虛假的門面，不是因為在平別人的想法，而是因為他有目標——什麼都不重要，除了他的目標。

駛入較舒適的緯度後，船張開了副帆，漂浮越過平靜的熱帶，從外表看來，那老頭的狂亂似乎隨著霍恩角的洶湧浪濤被拋在後頭了。他從黑暗的船艙出來，進入愉快的陽光與空氣中。就算那時，不管臉色多麼慘白，當他擺出堅定自持的模樣，再次平靜地發布命令時，他的船員都感謝上帝，感謝那可怕的瘋狂終於過去了；但就算那個時候，亞哈在隱藏的自我中還是繼續發狂。人類的瘋狂有時很狡詐靈活，當你以為它逃走了，它也許只是變成更巧妙的形式。亞哈的瘋狂並沒消退，而是更深沉地凝縮起來，就像高貴的北歐人勉強穿過高地峽谷時，那潮勢不退的哈德遜河。但是，就像在他細水緩流的偏執中，亞哈的全面瘋狂絲毫沒有被拋下，所以在那全面的瘋狂中，他天生的理智也絲毫沒有減少。以前是生活的要素，現在成為生活的工具。如果這種狂暴的比喻可以成立，那麼，他那特殊的瘋狂在猛轟他的神智之後，又挾帶著它，然後把它所有的砲彈都集中在自己瘋狂的目標上。所以亞哈沒有失去力量，現在針對那唯一的目標，他擁有了比神智清醒時動用在合理目標上更強大千倍的威力。

亞哈擁有純粹的意願。他是偏執狂，意思就是：著魔般地專注於一件事情上。一切的一切都只為了那一件事。以亞哈來說，就是摧毀白鯨，而為了達成那個目標，他需要一艘船與船員。南塔克特島的亞哈船長可以弄到船與船員，瘋子亞哈沒辦法，所以他們把彼此當成面具戴上。

如果他在岸上的舊識有一個能隱約揣測到他內在的情況，他們驚駭與正直的靈魂會立刻把那艘船從這個惡魔手上搶走！他們要的是能獲利的出航，可以一元一元計算嶄新錢幣的獲利，他則是要大膽的、無可放寬的、不可思議的復仇。

亞哈是這種轉變過程的範例。他一開始在各方面都是社會正常的一分子，然後，他的心智慢慢被一種不滿侵蝕。他本來正直如一根箭，後來慢慢開始彎曲。除了在身上留下一道毀容的傷疤，我們不知道亞哈參與異教崇拜獻祭時做了什麼，但他的不滿一定是之前就有。他繼續彎曲，直到毫無預警、「啪！」地一聲斷了。亞哈抓起一把刀子，衝向鯨魚。**第一步**。一樣東西結束，另一樣開始。無法回頭。

接下來是孵化階段：「……航行時間長達數月，亞哈帶著極度的痛苦躺在吊鋪上……然後，他破碎身體與受創靈魂的血流入彼此之中，兩者融合為一，使他瘋狂……穿著束縛衣，隨著強風的瘋狂搖晃而擺動。」

在「悲慘的瘋狂」之後，我們看到新生命出現：一個把自己藏在舊生命偽裝中的新生命，一個有「千倍威力」的生命，一個瘋狂是美德、「我的病成為我最想要的健康」的生命。無數用來定義舊生命的考量，對新生命而言都毫無意義，除了一樣。整個生命被縮減為一樣東西，那樣東西的荒謬、不可能——大膽、無可放寬、不可思議——無關緊要，成功或失敗無關緊要，死亡無關緊要。航道與方向都已確定，一個嶄新的人踏進一切都已經知道、一切都已經確定的嶄新生命。舊的人，「人類」的人，已經從記憶中漸漸消失了。

那就是當一個人展開覺醒過程時的樣子，那是覺醒的現實、強度、慘烈與狡詐。有某種東西沸騰了數年，或數輩子，然後某一天毫無警訊地爆發，瘋狂的旅程就開始了。死亡、轉化，然後重生為一個只有單一目標的生命，毫不計較代價，也不畏懼毀滅，隱藏著他的真實本性與目標，並且已經在行過之處留下一連串毀壞的痕跡。

那就是**第一步**。

22 毀掉封住之物

我所說的完全沒有宗教內容，沒有神祕的弦外之音。人必須從人類的救主那裡被拯救出來！信仰虔誠的人，他們欺騙自己，愚弄了全世界。把他們丟出去！

——克里希那穆提

（本章內容是來自「非上師」克里希那穆提的更多洞見。）

在我之內、你之內、蛞蝓與蚯蚓之內運作的意識都是一樣的。在我之內，它沒有邊界，在你之內有——你被封在裡面。也許這無限制的意識推動著你，我不知道。我不是，我與它無關。就像水尋找自己的水位，如此而已——那是水的本性。那就是你正遭遇的狀況：生命想要毀掉封住之物，也就是思想與經驗的死結構，那不是它的本質。它想要出來、想突破，你不想。一旦看到裂縫，你就拿一些灰泥塗上去，繼續封住它。不用所謂了悟真相，或是有靈性、有神性的人來推動你，任何東西、那片葉子，都能給你同樣的教導，只要你讓它去做它可以做的。

只有一個念頭：「如何？」這個有機體唯一感興趣的問題是：「如何擺脫這一切束縛、這整個讓人窒息的文化影響？」這是這個有機體唯一的問題——不是以文字，也不是以思想呈現——整個人類有機體就是這一個問題。我不知道我有沒有說清楚。你看，就是這一個問題在你的每個細胞、你的骨髓中跳動著，想要掙脫這個讓人窒息的束縛。就是這一個問題、這一個念頭。這就是救主。這個問題發現它沒辦法找到答案，發現它不可能做到任何事，於是就爆炸了。當它沒有辦法移動、沒有空間時，「爆炸」就會發生。這「爆炸」就像核爆，炸破了思想的連續性。

我已經不會在事前或事後質疑自己的行動了。「我應該這樣做」「我不應該那樣做」「我不應該那樣說」之類的道德問題都不再有了。我沒有後悔、沒有抱歉，我所做的一切都是自發的。在一個特定情況中，我無法以其他任何方式行動。我不需要合理化、邏輯思考，什麼都不必，在那個特定情況下，那是我唯一的行動。

你無法藉由節省性能量改善自己。這很傻，而且很荒謬。為何他們要如此費力地這麼做？禁欲、自制、獨身，都無法幫助你到達這種狀態、這種處境。

在宗教領域，我們有很奇怪的想法，例如折磨身體、睡在釘子上、克制、戒絕某某事物等各種莫名其妙的玩意兒。為了什麼？為何要禁止某些事情？我不知道。一個上酒吧喝啤酒的人，跟一個到廟裡複誦神名的人，有何差別？我看不出任何基本差異……我不反對逃避，但不管你用這個管道或那個管道逃避，逃避就是逃避。你是在逃避自己……你做什麼或不做什麼，完全無關緊要；你實踐神聖、實踐美德，那是對社會有價值，但與此毫無關係。

為什麼我有時甚至會說，對一個強暴犯、一個謀殺犯、一個小偷、一個囚犯、一個騙子而言，這種情況也可能發生！……那與此毫無關係，道德規範與這個沒有任何關係。

你不知道什麼是好的，你只知道什麼是對你好的。這是你最感興趣的事，而這是事實。一切都圍繞著這個，你所有的技藝與理性都圍繞於此。我不是在嘲諷，這是事實，沒什麼不對的。我不是在批評。情況改變了，但那個會引導你度過各種情況。我不是說你去看不對，如果不去看，你一定有什麼不對勁。只要你是在他們所謂「對立組合」——好與壞——的範圍中運作，你在任何情況下總是必須慎重選擇，就是如此——你沒有辦法不這樣做。

一個「道德之士」是一隻「雞」。一個「道德之士」是個被嚇壞的人，膽小如雞——因此他遵守道德，評判他人。還有他的義憤！一個有道德的人（如果真有這種人）永遠不會大談道德，或去評判他人的道德，永遠不會！

你希望自己能透過思考解決欲望的問題，因為你視之為典範的聖人已經控制或消滅了欲望。如果那個人像你想的那樣沒有欲望，他就是個死屍。完全不要相信他！那種人會用你的錢建立某種組織，過著奢華的生活。你是在供養他。他是為了自己的生計這麼做，世上總有傻瓜會崇拜他。

你問我：「任何事物有任何目的嗎？」請注意，你已經被提供了很多意義與目的，為何還要尋找生命的意義、生命的目的？大家——每一個人——都在談論生命的意義與生命的目的，而救主們、聖人們與智者們——印度就有成千上萬個——提供了眾多答案，但是你今天還在問同樣的問題：「生命有任何目的或意義嗎？」你要不是不滿意，不然就是並非真的有興趣自己找到答案。我認為你不是真的有興趣，因為那是很恐怖的玩意兒，非常恐怖。有所謂的真理嗎？你有沒有為自己問過那個問題？有任何人說出真理了嗎？

（發問者：有太多真理了。）

他們全是說謊者、紈褲子弟、假冒者與騙子，宣稱自己尋找並說出了真理！好，你要自己找出真理。你能找到嗎？你能抓住真理說「這是真理」嗎？不管你接受或拒絕，都是一樣的：那取決於你個人的成見與偏好。所以，如果你要自己去發現真理——不管那是什麼——你並沒有辦法接受或拒絕。你假設有所謂的真理，假設有所謂的現實（最終或其他的），就是這種假設為你創造了問題與痛苦。

請注意，我要體驗神、真理、現實之類的，所以我必須先了解我內在經驗結構的本質，才能處理這一切。我必須看看我使用的工具。你想要捉住你的經驗結構無法捕捉的東西，所以這個經驗結構不能在那裡，其他東西才能進來。你永遠無法知道那是什麼，你永遠無法知道真理，因為那是一種運動。那是一種運動！你無法捉住它、無法限制它、無法表達它。它不是一個我們感興趣的、在邏輯上已經確立的前提，所以，它必須是你的發現。我的經驗有什麼好的？我們已經記錄了無數的經驗，而它們對你都沒有幫助。讓你前進的，是「希望」——「如果我繼續追隨這個十年、十五年，也許有一天我會……」因為希望就是結構。

（發問者：所以他花了一輩子，終於發現自己什麼都沒發現。）

什麼都沒有。那就是發現。所謂的自我了悟，就是為自己去發現、靠自己發現這件事：根本沒有一個自我來發現。那會非常令人震驚：「我為何浪費了一輩子的時間？」而那之所以令人震驚，是因為它將摧毀你的每一根神經、每一顆細胞，甚至骨髓中的細胞。我告訴你，那不會是一件容易的事，不會被放在金盤子上送來給你。你必須徹底幻滅，然後真理會開始以它的方式表露它自己。我發現，試圖發現真理是沒有用的、追求真理是荒謬的，因為那是你無法抓住、無法限制、無法表達的東西。

分離你的、隔離你的，是你的思想——它創造了邊界、創造了界線。一旦沒有了邊界，就是無窮的、無限的。

從某方面看來，整個生命就像一場大夢。我看著你，但我實在不知道你的任何事——這就是夢，夢的世界，完全沒有任何現實。當經驗結構沒有在操縱意識（隨你怎麼稱呼）時，那麼從經驗的觀點——不是從這裡的這個觀點，而是從你的觀點——來看，整個生命是一場大夢。你看，你賦予事物現實——不僅賦予實質物品現實，也賦予感受與經驗現實，然後認為它們是真的。當你沒有用你累積的知識來解釋它們，它們就不是事物了；你其實不知道它們是什麼。

請注意，在「你」這個結構之中沒有現在，那裡只有過去——想要投射自己到未來的過去。你可以思考過去、現在與未來，但那裡沒有未來、沒有現在，只有過去。你的未來只是過去的投射，而假如有現在，那個現在永遠無法被你體驗，因為你只體驗到你對於「現在」的知識，而那個知識是過去的。所以，何必試著去體驗你所謂的「現在」？現在永遠無法被你體驗，你體驗到的都不是現在。因此，現在永遠無法成為你覺知的一部分，你無法加以表達。對你而言，現在並不存在，它只是一個概念。我不談論現在。

「勇氣」是拋開你之前的其他人體驗與感受到的一切。你是唯一，比那些玩意兒更偉大。一切都結束了，整個傳統都結束了，不管那有多神聖，然後，你只能做你自己——這就是個體性。你首次成為個體。只要依靠某人、某個權威，你就不是個體；只要有依靠，個體的獨特性就無法表現出來。

我總是會否定自己所說的。我說出一段話，但那段話無法表達所說的一切，我便否定掉它。你說我自我矛盾，但我完全沒有任何矛盾。我否定了第一段話、第二段話，以及其他的話，因此有時聽起來非常矛盾。我隨時都在否定，並未帶著得出任何結論的想法，只是否定。我的談話並沒有目的。

23 讓該來的來吧

這說得太多了，
但對於亞哈更龐大、更黑暗、更深沉的部分，卻隻字未提。
——梅爾維爾，《白鯨記》

科提斯、葛文達與我都坐在外面的餐桌旁，這成了我的戶外辦公桌。他們都在閱讀茱莉的電子郵件，試著挑出最終的候選者。科提斯已經花了許多小時看過全部的信，印出來的部分足以成為一本書了，但我們讓茱莉去擔心這件事吧。現在，我請葛文達與科提斯把這些郵件縮減到一百頁左右——我要的是茱莉對過程的描述，而不是她的過程本身——然後我就可以看過一遍，再挑出我覺得能用在這本書上的。

「茱莉正在做的——」葛文達拿著其中一頁說道。

「什麼？」我出了個聲，沒有抬頭。

「她就像——」

我繼續閱讀，讓他把話組織起來。

「她就像亞哈船長，是不是？就是這樣，對不對？」

我從老花眼鏡上方看著他。

「她**就是**亞哈船長，沒錯。你在她信裡看到的，就是這個過程真實的模樣。」

他慢慢點頭。「獵捕她自己的白鯨？」

「當然，或寫她自己的《白鯨記》。」

他想了一下。

「你是說，梅爾維爾寫《白鯨記》，就是在進行他自己的靈性自體解析？」

「任何誠實的寫作必然是一個把自己丟進火裡——自體解析——的過程。所以，是的，當然。」

我讀《白鯨記》的方式就像他們讀茱莉的郵件一樣，想要找出什麼適合我這本書、什麼會被捨棄。我必須捨棄很多，但有些部分剛好在邊緣。目前我正在決定要把多少皮普和亞哈之間的關係放進來。皮普當然會被提到，因為他預示了亞哈沒有被說出來的命運——我們稍後就會看到。但是，受創後的皮普與亞哈之間那種幾乎一見如故的強烈情感呢？應該放進書裡嗎？那是很難捨棄的，尤其是它有助於說明亞哈的神智清明與人性這個更大的議題。我決定跟科提斯和葛文達討論皮普，以便更了解其關連。我首先注意到，此時皮普的重要性與嘉德納船長是一樣的，所以我從那裡開始。

「我需要你們的協助。」我說。

他們都放下正在閱讀的紙張，把注意力放在我這裡。

「在《白鯨記》的結尾，亞哈的船皮谷德號碰上了另一艘船瑞秋號。當亞哈碰到別的船時，只關心他們有沒有看到莫比敵。『看到白鯨了嗎？』這是他對每一艘船的問候語，而瑞秋號給了肯定的答案。」

「所以，那對亞哈而言是好消息，對吧？」科提斯問。

「對，這就是最重要的。他終於接近了那難以捉摸的獵物，他知道莫比敵在哪裡了。」

「酷啊。」

「但在他擺脫瑞秋號之前，船長嘉德納懇請亞哈不要走。嘉德納船長跟亞哈一樣來自南塔克特島，認識亞哈。他有一個兒子，亞哈也是。現在他親自登上皮谷德號來見亞哈，告訴他，他在某次捕鯨行動中失去了兒子，那孩子正在海上的某艘小船中。他厚著臉皮懇求亞哈協助搜尋，只要兩天就好。」

「尋找他的兒子？」葛文達問。

「對，嘉德納船長的兒子。十二歲大。」

我唸出嘉德納船長對亞哈說的話。

「我的兒子、我自己的兒子也在其中。看在老天爺的分上，我求求你，拜託。」陌生的船長向亞哈大聲哀求，而亞哈只是冷冷地站在那裡。「讓我租你的船四十八小時，我很樂於支付費用，而且很豐厚。如果沒有其他事情發生，只要四十八小時就夠了，就夠了。你一定要，喔，你一定要，而且必須這麼做。」

「他想找回兒子。」科提斯說。

我繼續唸出嘉德納船長的感人請求。

「我不會走的，」外來客說，「直到你答應我。請將心比心對待我吧，因為你也有個兒子，亞哈船長——雖然他還很小，而且安全地待在家中。你也是老年得子——對，對，你露出了憐憫之情，我看到了。趕快，快點動作，各位，準備收帆。」

「亞哈答應了？」科提斯問道，「他幫忙尋找那孩子？」

我往下唸。

亞哈如一塊鐵砧般地站在那裡，接受一切衝擊，沒有絲毫動搖。

葛文達沒有說話。

「在瑞秋號船長不斷懇求之後，」我繼續說，「亞哈是這麼回答的。」

「住手，」亞哈叫道，「一根繩索都不准碰。」然後，他緩慢而謹慎地說出每一個字：「嘉德納船長，我不願意。就連現在跟你講話，我都在浪費時間。再會，再會。願上帝保佑你，也願我原諒自己，但我必須走了。」

葛文達慢慢地搖著頭。

「混帳！」科提斯說，「這傢伙真沒心肝。」

我點頭微笑。「但那正是梅爾維爾要表達的重點：亞哈的確有心肝。如果他真的沒心肝，這一切就毫無意義了。如果他只是一個機器，誰會在乎？亞哈確實有心肝，我們甚至可以把嘉德納船長的兒子當成亞哈自己的，那才是這一切的重點。」

科提斯搖搖頭。「真是有夠瘋狂。」

葛文達安靜不語，但我看得出來他正努力聆聽。

「還有，」我說，「這種沒心肝很重要。梅爾維爾要我們了解這一點，要我們看出來這不是一種缺陷，亞哈不只是個黑心瘋子。」

「我不了解這怎麼可能，」科提斯搖著頭說，「那傢伙徹底瘋了。」

我笑了，而葛文達還是沒說話。我看得出來，這段談話對葛文達的衝擊比對科提斯更大。是葛文達想要知道，設定一條可以帶他航向地圖範圍之外的航道是什麼意思。對科提斯而言，這只是一張明信片，來自他聽說過的某個地方；對於葛文達，這則是讓他瞥見了他認為有可能的未來。葛文達就像亞哈一樣，是人夫、人父。

「所以現在，」我繼續說，「經過了這厚厚的一大本書，我們來到最後幾章，獵殺開始了。亞哈知道白鯨就在附近。他離開船艙，來到甲板上，碰見船艙的黑人童僕皮普——皮普稍早差點溺死，因此魂不守舍。亞哈看到皮普這個狀況，便對他說話了。」

「你說皮普在哪裡，孩子？」

「在船尾，長官，船尾！看啊！看啊！」

「那麼你是誰，孩子？我在你空虛的瞳孔裡看不到我的影子。喔，天啊！人應該能夠透露出不朽的靈魂啊！你是誰，孩子？」

「亞哈被那個孩子觸動，開始庇護他，」我說，「他們是同病相憐。亞哈對皮普這麼說：」

「你碰觸到了我最深處的核心，孩子；你和我被我的心弦編成的繩索緊緊繫在一起了。」

「亞哈船長跟黑人小孩交朋友？」科提斯問道。

「對，他們立即產生了深刻的連結，皮普也可以被視為亞哈自己的兒子。當獵捕行動開始時，皮普想跟亞哈一起上捕鯨小船，但亞哈不允許。」

「孩子，孩子，我告訴你，你現在不能跟隨亞哈。時間到了，亞哈不願意嚇跑你，但也不能讓你跟著他。可憐的孩子，我總覺得你身上有某種東西可以治好我的病，這叫以毒攻毒。但在這場獵殺中，我的病成為我最想要的健康。」

「亞哈不想被治好。」葛文達若有所思地說。

「他正在覺醒，」我說，「他不想被拖回睡眠中。亞哈的瘋狂是必要的，而皮普可能會澆熄他的火焰。亞哈稍早怎麼說的？那孩子和他被他的心弦編成的繩索緊緊繫在一起，那是指什麼？」

我凝視著葛文達。他不需要思考太久。

「執著。」他說。

在我們第二次見面時，他告訴我，他正在努力練習他的靈性老師所說的「無執」。在我看來，他是把「無執」當成了某種反物質主義。他讀過《靈性開悟不是你想的那樣》，所以知道我並不認為「無執」是一種可以培養的特質。當時我們沒有進一步討論，但現在他瞥見了執著的真實意義——也許是想到了他的妻子與孩子。

「阿周那看到了什麼，才讓他倒下？」

他慢慢點著頭。

「你看過電影《現代啟示錄》嗎？」我問他。

「看過。」他說。

「還記得裡面提到的接種過疫苗的小手臂嗎？鑽石子彈？恐怖？」

「記得。」

「好。」我沒有多說什麼。

我繼續唸書中的內容，描述情節。

「皮普拚命懇求亞哈，如嘉德納船長一樣向他的人性懇求，希望亞哈能讓他皮普在獵捕行動中待在他身邊。亞哈終於受不了了。」

「你如果再說下去，亞哈的目的就要翻覆了。我告訴你不行，不可以。」

「喔，好主人，主人，主人！」

「再哭，我就宰了你！你最好注意一點，因為亞哈已經瘋了。」

「亞哈說他要宰了皮普？」科提斯困惑地問道，「我以為他們現在是父子情深了。」

「他們是這樣沒錯，但你聽到亞哈說的了，**不可以**。」

「他也說他的目的就要翻覆了，」科提斯不同意，「那表示也許**可以**吧？」

「說得好，我想感覺起來的確如此。直到確定之前，你無法確定。我想在那種情況下，有人像兒子一樣緊扯你的心弦，兩股相對的力量似乎不相上下，你被拉往哪一邊都有可能。也許，這就是他反應如此激烈的原因。下面是亞哈對那孩子的告別之詞。」

「孩子，你就像圓周繞著圓心一樣忠誠。所以，上帝永遠保佑你；如果有什麼意外，上帝永遠會拯救你，就讓該來的來吧。」

「他是不是在說——」葛文達低聲問道。

「什麼？」科提斯問，「這意味著皮普會死？經過這一切，亞哈要讓那孩子死掉？」

「兩個孩子。」我答道，「讓該來的來吧。」

科提斯好像很難過，葛文達看起來更是悲傷。

24 歡迎負面心態

上帝啊！此人未盡的復仇欲望如何折磨著他。他緊握雙手入睡，醒來時，指甲刺入掌心而流血。

——梅爾維爾，《白鯨記》

靈性自體解析過程有三個基本部分：看見什麼需要被斬殺，斬殺它，然後清理乾淨。「看見」是斬殺的第一階段，但第三部分就跟前兩個部分一樣重要——事後你必須清理乾淨。你必須處理喪失的一切。這不是上床前不准吃甜食那樣的規矩，而是像地心引力那種自然法則。這個過程就是這樣運作的。

覺醒過程的每一步都有這三個要素：開始於看見與了解，那樣的看見與了解就會摧毀被看見與了解的事物。但不是這樣就結束，斬殺了某樣東西並不意味著你斬殺了對它的執著。看見事物是斬殺該物的開始，斬殺該物是擺脫執著的開始。第三部分不是用來療癒的，而是重點。

很好！我的爛閣樓有鬼！我的心智有鬼，我的思緒有鬼。**我**被鬼附身，被惡魔纏著、折磨著！我母親在這裡！我未出生的孩子在這裡。我的未來在這裡，我的夢想。每一個對我有意義的人，無論好或壞、令我愉快或不愉快，都在這裡。他們怎麼都擠得進來？我怎麼沒有立刻發現他們？他們**當然**在這裡，**這裡**就是他們的所在。我的閣樓是我，沒有其他地方。不管他們在真實世界有沒有相對應的肉體，對我而言沒有意義，就像我在真實世界也許是個真實的人這件事對他們也沒有意義。認知就是現實。我被自己的認知附身——不是被事物或人、未來或過去，而是被我對它們的**認知**附身。這些就是我的牽纏、我的執著。也許我其實只是這些牽纏的總和，這些充滿恐懼的渴望與緊抓不放。執著究竟是什麼？它是一種信仰，如此而已。也許是很強的信仰，但只是信仰。是的，傑德，我知道：沒有任何信仰是真實的。

筆比劍更有威力，不是嗎，傑德？你寫過關於劍的事，但那只是譬喻。其實是筆。靈性自體解析是筆的力量，也就是心智的力量、看見的力量，清楚地看見。是的，我將斬殺這些占據我心智的人，我將清楚看見讓他們留在這裡的執著，藉此斬殺他們。現在我看到那些執著了。我看到了情緒的運作，開始看到他們的真實面貌。我開始了解這個自我監獄究竟是什麼構成的。

你在《靈性開悟不是你想的那樣》第一章就說了。我從來沒注意那一章，現在看來那是你整本書的基礎。恐懼。當然！只有恐懼。恐懼偽裝成愛、偽裝成道德、偽裝成慈悲，恐懼使不真實的看起來真實。我們都是動物，不是嗎？天生就要求生存、保護子女、延續種族，而恐懼驅動這整個過程。人類就像稜鏡被一道光線照射，然後散射出情緒彩虹的每一種色彩。我們是恐懼的反射器。

你問：「誰真的想要走完這條路？」我知道答案是「沒有人」。沒有人會有意識地選擇這條路，絕對不可能。你說得對，這就像被一輛巴士撞上。跟這個比起來，自殺只是小事一樁。無論有多少勇氣，也不足以讓了解內情的人選擇這條路。但沒有一個人會有意識地選擇。這不是靈性，而是情緒屠殺，一點也不靈性。

幾天前我在城裡，到書店找一本伯納迪特．羅伯茲的書。我來到新時代與東方宗教的書架，這些年來，我在那裡花了許多時間與金錢，但這一次，我充滿了悲傷與厭惡。現在我在這裡，現在我知道了我所知道的，我懷著無法表達的不齒，看著這一切號稱靈性的東西。閉上眼睛複誦咒語？這是什麼可悲的玩笑？處於當下？何必呢？不要抱持負面心態？他們在開玩笑嗎？我變成了一隻噴出負面心態的火龍，懷抱再多的負面心態都不嫌多！我重生為一個充滿負面性的小孩，吃著負面性、呼吸著負面性、和負面性一起睡覺，讓它從我的毛細孔冒出來。我散發著怨恨與惡意，我是憤怒的毀滅者，他們所謂的負面心態，我稱之為淨化的火焰。否定就是過程，各種形式的靈性與宗教都不是通往真相之路，而是會讓人走上相反方向。

我還沒完成這個旅程，也許永遠不會，但我很清楚誰從未踏上旅程，誰甚至連有這個旅程都不知道。我的高度每天都在增加，很少花時間往回看，但在書店讓我能夠回顧，讓我看到自己走了多遠、把什麼拋在後面。這麼多書、這麼多老師、這麼多途徑，沒有人注意到這些都不管用嗎？我猜我是太天真了。誰在乎真實與否，只要能賣錢就好，我想。

我希望我可以把指頭伸進喉嚨裡去挖，以吐出我多年來吃下去的所有包裹糖衣的靈性疾病。我猜這是我正在做的，因此我必須寫這個，以清除這些有毒的不齒、蔑視。老師？要教什麼？有什麼好教的？沒有教導，只有行動。你不是做了，就是沒做，而所有教導存在的唯一目的，就是**不去做**。現在我清楚看到了，覺得整件事都很好笑。只有一本書，傑德，而你寫出來了。我也想買一本《薄伽梵歌》，但我知道它的一切都在你書的後記裡了：不真實的不存在，真實的永遠不會停止存在。還有什麼好說的？

奇怪的事情發生了。（真是本世紀最輕描淡寫的一句話！）很難描述，還不是很清楚。事實上，它正是不清楚。正在消融的清晰。就像我本來一直看到的那些區別事物、將事物劃分為不同類型的界線，都開始消失了；就像從太空看地球，只看到一個世界，沒有人為的邊界。彷彿我一輩子都看到並不存在的分界線，但現在我看不到了，而我注意到了這個不一樣的地方。奇不奇怪？似乎很奇怪。很難再說什麼是奇怪的了。

例如，人們。我不再能真正區分他們的類型或特性。我看到的是共通的特徵，只是程度稍微不同。我還不太明白，但這的確是觀看與了解周圍世界的一種新方式。就像有很多歌曲，但都是同樣幾個音符的變奏。然而，人們似乎只是一個音符的變奏。身在城市時，我似乎不像平常那樣看到許多不同的人，而是看到同一個人許多次，只是裝扮不一樣。性格的外在層次、穿著、外表與性別都不再為我所注意。一個人就是一個人，知道一個人就知道了所有人，就像樹上的樹葉。

消耗與保存是我舊的自我之中，開始消失的兩個部分。來到度假小屋時，我開始安排資源回收，這是我一直都很在意的。但現在，「消耗」的概念——任何東西都會被消耗掉的概念——顯得荒謬、不合理。我就是這樣才開始明白的。不像我經歷的這個過程的許多部分，有些事情的改變似乎沒有我的意志或覺察參與其中。事情正在改變，而我沒有覺察到，直到我看見有東西不見了，某樣事物不像原來那個樣子了。然後就是另一個小驚喜：無反應。沒有失落感，沒有情緒反應。這不斷發生，每天都有一、兩次我會發現，本來被我視為自己重要的一部分的事物已經不見，並且被遺忘了。信仰、喜好、意見就像肥皂泡泡一樣無聲地爆掉，沒有留下任何存在過的痕跡。並不是我用新的觀點來評估或看待事物，而是我一次消失了一小部分。這並不會讓人震驚或不安。每次發生時好像應該很震撼，但其實風平浪靜。事實上很好玩，彷彿我本來認為自己一輩子的主要責任就是要融入、要有歸屬、要與一切融洽相處，成為其中的一分子，但現在那不是我的責任了，而光是這個改變，就完全重組了我所認為的我。

現在我所寫的比較像是日記，而不是自體解析。我探索正在發生的改變，而不是用寫作來引發它們。我是來者不拒，但我認為還是值得把注意力放在這個過程發生在幕後的部分，並檢視之。我太專注於我努力改變的事物上，沒注意到**我這個人**正在改變，或者也許只是脫落、消散、**燒掉**吧，我想，而在某些狀況中，就只是消失了。

我花了好幾個小時寫信給我認識的人：我的父母、姊妹與朋友，還有以前的上司與老師。通常是對我有某種影響力的人——那種影響力不是我有意識允許的，而現在我必須有意識地收回——也就是影響了我的思考的人、占據了我的心智的人。如果我不斷地跟不在眼前的人進行內在對話，這不叫附身叫什麼？一天發生多少回？在多少層次上？有多深入？惡魔不就是占據著我的影響力？這些在我心智空間中的「非我存在」是惡性腫瘤，我將筆當成手術刀，把它們切除。我寫下這些攻擊性的長篇大論，一篇又一篇，只是普通寫法，但很管用，把這些廢物排出我的系統。魯米說仙丹藏在毒藥中，真的！我寫這些信，不停地寫，二十頁、三十頁，直到清除了汙染我的所有毒物。我當然不會寄出去，否則他們肯定會把我關起來！

現在回顧我以前和你一起待在你那房子裡的那些日子，我不敢相信自己熬過來了。有趣的是，第一步在某種程度上也就是最後一步。這整件事，光是想到都覺得大得很瘋狂，我被它的重量壓得粉碎。我無法起床，無法停止哭泣，無法看到任何有希望的解答。我吃不下，幾乎坐不起來，完全被感覺像是無法承受的悲傷壓垮。我知道沒有回頭的可能，無法收回已經做了的一切，回到過去那種盲目的狀態，但我也看不到有任何一條路可以往前走。無路可逃。

我在想，是什麼樣的瘋狂才會讓我考慮走上一趟只有一個可能目的地的旅程？那個目的地遠超過我所敬愛的任何人——我的父母與祖父母、我的老師們、我的姊妹與朋友——所能想像。但是還有更多！超過任何人！超過人類有史以來最偉大的心智！超過總統、哲學家、英雄與詩人，超過莎士比亞與愛因斯坦、林肯與邱吉爾、巴哈與貝多芬！只要踏出第一步，我就已經將大部分的人類永遠拋在背後。或者，我已經陷入了最嚴重的瘋狂。我將去探索偉大的探險家和太空人根本無法想像的一切。忘了死亡，這才是未被發現的國度，這才是最後未被開拓的領域。我超越了我自己的物種！這不是譬喻或誇大，而是真正的事實！要怎樣接受這個事實？這個念頭十足地荒謬、自大地荒謬，讓我只能一笑置之（苦笑），除了一件事：**這是真的！**我**知道**這是真的。我試了又試、想了又想，但那是無可逃避的事實。這是真的。沒有其他說法了。我身為人類的時光已經結束，現在該成為另一種東西了。此時我在這條路上，會一直走下去，直到這條路殺了我。我無法離開，就算想要也不行。但更重要的是，我知道這條路通往何處。從這趟旅程開始的頭幾秒起，我內在就有某種東西了解了一切。

我待在那房子的一週裡，你只跟我說過一次話，傑德。我沒有離開臥房太多次，有一次下來時，看起來一定很糟糕，而你在那兒，坐在圖書館裡閱讀。我沒說什麼、沒問什麼，但你回答了，你沒有抬起頭就開口。「人類評估年齡的方式是錯的，大多數人在很小的年紀就停止發展。一個看起來七十歲的人，通常是十一歲加上五十九年的經驗。」我只記得你這麼說，但那就是我需要的，那就是打開第一扇門的鑰匙——那扇門威脅要把我壓死。你不必解釋、不必說明，如果你在前一天說那些話，我也不會聽懂，但當你對我說的那個時候，彷彿我內在已經積壓了很多，只要稍微擰一下，這一大堆思想、矛盾、嫌惡與壓碎心臟的恐懼都化為一瞬間的清明，原本沒有門的地方打開了一扇門，原本快被壓斷的東西沒有斷裂。

當然，事情並沒有結束。接下來，我發現自己試著把這單純的概念擴展為對人類發展的全然了解。不管這是不是新概念，大多數人在發展上都只是青少年這件事對我而言是新的，我有一股衝動，覺得自己必須全然了解它，所以我寫下來，自己來探索。我從這時候起擺脫了自憐，開始採取正面行動。我根據我獲得的新理解重新評估所有認識的人，一次一個，以發展年齡的觀點來看他們。真是驚人的過程！我看到所有人都不再相信聖誕老人與齒仙，但並沒有更多進展。當時我還沒有你的書，傑德，但我記得你告訴我，人們對你而言只是遊樂場上的兒童。當時我不了解，但現在我了解了。

顯然，事情並不是到此結束。那只是第一週，更大的過程實際上要花許多個月，現在仍在繼續進行。更大的過程與切除有關。放下執著。說起來很簡單，但其實非常殘酷，非常無情，非常冷酷與準確，沒有任何字眼可以描述。我在這個時期寫了幾十萬字，試圖藉由這個過程處理自己，但感覺彷彿永遠無法完成。我用了「放下執著」這個字眼，但其實是關於死去。沒有任何談到「無執」的靈性教誨有資格談，它們沒有一個是在講這件事。「培養一種不執著感。」他們這樣說。一種不執著感？他們是哪個星球來的？那些人對於「不執著」毫無概念可言，他們似乎是在說要放下你想要一輛ＢＭＷ或一個白馬王子的渴望。試著放下你所愛的！放下你的身分！放下讓你具備人類特徵的一切！而那只是剛開始而已。

覺醒的過程看似與摧毀自我有關，其實並不正確。只要你還活著，就永遠不會完全擺脫自我——假我——而且也不是非做到不可。重點在於把我們繫在夢境狀態中的情緒纜繩，那些繩子讓我們留在原地，覺得自己是某種真實事物的一部分。我們像長出根一樣，從自我的核心射出能量卷鬚，讓自己依附於夢境狀態中，如果想要脫離，就必須斬斷那些卷鬚。情緒的能量是我們的生命力，生命力的多寡決定了情緒的力量。把能量從情緒當中收回來，還剩下什麼？一個空寂的思想，一個外殼。從這個意義上來說，讓自己擺脫執著就是覺醒的過程，但我們並非**擁有**這些執著，我們**就是**這些執著。

25 小混蛋

他必須敢於躍入本源，生活在真相中，一切以真相為準，與真相成為一體。他必須再度成為學生，成為一個初學者，克服那最後、也最陡峭的一段路，經歷新的轉變。如果他能從這場危險的考驗中倖存下來，他便完成了他的命運。他將親眼見證那不滅的真相，那一切真相之上的真相，那無形根本之根本，那同時是一切的虛空；他將被它所吸收，然後從中得到了重生。

——奧根．海瑞格，《箭術與禪心》

科提斯開車送我來教堂，我坐在前面的台階上，懶懶地看著人群與車輛，處於一種傻呼呼的快樂之中。城市裡的一切我大多很喜歡，但我最喜歡的是質地：骯髒的水泥、生鏽的鐵、冰冷的花崗岩、剝落的油漆、被煤煙熏黑的磚塊、破碎的塑膠、髒兮兮的玻璃。人孔蓋與下水道的柵欄都很值得欣賞，綠色的路燈也不簡單。我可以快樂地凝視一塊水泥地——當然不是任何水泥地。不過，哪一種傻瓜會樂於凝視地板？美國詩人威廉．卡洛．威廉斯知道是哪一種：「如此仰仗一輛紅色手推車，雨水淋得它晶亮，旁邊是一群白色的雞。」言語無法描述紅磚牆配上一扇黑色鐵門的美好。我的腳投射出三道影子。這股微風也曾經在這個同樣的月亮下吹拂著基督與佛陀。這一切有何意義？完全沒有。如果有任何意義，也毫無意義。

每當談到我喜好與厭惡的事物時，我都覺得必須附上一份免責聲明，因為有些人認為開悟就是處於一種無分別的純粹狀態，沒有自我、沒有情緒，像一尊大理石雕像一樣僵硬、無生命。我有偏好，有我喜歡或想避開的事物與場所。沒錯，我的愛好已經轉換到極簡層次，而且繼續朝此方向發展，但我感覺變得更為豐富了：較少裝飾，較多實質。就像現在，坐在一個衰敗區域的教堂台階上，這個地方沒有太多歡慶色彩，但有很豐富的「如是」（is-ness），我沉浸在一種傻傻的——我不會說是極樂或合一——的單純滿足中。很好，一**切**都很好，連壞的都很好。如果現在你用一把鏟子痛打我的臉，那就不是很好，但現在沒有人用鏟子打我。我完成這趟旅程不是為了沉浸於傻傻的滿足中，但現在旅程已經走完，我似乎越來越常這樣做了。我不想說得很神祕或有禪味，因為我不認為是如此，這只是個值得一遊的好地方。我帶科提斯到海邊就是要讓他看到這個，而他也看到了：你可以只是存在、呼吸，暫時放下一切，欣賞你之所是，以及你所歸屬的；然後，當你重新拿起一切，你會更了解、更欣賞、更能看穿表面去認識它們。重點不是去感覺你是一切事物的一部分，而是暫停一下所有堅持你並不歸屬一切事物的思想與感覺。我知道這聽起來很平庸、老套，但其實並不是那麼普通。這樣做的人會得到某件東西，一件我不常看到任何人擁有的東西。

這種免責聲明的事兒總是會導致同樣的矛盾，所以我們就快快帶過。傑德·麥肯納不是開悟者。沒有所謂的開悟者，只有覺醒，也就是無分別。這不是**我的**現實，這就是現實。傑德·麥肯納並非覺醒本身，而是一個有經驗的嚮導與夠格的覺醒代言人。也許不合理，但這是真實的，所以不需要合理。只有從一邊看才會看到矛盾，如果想要搞懂，就過來這裡，從另一邊看。

免責聲明結束。

我回到這個教堂，是因為葛文達的緣故。他知道我無法用電話或電子郵件連絡之後，就常到瑪麗的房子找我，幫忙做些工作，與科提斯一起整理茱莉的信件什麼的，沒有糾纏不休或打擾我，但很清楚地讓我知道他很希望我再次參加他的讀書會。我終於開始了解這件事的意義，於是在第一次去讀書會的一個月後，我們回到了這家新版天主教堂。

我右邊的樹叢裡有一隻貓，從我坐在台階後就一直盯著我。街上有一個簡陋的玉米餅攤子，發出非常香的氣味。我想要散步，這個夜晚和這個地方都很適合散步。

科提斯走了過來，站在我前方的人行道上。我們在路上又聊了一下《星際大戰》、英雄旅程，以及它們在實際生活上的應用。他說在我們第一次談過《星際大戰》後，他自己研究了一下，然後得到一個結論，就是**禪心**。他把絕地武士的半神祕力量、奧根．海瑞格的《箭術與禪心》，以及他自己在網球與足球上的經驗都連在一起。在來的路上，他一邊開車，一邊對我說明這一切，把吉普車當義大利跑車開，因為他現在懂得換檔減速與加速過彎了。說完自己的發現後，他問我覺得如何。

「你覺得我會怎麼想？」我答道。當時我們就說到那裡，而現在是一個小時之後，他站在我面前，回答了我的問題。

「更遠。」

「沒錯。」

「好的。」

他坐在我旁邊的台階上，我們都沒說什麼話。幾分鐘後，馬克公關公司的梅根出現在我們面前。跟上次我見到她時不同，也跟我上次來這個教堂時不一樣，現在我並不疲倦。我休息足夠，頭腦清醒，也很高興自己是如此。這種心智狀態不能再好了，但也很脆弱，談話與思考只會造成干擾，使人再次變得頭昏腦脹。

「我可以暢所欲言嗎？」梅根問道，「你似乎不會使用我們提供的服務，所以我也不會害到我的老闆什麼的。」

在攻擊之前先警告一下，她人真好。

「呃，好啊，你可以暢所欲言。」

「我不確定有人願意花二十美元去買一本靈性書，結果只是被說成小孩，而他們的靈性信仰都是狗屎。我想人們是要尋找可以實際改善生活的東西，做出正面的改變，使自己更快樂、更完滿。」

「我當然同意。」我說。

「但你的書並不是那樣。你似乎對其他途徑、其他信仰沒什麼好話——事實上，你是批評了**所有的**信仰。你承認自己並不寬容，我認為那是說你心態封閉。你表現得很自大，好像你是對的，任何不同意你的人都無關緊要，好像不同意你的人根本沒什麼價值。你反對靜坐、佛教、基督教，以及其他一切。你似乎沒有空間容納其他人的觀點或信仰，我覺得那樣非常心胸狹隘。我認為靈性大師應該開放地接納所有觀點，擁抱所有途徑，而你似乎剛好相反，好像別人的觀點都不重要。」

「我想我同意你的話。」我說。

「嗯，如果你不打算改變，你同不同意就不重要了。但你大概不會改變吧？」

「我無法做出你說的那種調整。」

「我不明白如果你想要，為何做不到？我覺得只要多接觸你自己的人性就好。你似乎關閉了那個部分，但你可以改變。你太常談到恐懼，說我們都是靠恐懼而活，但也許我們是以愛為基礎，而你只是封閉了你的那個部分。你想有沒有可能？」

我點點頭。

「你要知道，我們都是同一邊的，只有彼此可以依賴。我覺得很可惜，因為你讓自己被隔絕在那種連結之外，還想說服他人這麼做，我真的覺得不對。你是很有力量、很有說服力的作家，我怕很多人讀了你的書，結果只是，我不知道，**逃離**了生活。我明白你的看法不是這樣，但也許你應該想一想，試著了解人們不是機器人，他們無法只是因為書上說的就關掉自己的情緒。你可以想一想嗎？」

「當然。我正在寫另一本書，你可能會比較喜歡。」

她懷疑地看著我。

「唔，我不知道你是不是真心的，只好等著瞧。我很喜歡你的書，但我越是思索，就越覺得自己在最基本的層次上無法同意你。事實上，我要謝謝你，因為你的書幫助我重新評估自己的信仰，讓它們變得更強大，所以對我有很重要的影響，我得謝謝你。」

「喔，別客氣。」

「我希望你如果考慮讓我們公司幫忙宣傳你的書，不會因為我的看法而改變主意。」

「不會，我很感謝你提供自己的看法。」

她點點頭，往下看看自己的手，又點點頭，然後進入教堂。

「真嚴厲。」科提斯說道。

葛文達要先對大家說話，我給他充分的時間。他答應我會很低調地解釋我為何回來，不會提到我的書，或是使用開悟或大師之類的字眼，只會說我是特別來賓，他們有些人也許還記得。計畫是，我會參與討論，而不是對整個團體演講。科提斯與我安靜地走進來，看到大家都在靜坐。我們靜靜地站在門口，我環顧四周，尋找認識的人。他們大概動用了共修通訊錄之類的，因為今晚來的人比較是新時代那一掛，而不是我之前在地下室看到的《梵歌》團體。這次我不會等待咖啡罐傳過來了。我一週前給了葛文達一點錢，叫他準備更好的場地與零食。他聽了我的話，租了樓上比較好的會議室，有很多座位，兩邊牆上有大窗戶，天花板很高，照明充足，而且整個空間裡不會瀰漫著潮濕的菸草臭味。零食也很不賴，依舊有無奶油餅乾，但還有其他更多選擇。咖啡壺有兩個，一個裝低咖啡因咖啡，一個裝普通咖啡，還有真正的鮮奶油。我很高興看到一切都稍微升級了。毛姆說，要求最好的，你很可能就會得到。這應該算是在夢境狀態中顯化事物的金科玉律：提出要求，你就會得到。這個房間也許不算最好，但算是朝正確方向邁進一步。

靜坐結束了，大家開始慢慢離開那個狀態，站起來彼此問候，倒咖啡、拿零食、聊聊天。坐輪椅的巴瑞來了，還有其他一些上次看過的人，包括科提斯的大學女生、《梵歌》信徒羅罕與其他幾個人。公關公司的馬克也來了，帶著他的妻子。所有的椅子排列成面向講台，但現在大家都聚成小團體，隨便亂坐。我找了一個位子，跟馬克與其他幾個人坐在一起，安靜地聽他們討論。幾分鐘後，馬克把話題轉到我身上，於是接下來的十分鐘，我們聊了《靈性開悟不是你想的那樣》裡面的一些觀點。其他的小團體逐漸朝這裡靠攏，直到我們變成了一個大團體，雖然有點混亂。

我實在不想坐在那裡談我的書，原本與葛文達說好不要提到它的。在聽到關於那本書的第三或第四個問題時，我對大家說，因為在場只有幾個人讀過，我們應該換個更多人感興趣的話題。然而，梅根不願意就此罷手。

「我是在場讀過那本書的幾個人之一，」她說，「我已經私下與你分享了我的一些看法。我想請你向我們解釋一下，你為何認為有人應該買你的書。」

嗯！這正是我想避免的玩意兒。才一開始，我們就進入了市場行銷心態。我被說成來這裡滿足貪婪或虛榮心的人，而他們是心存疑惑的消費者，不知道是否該相信我的小小幻想。梅根把我推進這個角落，現在我必須小心但堅定地溜出來。

「我想這裡沒有人知道有那本書。」我答道，然後看看四周，顯然大多數人都不知道。「至於為何有人應該買，我對此完全沒有感覺。你曾經跟我在商業會議上談過行銷這本書的事，我看起來像是想要賣書的人嗎？說要創造一本暢銷書的是你們，我看起來像是有興趣嗎？」

「沒有，我必須承認——」

「是你們建議要成立『傑德．麥肯納』這個品牌的。」

「從生意的觀點來看是很好——」

「我在這裡有提到那本書嗎？我有拿出來展示嗎？」

她搖搖頭。我不想找她的碴兒，但我真的無法讓這件事往她想要的方向進行。

「馬克，你也參加了那場會議，你覺得我想賣書嗎？」

「你是公關公司的惡夢。」他說道，大家都笑了。

「葛文達，是我——」

「湯瑪斯。」他糾正我。

「喔，我錯過了什麼嗎？」

「你進來之前，我告訴大家，我要用回本名。」

我佩服他的決定。他開始放下幼稚的玩意兒了。

「湯瑪斯，是我安排這次聚會的嗎？」

「不是。」

「我很想來嗎？」

他笑了。「我簡直必須把你拖來。」

「這裡有很多人認識你、信任你，那麼，你認為我來這裡是想販賣東西，或說服任何人相信任何事嗎？你認為我有這類動機嗎？」

「沒有，我確定你沒有。」

梅根插嘴了。「我覺得你這樣不公平——」她說。她開始覺得受到攻擊，想要防衛了，所以我制止了她。

「等一下，梅根，沒關係的。」我微笑著說道，並舉起手，表示我沒有想要跟她槓上。「我們並非意見不一致，沒人生氣或想要為自己辯護。我喜歡你、尊重你，也了解你是想幫忙。我只是想要說明一個重點。你把我說得好像是來這裡推銷自己，我只是想說明我不是。我來這裡沒有任何意圖，我們只是聚在一起討論。你說我們是同一邊的，對不對，梅根？那麼，我們就以這個為基礎繼續說下去。在二十一世紀的某個時間，我們都在這個星球上，在美國紐約皇后區的某個地方，對吧？我們都搭乘同一艘船，漂浮在同一個海洋上，想要弄清楚這一切。沒有人在賣東西或競選公職，對吧？」

她笑了。「好吧，」她說，「其實我因為工作，一個月要讀十幾本新時代的書，而你的書讓人耳目一新。順道一提，你就像你在書中的樣子，很坦然，有話直說，談的大部分是常識，不裝腔作勢。我就是喜歡你的書的這個部分——運用常識來討論事情。你說得好像一切都很……嗯，我不知道，**顯而易見**。如果仔細想一想，好像也是如此。我想我稍早就清楚地對你說過，我並不同意你的結論，或者，也許我只是不想同意，但是我在讀你的書，以及現在與你說話的時候，覺得並沒有……我不知道要怎麼說……並沒有空間……你沒有留下任何轉圜的空間。也許這就是你率直的作風，非常單純。不管如何，那是我的反應。」

在《靈性開悟不是你想的那樣》中，我說唯一真實的靈性教誨，就是自己去思考，弄清楚什麼是真的。我在這裡就是這麼說的。我的意思是，說真的，其他還有什麼可說的？只要你想要，它就是你的；你如果不想要，隨便。我其實只是要表達這一個訊息、這一個重點，而我說的其他東西，不是關於過程，就是關於否定。我不會用傳統那種雙方交換知識和概念的方式進行討論，不會參與火熱的辯論或熱烈的意見交流；我不歡迎不同的意見，它們也不會歡迎我。梅根對我的看法很正確：我是極端地心胸狹隘。我的狀態是關於存在，而不是知識或信仰，沒有任何情緒的力量、堅定的信念或有分量的意見對我有絲毫影響。所以，是的，我看起來很自大，但那只是表象。我自己沒有任何優越感，不可能有，說我自大是賦予我人性了。

我支持真相嗎？沒有。我痛恨幻相嗎？不會。我認為夢境狀態邪惡嗎？沒有。我並不反對所有讓我們處於麻醉狀態的老師與教誨，也不認為有任何人或任何事是不完美的。我並非追求真相的戰士，也沒有與謊言大軍作戰。我**喜歡**謊言，完全支持，瑪雅與她壯觀的幻相宮殿的頭號粉絲就是我。我自己逃出了幻相的監獄，所以能夠欣賞其力量與弱點。幻相最大的弱點在於它沒有重量、沒有實質。並沒有一個**它**，所以你若要自己看到，只要去**看**就好。而它最大的力量在於，不管人們嘴上怎麼說，他們都不是真正想看。

但現在，我與一群我不認識他們、他們也不認識我的人說話，因此真相是很糟糕的話題。話題本身很單純，但要讓一群背景與信仰各異的人來到這單純之地，會是一團混亂。我無所謂，反正我已經厭倦了真相那一套玩意兒，而且就如梅根所說的，我不認為有人真的想聽。有很多有趣的話題可以談，如果我自己能學到一些東西，而不是單調地談真相，今晚會更有趣。這些人分享著對《薄伽梵歌》的愛好，科提斯對絕地武士禪學有興趣，梅根想要的是能提供實際成果的東西，我自己最近關注的則是重新讓自己整合進入萬物合一狀態這個過程——不一定是為了覺醒，而是為了更享受夢境。在離開瑪麗的房子時，我請科提斯去幫我找一封信，而且把它帶來了。那是一位叫潔西卡的女人寫來的，信中詳細描述了她從小而分離的自我，重新整合為無限自我的旅程——英雄旅程。所以，我感覺這些事情會為今晚的討論設定議題。

今晚的討論並沒有真正的主題或結構，所以大團體再度散成幾個小團體，可以同時聽到三、四種不同的對話。我把更多時間花在聆聽，而不是說話。最靠近我的一場對話的成員是湯瑪斯／葛文達、馬克、梅根、兩三個我不認識的人，以及其他幾個像我一樣只是聆聽的人。他們的討論環繞著靈性追尋：靈性追尋是不是在追自己的尾巴、所有的書籍與老師是否有幫助、他們是在前進或挖洞、是否真有成功的希望。幾分鐘後，湯瑪斯問我的想法。

「關於——」

「關於靈性追尋是否真能有進展，或者只是繞圈子；它是否只是另一種自我幻覺。」

「要看情況吧。」我說，「去檢視以某種方式驅動你的那股衝動。你當初為何要做這些靈性相關的事？你出門去買了一本靈性書籍或雜誌，或者，你參加了某個課程或團體之類的。為什麼？你想要某種東西，對不對？你在尋找某種東西。是什麼呢？你想要的是什麼？我認為你們的討論是朝這個方向。」

「那麼，」馬克說，「我想問題是：我們為何要做？我們想要什麼？我想我的答案會是，你知道的，自由、極樂或靈性開悟。」他看看其他人，沒人提供更好的答案，於是他看著我問：「你會怎麼說？」

「我會說，你是想要被安撫或刺激。」我答道，「其實你兩者都要，但主要是安撫。自我想被安撫，但有一部分的你想被刺激，那部分的你在背景發出惱人的微細聲音，那部分的你會讓某件事情發生；然後某一天、某一輩子，那個小小的混蛋會長到夠大，足以做出某件事。它會抓住方向盤用力轉彎，你的生活就會撞毀、燒起來。就是從這裡開始的。」

「什麼東西就是從這裡開始的？」馬克問道。

「你的生命，你的生命就從這裡開始。最糟糕的事情會發生，如果讓你在它和死亡之間選擇，你大概會選擇死亡。你的生命會成為最糟糕的惡夢，但它就是那時才會開始變好。」

「你不認為我們的生命已經開始了？」

「我知道還沒有，你也知道。問你的小混蛋，它會告訴你。」

其他的小團體又開始聚在我們四周，我發現我是在對整個團體演講，而不是參與討論。

「不管那是什麼，不管讓你的生活撞成碎片的是什麼，有一天，你將會帶著最深切的感恩之情來回顧，你會把它看成脫離子宮而誕生。子宮很美好，隔絕一切，保護你的安全，但它不是生活。子宮與生活的距離看似只有幾公分，但其實等於兩種不同的存在狀態。把人視為孩童很容易，但更有幫助的說法是他們尚未出生。他們活的時候尚未出生，而且常常死的時候也還沒出生。梭羅說，大多數人都在安靜的絕望中生活，就是在說這個。某部分的你希望被刺激，想要把事物打破，看看究竟是什麼構成的，然後，有一部分的你就會把那個想要被刺激的部分壓制住：恐懼。恐懼失去你所擁有的，但你其實並未擁有任何東西。這就是那個小聲音在告訴你的事：沒有任何東西是你的，你不管做什麼都無關緊要。那個刺激的小聲音的問題在於：它從不說謊、從不誇大，說的話總是很合理。它是個**有理性**的小混蛋，所以對付它的唯一方法，就是用其他事物壓過它。」

「用否認。」梅根說。

「否認，當然。但如何進行呢？否認只是一個標籤，標籤本身就是否認的工具，讓我們把注意力放在事物的名稱，而不是事物本身，這樣就可以不去理會沒有被處理的困難事。否認的工具很多，逃避就很受歡迎——只要持續讓自己分心，就不會有安靜的時刻讓小混蛋的聲音被聽到。信仰也是好工具，因為它充滿情緒，而情緒廢話能蓋過理性的聲音。自我有很多方法讓我們看不到明顯的事實。」

「那麼社會呢？」梅根問，「如果所有人都聽從他們的……呃，小混蛋，把自己最深沉、最黑暗的自我釋放出來，未來的世界會變成什麼樣子？」

「我不知道。為何問我？找出你自己內在的小混蛋，問它就好，它知道。」

「好吧，但我現在是在問你。」

「我不知道。聽起來會很混亂，可能很糟。也許所有人都會死，那時我們會在哪裡？」

「你的怎麼說？」

「我的？」

「你的小混蛋。」

「啊，它說沒有社會，沒有未來，沒有世界。不要再當傻瓜了，一切都是謊言，全部都燒掉。」

「你就是這樣做？」

「是的，女士。」

「為什麼？」

「為了任何人去做這件事的唯一理由：因為我絕對無法**不**去做。」

「你有任何遺憾嗎？」她問道。

想要知道該提供多少答案，是很困難的一件事。此時似乎不適合長篇大論地說明我不再擁有可以體驗遺憾的部分，所以我選擇了簡短的答案。

「沒有。」

26 愉快地挨了幾拳

在我們稱之為生活的奇怪混合物中，有某些怪異的時刻與場合，讓人把這整個宇宙當成一個龐大的惡作劇。雖然他對此惡作劇的理解很模糊，而且懷疑這個玩笑只是針對他，然而，沒什麼好氣餒的，也似乎不需要抗議。他吞下一切結果，吞下一切信條、信仰與信念，一切可見與不可見的困難，不管有多少疙瘩，就像消化能力高明的鴕鳥般吞下子彈與燧石。至於一些小困難與小煩惱、對突來橫禍的預期、傷及生命與肉體的危險，這一切，以及死亡本身，在他看來，都只是那個看不見又難以理解的惡作劇老頭給予的淘氣而和善的打擊，身體側邊愉快地挨了幾拳而已。我所說的這種怪異的任性心情，只有在極端的苦難中才會發生；在他的認真、誠摯之中，所有之前對他來說非常嚴重的事，現在看來只是大玩笑的一部分。

——梅爾維爾，《白鯨記》

巴瑞，我第一次來這裡的地下室聚會時坐在我旁邊的傢伙，示意我過去他那裡。我坐了下來，旁邊幾個人轉過來聽我們說話。

「我不知道你能不能幫我，」巴瑞說，「我有個朋友正經歷嚴重的憂鬱，我很擔心她。」他是否真的有這個朋友，或者是以一位女性友人的名義在說他自己的事，我都不介意，但是在談話進行當中，我開始覺得她是真的。「她非常不快樂，而且最近幾年越來越嚴重，我真的認為她可能會做出什麼傻事。我不知道能為她做什麼。」

「她的不快樂大致是什麼性質？」我問，「她有沒有說是什麼緣故？」

「她沒有特別說什麼，我的意思是，她沒有生病什麼的，也沒有遭遇失去親人之類的事。」

不是所有的黑暗絕望都是一樣的。如果憂鬱是某種疾病或缺陷的直接結果，就表示當事人的思維不清，那麼我的回答可能很類似，但比較不樂觀，因為那意味著巴瑞的朋友在乘坐她的遊樂設施時被安全帶緊緊綁住，必須一直坐到結束為止。這只是我的看法，不會比其他人的更有權威，但我很清楚這個遊樂場有許多設施，不全是好玩的，而你得坐到完全停止之後才能下車。自由意志不過就是如此。你可以半路跳車，但當初讓你決定搭乘的動機，可能會讓你再次坐上去。

若想要討論自由意志對上命運決定論的議題，一如往常，都應該先讓問題的焦點更明確。自由意志的可能性根本是零，只要加以定義，我們就可以看到它的不合理。所以真正的問題是：我們是否有**任何**意志可言？我們是否能選擇要不要對任何事物施加影響力？我們是否擁有一絲一毫的控制權？有意志或沒有意志，問題是這個才對。後者唯一的論據，就是前者毫無論據可言。到頭來，沒有任何可能的答案，問題本身在檢視之下就會解體。所有的問題都是如此。

任何事物在檢視之下都會解體。

至於巴瑞的朋友，也許有點希望，因為她是處於理性的憂鬱中。這是我們在《靈性開悟不是你想的那樣》有碰觸到的議題。當一個人因為發現沒有抱持希望的理由而絕望時，就有了希望。我想到一個問題。

「她住在哪裡？」我問巴瑞。

「布魯克林。」他嚴肅地說，「我們不常碰面，因為她不良於行。我們大多是以電子郵件或電話連絡。」

我想她可能像巴瑞一樣坐在輪椅上。如果不良於行，那麼布魯克林區與皇后區就相隔遙遠了。

「她思考有條理嗎？」我問。

「很有條理。」

「基督徒？」

「是的，天主教。」

「哦。」

我通常認為處於這種長期憂鬱狀態中的人，最後會墜毀、燃燒，然後從灰燼中重生。基督教通常有助於這種死而重生的轉變，但天主教徒，就算是離經叛道的天主教徒，以我的經驗來看似乎比較容易被困在絕望中，無法脫身。

理性的憂鬱不是一種缺陷或疾病，而是在發現自己的處境之後完全適當的反應。我們沒有未來、沒有實質、沒有重要性，還能不憂鬱嗎？這不是什麼深奧的、真摯自我反省的、高尚的玩意兒，只要喝一杯咖啡或看一則電視廣告的時間，就可以完整而準確地描繪出一個人的生命。從合乎邏輯的觀點來看，勸阻自殺的唯一有效對策是：如果自殺不成就罰款一千美元、坐牢六個月。有些人會找到個人的救主，但救主的問題在於不能太仔細觀察：他們救了你，那誰救了他們？就算是你能想到的最佳長期解決方案，你稱為天堂的玩意兒，只要去思考……嗯，一分鐘，就會覺得很蠢。其訣竅在於不要去思考，不要自己去看，不要去看顯而易見的事物，但我們無法永久愚弄自己——巴瑞的朋友就是發現了這一點。

憂鬱就是移除了希望的恐懼。我們本來以為某樣事物可以是我們的，結果卻發現它永遠不會是我們的，這時，憂鬱就出現了。所謂不快樂，是擔心自己沒有某樣東西，憂鬱則是明白自己永遠不會擁有它，而自由是領悟到沒有任何東西是我們的，也沒有任何東西**可以**是我們的，所以事實上，沒有東西**不是**我們的。

我們自己的生命都不是我們的了，那什麼是呢？

「唔，」我對巴瑞說，「我顯然沒有那個權威來特別談論你的朋友，但我似乎可以概括地談一談。這聽起來可能會有點無情——也許因為它就是如此——但你的朋友，以及其他陷入病態絕望的人的情況，其實是人類成人期的開端。」

「哦。」巴瑞悶悶不樂地說。

這不是關於開悟，而是關於人類發展，但與更大的覺醒過程確實有相似之處，而且是開悟的前兆——開悟的先決條件。

「我不知道該怎麼辦，」巴瑞說，「我不知道要如何幫她。」

「你有沒有想過她可能不需要幫助？那也許是一件**好事**？」我問道。

「什麼？」他說，「絕望到想自殺是好事？」

我笑了，但笑得很小心，因為我知道情緒在此很容易高漲，然後就破壞了原本可能很有趣的討論。

「嗯，算是吧。」我說，「絕望只是顯現於外的可見症狀。」

看到有人處於巴瑞描述的狀況時，我第一個衝動是去恭喜他們。當然，我不會這樣做——我了解別人不會接受我的好意——但我將之視為在成長與人類冒險上很正面的事。那種絕望往往預示著掙脫童話生活——乖乖男與乖乖女過著幸福快樂的日子——開始進入成人期。

「我擔心她可能會死。」他說。

我聳聳肩。人們也許不想遵守遊戲規則，但那些規則還是規則，而規則之一，就是你會死。我們都有一個不可剝奪的權利，就是這個。

「她這麼不快樂——」巴瑞喃喃地說。

「快樂是給小孩子的，還有另一種層次。」我答道，「當我們來到某個關頭，無法再找到快樂，而且似乎很確定自己永遠無法找到時，會以為一切都結束了，而就某方面來說，也的確是結束了。**很好**的結束。」

「我真擔心她熬不過去。」

「嗯，唔，她也許熬不過去。」我故意說得很冷漠。

「那種觀點太無情了。」巴瑞抗議道，「我們是在說一個真正的人，我不認為你了解——」

我舉起手制止他。

「巴瑞，別想偏了。你覺得她需要被拯救，所以你必須救她，這我了解，但我經歷過我們所說的這個過程，而你還沒有。你看到了可怕的危機，而我看到的是正常的人類發展。是的，那很痛苦，讓人不忍卒睹。你看到一個人快要溺死了，想跳下去救她。我了解她在抗拒這個過程，我了解她正胡亂地揮動手臂、高聲呼救，我了解在一旁看著很痛苦，我了解你們兩個都想回到過去的狀態、回到更快樂的時光，但已經不可能了，不是嗎？」

他開始反彈了。周圍的其他人都噤聲不語，科提斯看起來很緊張。這對任何人來說都有切身關係，這與生命有關，而我們都在生命之中。

巴瑞開始哽咽懇求，說他朋友的狀況超過我所描述的那個老套的靈性發展過程。他開始表現出憤怒、受到冒犯，這樣很好。這裡不需要客氣的面具。當巴瑞對我的冷漠無情小小地發出幾乎無法克制的激烈言論時，我環顧周遭其他人的反應。他們似乎都非常專注。這些人不是在觀看別人的事，而是在這場討論中看到了他們自己和他們的生命。他們看起來不快樂，但我很快樂。這是生命的起床號：災禍、苦難、失去、死亡。人們就是在此被迫變得真實，然後才可能有所了解。他們以為我幫得上忙，也許我可以，但不是他們所想的那種方式。我不是個諮商師或心靈導師，不想幫助人們感覺更舒服。我不是任何人的朋友，我處於一個無限的無情虛空中；或者說得更正確一點，我**就是**無限的無情虛空。這是我的現實。我不是個老好人，我只是在扮演一個這樣的角色。

人們有時會來找我，就像巴瑞現在這樣，讓我看他們認為有錯且需要修正的事，而我會立刻與他們發生衝突。我不認同、也無法跟他們有相同的觀點，我不認為有任何事情是錯的，且需要修正。不管某人多麼確定某件事情有錯，也不管那件事看起來錯得多離譜，我都毫無疑問、無可動搖地確定並非如此。我無法感知到錯誤，我處於一個完美的宇宙中，沒有任何事情會出錯。我們都是如此，只是我剛好知道。

談話或寫作時，我並未試圖說服任何人或販賣任何東西。我整套說詞就是在告訴人們要自己去尋找、自己去看他們眼前的事物。如達文西說的，有人看見，有人要等別人指出來才看見，有人看不見。「我不提供迎合討好眾人的舊獎賞，」惠特曼說，「而是粗野的新獎品。你必然會遇上這樣的日子。」

我坐在戲院中，觀賞一部叫「人性」的電影。我帶著觀看繁花盛開的花園、星星堆滿天的夜晚與歡笑寶寶的目光，看著美國內戰時期的醫院、納粹的死亡集中營與兒童燒燙傷病房。它們只是電影情緒光譜上的兩個極端，不會讓我忘記我的現實。沒有任何事物糟糕或美好到超越我的超然，沒有任何事物勝過真相。我知道人類是什麼，知道生命是什麼。如果你讀了這些言論，認為我是個壞人，那麼你就是在騙自己。你誤信自己是在讀傑德與巴瑞的談話，就像這個《梵歌》團體誤以為他們在讀阿周那與克里希那的對話。你，讀者，就是宇宙的正中心——**你的**宇宙。完全是你的，完全關於你，你全然孤單地身在其中。任何其他的說法都是一種信仰，而沒有任何信仰是真實的。

《薄伽梵歌》中的克里希那究竟是誰？他是個**完美**的戰士，相較之下，阿周那只是個**偉大**的戰士。**自我的真相**與**假我**之分。阿周那是很強大，但他還是會被勝過，克里希那則不會。完美戰士是無法觸及、無法僥倖勝過的。沒有任何劍能碰到他，沒有任何事物能承受他的碰觸。《梵歌》是假我與真實狀態之間的對話，範式之間的橋梁。如果說克里希那是神，就完全錯失了《薄伽梵歌》真正的重點。克里希那是真相，阿周那是「非真相」。這場戰役的獎品不是財富、名氣或權力，而是從不真實轉變到真實，從夢境到覺醒，從幻覺到現實。

真相超越對立。二元性是個夢。不是陰陽共生的關係，而是「不是一者，就是另一者」。真相不包含一丁點虛假，虛假之中沒有絲毫真相。只有真相與幻相，而幻相之中只有恐懼與否認。對真相的恐懼是瑪雅幻相宮殿的建造基礎，她所有的力量都是我們給的。否認恐懼是所有人類活動的潛在動機，這就是《聖經》中所謂的「虛空」：「我見日光之下所做的一切事，都是虛空，都是捕風。」我們必須不斷投射自我的幻相，因為如果不這麼做，我們就不存在。

巴瑞既是在懇求，也在發怒。「我說的是一個**真實的人**！我來請教你如何幫助她，我想知道自己能為她做些什麼。你要知道，她不是棋盤上的一顆棋子，不是一個統計數字，不是——」

「暫停。」我說。

他沒有停。

「你不能貶低人來符合你的——」

「請暫停。」我說。

他沒有停。

「——冰冷的哲學觀點，把人當成——」

我讓他又說了一分鐘，直到他發洩完。他說完後，我才開口。

「你是從一個溫暖、模稜兩可的地方來看這件事，巴瑞，」我溫和地說，「好像最後一切都會沒事。但真的如此嗎？我現在問**你**：有可能一切都會沒事嗎？」

我等著讓他自己看到。他沒有說話。

「我們所討論的是一件很困難的差事，巴瑞。你無法在這個層次解決，必須往上跨到下一個層次。事情就是朝那裡前進，不管有沒有你。你想要你的朋友回到以前的狀態，但那是不可能發生的結局。否認只是暫時的避難處，事情已經超過寫問候卡那種多愁善感了，你看得出來吧？」

他凝視著我一會兒，然後顫抖地吐了一口氣，點點頭。

「恐懼，」我說，「一切都與恐懼有關。你的恐懼，她的恐懼。她很害怕，所以不斷掙扎求生；你害怕失去她，所以不斷鼓勵她掙扎。你難道不會對恐懼感到厭倦？對掙扎感到厭倦？」

巴瑞沒有回答。沒有人移動。

「解決辦法是停止掙扎，**進入恐懼之中**。讓她走。不快樂的原因不是狀況，而是抗拒。你把疾病、衰敗與死亡看得很邪惡，但它們並不邪惡，它們只是存在。執著才是不快樂的原因，而解決辦法就是放手。讓她沉下去。」

巴瑞思索了一會兒。

「那你認為我該怎麼做？」

「我不知道。送一本談自殺的書給她。」

「她是天主教徒！」

「為時不久了。」

「但她是我的**朋友**。她會恨死我，會永遠不再跟我說話！」

「是啊。嗯，朋友就是要這樣才對。」

這為我招來一頓白眼，但我是想要激怒他。

「聽我說，巴瑞，幾分鐘後我會站起來談一個陷入類似處境的女人，留下來聽聽看她的故事會不會讓你更了解處於這個階段、面臨這種危機的人，好嗎？」

巴瑞點點頭。有人摸摸他的肩膀。

27 絕對信任之心靈

在一個事事如是的世界裡，
沒有自我，沒有非自我。
你若想描述其本質，
最好的方式就是說「非二」。
在這個「非二」中，沒有任何事物是分離的，
世上沒有東西是被排除在外的。
每個時代、每個地方的開悟者，
都進入了這個真相之中。
其中沒有得失，
一瞬間就是一萬年。
沒有此處，沒有彼處，
無限就在你眼前。
一即一切，一切即一，

當你明白這一點，何必還要神聖或智慧？
絕對信任之心靈超越所有思維、所有努力，完全處於平靜，
因為在它之中，沒有昨天，沒有今天，沒有明天。

——僧璨禪師①

①語出僧璨禪師《信心銘》，原文為：「真如法界，無他無自。要急相應，唯言不二。不二皆同，無不包容。十方智者，皆入此宗。宗非促延，一念萬年。無在不在，十方目前……一即一切，一切即一。但能如是，何慮不畢。信心不二，不二信心。言語道斷，非去來今。」

28 勞工階級英雄

他知道自己，以及自己內在的一切，深知逆境為何。要爬上高處，我們必須走出深淵。通往天堂之路要經過地獄。我們需要接受胸中最猛烈火焰的激烈洗禮，必須感覺自己的心臟火熱——在我們胸中發出嘶嘶的聲響。心火在冒出來之前，必須先燒穿我們，即使那會燒盡我們與它自己。

——梅爾維爾，《瑪地》

附近的牆邊有一個活動式白板，我把它移過來，用黑色白板筆從一邊到另一邊畫了一條線。剛開始是平的，然後轉個角度往下，最後是垂直下墜；接著，從下墜的底部再以陡峭的角度往上，到某一點之後變成比較平緩的上升。我在線的尾巴畫了一個箭頭，表示它會繼續下去。平坦，往下，下墜，陡升，平緩上升。我在白板最上面寫下「英雄旅程」幾個字，在一開始的平坦直線寫下「昏沉」，逐漸往下的部分寫上「多數人」，垂直下墜的部分則寫上「事件」，然後在陡峭上升的直線旁寫下「重生」，平緩上升的部分則寫下「生命」。接

英雄旅程

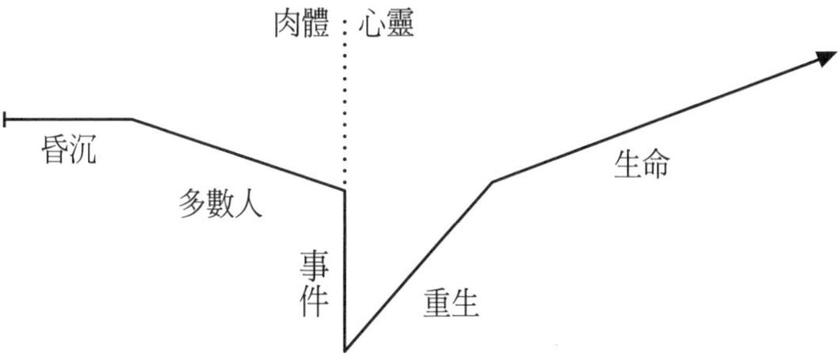

著，我在「事件」那個點畫了一條垂直的虛線，將其分為兩邊，左邊寫上「肉體」，右邊寫上「心靈」。

我畫這張圖是為了幫助自己思考，這樣如果今晚的聚會要進行，我也有所準備。但是當我轉過身來，看到所有人都已經就座面對著我，我想今晚的聚會是勢在必行了。

「噢，」我說，「哈囉。」

「哈囉。」許多人愉快地回答。

「嗯，好吧。我想，我得站在這兒花點時間談一些我覺得很有趣的東西，呃，希望你們也會覺得有趣。」

吃驚與笨拙的部分結束了，我開始進行談話的部分。

「過去幾週，我有幾次很驚訝地發現我們是如何與自己的生活保持距離，與生命保持距離，我將與你們分享其中幾個例子。我有一位學者朋友畢生研究梅爾維爾，但不知為何，她從來沒有把梅爾維爾的著作，主要是《白鯨記》，與她自己的生命連結在一起。她總是保持著一種客觀的超然。然後是我的朋友科提斯，」我指著他，「他說他寫了一篇很有趣的報告，談的是最早的《星際大戰》與約瑟夫．坎伯描述的英雄旅程的相關之處。但是當我問他在這個過程中學到了什麼與他自己生命相關的東西，他想不出來。這樣說正確嗎？」我問科提斯，他點點頭。「然後，透過一連串怪異的巧合，我參加了你們在這裡的聚會，於是又看到了同樣的情況：我們真的很可笑，把生命最大潛能充滿生氣的實例，簡化為枯燥乏味的智性模型，讓它無法應用在我們身上。顯然，這是自我的許多防衛機制之一。很可惜，你們之中有些人沒看到我上個月在這裡的表演，」有幾個人咯咯地笑了，「當時我指出來的事，今晚也會討論：生命並不是一場觀賞性質的運動，我們所有人都在場上，如同過去所有人一樣；《星際大戰》與《薄伽梵歌》這樣的故事不是別人的，而是**我們的**故事；我們就是自己的英雄，我們自身生命的英雄。這就是宇宙以它不怎麼含蓄的方式建議我今晚要談的，可以嗎？」

大家稍稍微笑或點頭，但每個人都很專注。

「我想這種人為疏離的原因之一，在於被我們視為英雄的人有種神一般的特質，以及他們的旅程有某些神話般的面向。最好的例子就是耶穌與佛陀那樣的人成了漫畫英雄般的人物，遠離一般人做夢會想變成的樣子。同樣地，《星際大戰》是為了星際和平而奮鬥，《薄伽梵歌》則發生在兩支即將交戰的大軍之間。我們沒有一個人在這次聚會之後會想要去尋找聖杯或毀掉魔戒，我想這種盛大的場面讓英雄旅程脫離了人類尺度，成了眾神居住的奧林匹亞山上的事，非凡人所能及。就算主角是平凡人，如《跳火山的人》或《綠野仙蹤》一樣，也仍然像是想像力與童話的玩意兒，而不是真實生活。所以，我現在試著把整件事拉回我們能處理的大小，以便看出真正的英雄與真正的旅程是什麼模樣。」

眾人投來茫然的目光。大家都很專注，等待著。這對我來說很不尋常，我用一隻手就能算出我有幾次對一群陌生人演說的經驗，用一根手指就能算出我有幾次使用了圖表。

「讓我來說明一下這張圖，然後我想唸一封我帶來的信，看看這個女人的旅程與那些偉大的神話和傳奇如何對照。」我轉向白板，指著那條寫著「昏沉」的平坦直線。「不用太在意這個部分。我們都是過來人，也知道很多人還在那裡，但我們不是人類學家，所以這麼說就好：這裡是『不質疑者』所在之處。至於他們為什麼不質疑，不是我們所關心的，好嗎？」

沒人說不好，所以我繼續講下去。

「下一個部分，寫著『多數人』。正如其意，這裡是大多數人所在。這條線可以獨立出來，畫上覺醒的程度，然後把你自己和所認識的幾乎每一個人都放在上面某處。我之所以把這個部分標為『多數人』，是因為梭羅的話：『大多數人都在安靜的絕望中生活。』就是這樣。在任何人插嘴之前，我要先說，這並不糟糕、負面或邪惡什麼的。這是生命的一部分，是成長的一個階段、正常發展的一個階段。到目前還好嗎？現在不必完全了解或同意我說的，等我唸完信之後，我們會回來討論這一切。」

沒人插嘴，所以我繼續說。

「精采的要來了。」我指著斜向下的線條變成垂直下墜，以及虛線把白板分為「肉體」與「心靈」兩邊的那個點，「真正的生命從這裡開始，我們在此進入了自己真正的潛能。」這引起了一些騷動與雜音，但如果我不強行前進，我們會整晚都被困在這裡，所以我繼續往前。「我將一邊標為『肉體』，另一邊是『心靈』，因為這裡發生了轉變：肉體死亡，心靈誕生。左邊是人類孩童期，右邊是人類成人期。在這裡，小而分離的存在結束，無限而融合的存在誕生。死亡與重生。」

幾個人舉起手。

「請等一下。我知道你們有話要說，我們都會討論到的。這只是大遠景，用來建立整體概念，就像一張我們會回頭來參考的地圖，現在只要觀察。我應該指出，這不是我自己發展出來的理論，而是人類地圖；這不是東方、西方、基督教或印度教的，而是人類的，只要有人的地方就可以找到它。也許這就是我的主要論點：其實根本不是英雄旅程，而是人類旅程。」

他們克制住了，但很勉強，所以我很快地解說完這張圖，指出陡升的直線代表新生之後的嬰兒期與孩童期，緩升的部分則代表發展與發現的生命。

「對於這張圖，大家有沒有什麼問題？」

一名三十來歲的女子開口。

「你說我們都在『多數人』那裡，但你怎麼知道？也許這裡有人已經完成了那個『事件』的轉變。」

「當然有可能，」我說，「有沒有人？」

沒有。

「但你說得對，這裡可能曾經有人是那樣。我之所以認為沒有，是因為這是一個求道者的團體，而那樣的人是在不同的狀態：成長、探索、發展、擴大之類的。他大概不會擔心《薄伽梵歌》上的教誨吧？」

她微笑點頭。

我拿出我帶來的信，打開來。它在我口袋裡被揉爛了，還被我寫得亂七八糟，劃掉好幾段，然後在另外幾段打圈、畫線。本來有八頁，但我為了這次的討論，縮減成幾段話。

「好，我手上有這封信，」我告訴大家，「有人拿給我的。」我望著科提斯，「怎麼來的？」

「放在桑娜雅轉寄來的一堆東西裡，我不知道她在哪裡收到的。」

「好，所以是一封神祕的信，來自一位住在德州奧斯汀、名叫潔西卡的女人，指名要給我。她自己並沒有發現，這封信詳細描述了她沿著我畫在白板上的這條線發展的過程。讓我大概說明一下。她來自一個鄉下大家庭，是家裡第一個上大學的，自己賺錢付學費，畢業後上了研究所，拿到學位後進入醫療業工作。我們不會太在意她在平坦直線，也就是昏沉時期的經歷。從她的來信可知，」我邊說邊看著開頭幾段，「在努力脫離卑微的出身，念了大學與研究所，展開工作生涯之後，她突然被一種——」我尋找她使用的字眼，「『一切都**不真實**的感覺』淹沒了。讓我引述幾個部分。她在這裡說她『迷失又困惑』，說她『失去生命中所有的方向』。我不認為這有多麼不尋常。她說她發現自己的生活與成功『都只是一種表象』，她努力追求並達成的一切都是『虛假與幻相』。『我整個世界頓失依據。』她說。來看看她如何描述這個階段的經歷。她無能為力地往下滑，沒有任何東西可以抓住、可以攀附。她無法繼續擋住烏雲，無法再否認它的漆黑。現在她被烏雲籠罩了。這個過程就是這樣，這就是所發生的事。一切都沒有意義，她無法再假裝不是如此。這需要時間，這是一種轉化，但就是如此。否認的終結。」

聽到這個似乎沒有人很高興。否認的關鍵元素之一，就是否認你正在否認，但今晚這些人都費了一番工夫才來到這裡，所以我假設他們都願意看看這玩意兒。

「重點是，這才是所有人真正的處境：活在某種程度的疑惑、恐懼與否認之中。怎麼可能不如此？不必覺得難為情，或覺得自己無能，這只是活在黑暗中。你們有沒有看到『多數人』這條線是朝下的？這就是重力的拉扯，是生命自然的走向，我們卻花費一生來抗拒它，來抗拒**生命**。我們並未順其自然、並未信任，卻盡全力抗拒。為什麼？因為我們害怕下面的東西：改變、瓦解、未知。全都是否認與抗拒。」我指著我們所在的建築物，「宗教不就是人類對抗現實的堡壘嗎？體制化的否認。這房間裡有任何人沒有發現我在說的事嗎？有任何人沒在自己的生命中看到這個嗎？」

沒有。我想他們都很適合這個訊息，但不代表他們喜歡聽。

「所以，在潔西卡身上，我們看到抑鬱如癌症般擴散到她生命所有的領域，她細心打造的生活現在是一連串的慘敗。她的職業讓她知道醫療業是官僚體制的鬧劇，這是她說的；她的人際關係讓她看到，沒有人能為她的生命帶來意義；她的成功現在看起來是失敗。她說：『我的靈魂生病了，而我看不到出路。』無路可逃，就是這種經驗的核心。你被困住了，無法回頭、無法前進，又無法待在原處。」

這與真正的出生過程極為相似：前一分鐘，一切都很好，你無知地、無憂無慮地縮在舒適的小天堂裡；然後，四周的牆壁開始壓下來，把你壓得快要沒命。你無法阻止，無法回到過去那樣，也無法忍受目前的狀況，而你找不到出路。接著，出路出現了，一條很痛苦且似乎不可能通過的路，但如果能走過去，你就成了新世界中的一個新的人，而過去的你與那個小世界，就永遠消失了。

「我們在這裡看到的是線條的終點，真正的結束。」我敲著白板上從「多數人」變成「事件」那一點。「在這裡，否認停止運作，一切偽裝都像蠟一樣融化。」

我停下來研究那封信，讓大家有時間把我說的與他們自己的經驗連起來。

「所以，她在這裡，」我說，「無法停止地沿著『多數人』那條線往下滑。唯有靠否認，我們才不會像她那樣做，但潔西卡的否認用光了。她朝著我稱為『事件』的那個懸崖滑過去。我們當然都在滑動，但她現在到了那裡。你們認為發生了什麼？是什麼事件？」我拿起那封信，「顯然不是死亡。」

大家都瞪著白板，彷彿答案在上面。

「她找到了耶穌？」有人在後面問。幾個人笑了。

「猜得好，」我答道，「基督徒重生的意思不就是死亡與再生嗎？人們在生命中碰上危機，感覺自己被困，沒有了希望，我執的限制被摧毀了。真正的基督徒重生經驗當然符合所謂的『事件』，但潔西卡的狀況並非如此。」

「不是所有的重生事件都是真的？」有人問道。

「不是，大多數只是因絕望而更加用力否認，而不是放手。還有誰想猜猜看潔西卡的事件是什麼？」

沒有人，於是我直接唸出信上的內容：

「我碰上車禍，脖子斷了。」

有幾個人發出痛苦的聲音。大家看起來都很不舒服，沒人露出厭煩的模樣。

我舉起潔西卡的信。

「她說她在幾個禮拜前就知道會有像車禍那樣的事件發生。她不曉得自己會活下來，但她知道會有某種解答出現，而且會是災難性的。」我尋找信上某處被我畫了線的地方，「『從各方面來看，這場車禍都非常完美。』」我唸道，「這是她的說法。你們發現她現在是在不同的層次運作了嗎？她已經到了可以把車禍與頸骨折斷視為完美的境界了。」我唸出整段話，「『從各方面來看，這場車禍都非常完美。我一直把它當作一場完美的轉化，甚至在我有時間與洞察力來思考它的意義之前，我就這樣想了。』」

我看得出來大家都非常專注。潔西卡是一個真實的人，就像他們一樣。她不是個神話人物、傳奇人物或銀幕上的電影明星，她只是個平凡人，誠實地面對自己的人生。

「第一次讀這封信時，」我繼續說，「我覺得她能夠在這樣的災難事件中看到更大的畫面，是很少見的，但後來更好。試著體會一下她的狀況。她處於越來越嚴重的長期憂鬱中，覺得自己的存在毫無意義，然後，她被酒後駕駛的人撞上了。救護人員把她從扭曲的車子裡救出來，送進醫院。她的衣服在急診室被剪掉，然後是照X光，等候，頭部被固定住，身體完全無法動彈，不知道自己的狀況。最後，兩個醫生進來向她說明，她可能會終身癱瘓或死亡。他們說她的頸骨折斷了，而他們需要她的許可，以便立即動手術。事情不會更嚴重了吧？那麼，她是怎麼回答的？」

我走到白板前，指著虛線右邊的「心靈」兩個字。

「她告訴他們，不要。」

我暫停片刻。我要他們好好思索，想一想這句話的意義，想一想她為何要這樣回答。我要他們思考一下自己的生命該如何改變，才能欣賞頸骨折斷的完美，並拒絕醫學專家試圖拯救自己免於癱瘓與死亡的建議。我要他們自己看到有所謂超越恐懼的生命。

「醫生們非常堅持，甚至語帶恐嚇。他們試圖逼她同意動手術，但她並未讓步。一個二十四歲大的女孩，被綁在病床上，處於平靜的清明狀態。一切都陷入危險之中，而醫學專家提供的建議是任何人都會接受的。看到沒有？這不僅是死亡經驗的垂直下墜，也是鳳凰從灰燼中升起，是新生命誕生於新世界，一個有著不同法則的不同世界。你們可以在任何類型的英雄旅程找到同樣的轉變，因為這是英雄旅程的核心。科提斯，在最早的《星際大戰》中，你記得路克是在哪裡發生這種轉變的嗎？」

「他信任了原力。」科提斯答道。

「沒錯。在死星的壕溝中飛行，一切都處於危險狀態，不是全面成功，就是徹底失敗，而他關掉了導航電腦——我記得這讓他的專家們驚慌失措——選擇完全依賴原力。那就是轉變。在最關鍵的時刻，在一切都陷入危險中的時刻，舊方式完全退出，新方式全面上場，不是靠言語，而是靠行動。」

大家看起來都極為專注。比英雄旅程更引人入勝的，即**你**是英雄的英雄旅程，這些人心裡正在想的應該就是這個——不是什麼「聽起來真棒，我們一起來」，而是「我的媽啊！」的感覺。這些人都被困住了，就像潔西卡。他們**知道**自己被困住，他們知道——在小混蛋的層次知道——他們的生命、他們的**自我**，都是虛構出來的，用意是要擋住，不讓他們看到這個簡單的真相。

「不是去當民族英雄，而是成為你自己生命的英雄。想想看潔西卡在事件發生之前、在她全然的醒悟開始之前的生活。她一定是個堅強、充滿力量的人，習於披荊斬棘，意志堅定而自主，是一個我們都會敬佩的人。接著，在事件發生後，她放手了，無條件地臣服。不要成就我的意思，只要成就**你的**意思；梵天才是戰車的駕馭者。她放開了舵，讓她的生命之船找到自己的航向。她平靜地了解到，這艘船不是沉沒，就是繼續航行，而不管哪一種結果，都是解答。」

每次談到有趣的東西時，我都很想知道它是如何被聽眾接受的。看起來我是在對他們說話，但其實我是在嘗試越過他們的自我，對他們內在的小混蛋說話。這才是挑戰，才有意思。這些人看著白板上的圖，聽著潔西卡的故事，難道**不會**被推入更高的覺醒層次？也許不會，但我猜他們在讓自己被拉回令人分心的生活瑣事之前，會經歷幾小時的嚴肅反思。他們的小混蛋以後也許會試著重新喚醒他們，但屆時他們的自我會像白血球對付入侵細菌般蜂擁而上，而今晚透澈洞悉的一切，到了明天就成了稍微有趣的靈性小故事。

我指著往上陡升的線條。

「這是第二次孩童期。她在這裡了解了自己是什麼、她與周遭環境的關係，就像一個小孩子在探索自己與世界。」

「她癱瘓了嗎？」

「沒有。她穿戴一種叫『頸椎外固定器』的裝置數月之久，但就算現在，已經過了十幾年，她的復健之路還沒走完。」這引起了一陣同情的呻吟。「你們還記得她在『多數人』階段進入醫療業工作吧？她懷抱助人的渴望，想要醫治別人，卻發現所選擇的工作無法滿足這種渴望。你們有些人也許熟悉成為巫醫的過程：一個人經歷苦難後成了巫醫，然後從此與部落的人分別開來。」我又指著身後的線條，「在『多數人』那條線上沒有巫醫。潔西卡經歷的一切，就是成為巫醫的過程，成為一個真正的治療者。她不是因為上天賦予神力才成為治療者，而是透過漫長、艱辛、耗盡心力的自我療癒。懂我的意思嗎？你無法瞬間移位到山頂，你必須爬上去。要成為巫醫，成為真正的治療者，必然要經歷致命的危機，掙脫舊方式，重生進入新方式。這就是潔西卡的遭遇。透過多年的努力和掙扎來恢復健康與精力，她成了**真正的**治療者——相對於她之前視為官僚惡夢的那個醫療體系，相對於她拒絕的那些醫生及他們代表的治療方式。我想這裡的每一個人都不難發現，現代醫療體系並非真正的治療者。」

眾人都點點頭，發出同意的聲音。我指著最後一條線：生命。

「潔西卡真正的教育在這裡開始——不是書本或課堂上的教育，而是來自她自己的身體、自己的生命。她必須學會新的生活與學習方式。接下來十年，她與許多不同類型的治療者合作，」我讀著信，「『整脊、整骨、肉食療法、顱薦骨療法、針灸、各種能量療法、各種神經肌肉療法、療癒瑜伽、新巫醫、順勢療法，還有許多其他的。我知道我的療癒是**我的**責任、**我的**過程。我前往美國各地，而在所有的情況中，我既是參與者，也是學生，而不只是病人。我從每一個治療者身上學到我需要的，然後繼續前進，追隨的是我內在的指引，而不是指定的療程，強化了我直覺的力量。我學到了能量與情緒：身、心、靈並不是三種東西，而是一種。我形式自由的治療過程非常順利，似乎總能毫不費力地在適當的時間找到適當的東西。我的療癒遠遠超過從車禍中康復。我得以修正許多問題，擺脫了我累積已久的許多身體與情緒毒素，所以我現在的健康狀況大概是從小以來最完美的。』」

我指著「生命」那條線，在尾端的箭頭周圍畫了一個紅圈。

「沒有最後的目的地，」我說，「潔西卡的旅程持續到今日。現在她是個真正的治療者，在全世界都有客戶。她的旅程帶她來到了這個精通、服務與成長之處，而即使是現在，旅程依舊持續著。她說她明白療癒是自己的責任，那是任何人都難以踏出的一大步。我們也許會把臣服想成是放棄自己的責任，但其實剛好相反。我們是要放棄那些中間人，如神職人員、醫生與政府，掌握自己的生命。她在信上說：『我的意外看起來也許是最糟糕的一件事，對我而言卻是最棒的，我是帶著遠超過言語所能表達的感恩之情回顧。回頭看自己的生命，沒有任何事情是我想要改變的。我真是備受福佑。』」

之後，我又回到教堂前方的台階。大多數人都離開了。我忙著寫今晚的筆記，這是我在大多數對談之後的習慣。科提斯去開吉普車過來。梅根走了過去，沒有留意到我。

「梅根，」我說，「有時間嗎？」

「哦，嗨，」她說，「當然有。」

「我有想過你在公關會議上提到的那個活在當下的問題。」

「哦，」她小心地說，「你有？」

「你知道那個問題在我聽來像什麼嗎？我只是要分享一下我的看法。我不是說我是對的或什麼的，但我首先要聲明，我待會兒要講的沒有任何無禮或不尊重之意，我其實非常心存敬意，嗯，至少是尊敬小狗。」

「尊敬**小狗**？」她的口氣讓我有點後悔提出這件事，但我要在她身上試驗一下，看看有何反應。

「對，這聽起來也許像……嗯，我不知道聽起來像什麼，但我覺得小狗是地球上最高等的生命。牠們完全……呃，了解自性。牠們擁有無條件的愛，立刻寬恕，深具同理心與同情心；牠們無法狡詐或不誠實；牠們永遠處於當下，不會背著過去的包袱或擔憂未來。所有事物永遠都是嶄新而奇妙的，所有的地方永遠都是最好的地方。」

我沒有得到任何回應，於是繼續說下去。

「我說牠們是最高等的生命，用的是**我們的**標準：人類標準。你如果仔細思考一下你想要擁有的特質，理想的特質，例如無條件的愛、忠誠、奉獻、不變的友誼、寬恕、無私、真誠、完全處於當下、快樂，也就是我們渴望擁有的一些最高尚的特質，看起來就很像，你知道的，一隻好狗——狗的意識。當然啦，」我補充道，「以同樣的理想標準來看，人類是地球上最不進化的生命。」

她苦笑了一下，好跡象。

「反正，這就是你的問題讓我想到的事。狗是否有佛性？狗**就是**佛性。我們不需要書籍、老師或哲理，如果想跟從一個偉大的靈性大師學習，就去養一隻狗，牠們是真正的禪宗大師。如我說的，我沒有冒犯之意，我是真的很——」

她把手放在我的手臂上，我感激地住口。她說她是愛狗人士，所以很了解。她有一隻查理士王小獵犬，是超過十年的親密伴侶，目前接近生命的盡頭。她說她已經知道我的話是真的，但她從來沒有這麼想過，而一旦我開始說，她立刻就明白了。

接下來的一小時，我們一起坐在台階上，分享我們認識的開悟生命種種快樂與悲傷的故事。

29 鳥巢

個人是很渺小的東西，事實上是一種合成物，無法說是靠自己存在。如果沒有被覺知，它就不存在。它只是心智的陰影、回憶的總和。純粹的存在被反映在心智的鏡子中，如知曉。被知曉的就根據回憶與習性，化為人形。它只是陰影，或是知曉者在心智銀幕上的投影。

——尼薩格達塔．馬哈拉

自我是個鳥巢，建造的材料是隨意採集而來，也隨意擺放，由各種碎屑與吹過的微風塑形。

一旦開始拆解，你會找不到什麼可以認同的，由你刻意放進來的東西更少。

就算在那個時候，你是誰？參與創造和發展自我的自我並非自我的產物，而是無數非自我的仲介與事件的產物，所以自我究竟是什麼？你可以嘗試控制你的自我、弄清楚自我、組織自我，但你真正能做的只是清理表面。有些自我比較雜亂，有些比較不會，但認為有一個真我藏在這堆亂七八糟的東西中，只是一種小小的虛榮心，讓我們持續繞著有目的的小圈子。根本沒有什麼真我。

了解你根本不知道你是誰，是找出你是誰的開始。認為有一個真實而獨立的個別自我存在這樣的概念，在嚴格的檢視之下很快就會解體。一切信仰皆如此。而想要成為一個選擇嚴格檢視「自我」概念，弄清楚當信仰消失之後還剩下什麼的人，是需要花費時間、需要努力的。

傑德，你所謂的第一步，我在你的房子裡經歷的崩潰，根本不是一步路那樣無害。它是自我的核爆——個人的末日。在某些方面很符合末日後惡夢的比喻，讓實際的末日後惡夢像個冒牌貨。這是真的，而其他的一切，如你說的，只是在牆壁上閃動的影像。我只是一小團恐懼的意見、回憶與欲望。所有人都是如此，我只是很驚訝他們為何不像我這樣盡快扯掉自己的胡說八道。我想這就是「沉睡」的意思：忍受它。我希望我可以扯開我的胸膛，掏出我的心臟，然後事情就完成了。但是不行，那樣就太容易了。

就連現在，我都懷疑第一步是否就是唯一的一步，其餘的過程只是在荒野遊蕩，翻開殘骸，確認屍體，記下它們的消逝。承認，哀悼，繼續前進。

這只是某種充滿詩意的鬼話嗎？我必須時時注意自己，不要陷入高中女生的多愁善感。但不是的，這是我所能表達、最逼真的描述：末日之後的大地，毀滅、荒涼、無望。我的野心、我的欲望、我與人的連結、我的希望、我的夢想、我的信仰，所有我認為是我核心本質的事物，現在都化為空洞而無生命的屍首，死得很徹底，彷彿從來沒有活過，非常脆弱，只要看一眼就化為灰燼。我每天都碰到更多這樣的事物。「啊，那是我的事業野心。本來是我很大的一部分，如此重要，結果我卻沒注意到它們都不見了，真好笑。現在我甚至不記得它們到底是什麼，或者我為何擁有它們，我甚至無法想像擁有事業野心這樣的東西了。」「喔，那是我的小女生夢想：男人、結婚、房子、孩子。我曾經是那個小女孩嗎？我不再感覺自己跟她有關，所以也不算什麼損失。」「天啊，我的看法、我的品味、我的喜好，我真的一直拖著那些垃圾到處走嗎？」我每天就是這樣發現更多舊時自我的這些面向，有些較大，有些較小。我不會為它們感到哀傷，就算是那些我最珍惜的。我只是記下它們的消逝——沒有流淚，只是被核爆震得麻木——然後前進。

我每天走過這片焦土，用寫作來弄清楚這場大屠殺，處理我的損失。但我最害怕的，不是我會在死者之中找到什麼，而是倖存者。我知道還有倖存者，我感覺得到——某些黑暗、無形的事物。光想到都覺得恐怖。還有東西在這片被破壞殆盡的自我大地上漫遊，我必須加以獵捕、斬殺——那些核爆無法摧毀的東西。我對此不抱幻想。我的清明現在是如此瀕臨瓦解，以致我有幾次都想讓自己住進精神病院接受七天的心理評估。喔，是的，我查過了，也打過電話，號碼存在我的手機裡。他們當然不會了解我所經歷的，但我彷彿一條暴露出來的神經，而用藥進入昏沉狀態這個點子，有一種讓人不安的魅力。

我們需要自我提供的邊界，它們是生命遊樂場的必要部分。自我是一組複雜而不斷變動的面向，給我們形狀與型態來區分彼此。遊樂場不是隨你高興就可以進來，而是有服裝規定的。這是一場化妝舞會，你扮成誰都無關緊要，只要有扮成某人就好。你不能用「無人」這個身分進來。

茱莉在遊樂場裡，躲到一個安靜的角落，脫下她的戲服。這不是一件簡單的事，因為穿著者並沒有雙手可用，也沒有運用雙手的意志。事實上，是戲服本身必須召喚意志，把自己無情地扯下來。自我必須斬殺自我，這只有自我做得到，此外還有誰？肉體自殺只不過是這個真實自我毀滅的影子而已。

意見！天啊，我從哪裡弄來這些愚蠢的意見？我穿戴著它們，就像小女孩塗抹母親的化妝品、穿戴母親的假首飾。「看看我！我有獨特的意見！看看我超棒的意見！都是我想出來的。看看我有多特別！如果你欣賞我的意見，我也會欣賞你的！」我知道這只是成長必經之痛，但是說真的，真是夠蠢了！一個大傻瓜！現在我鄙視所有的裝飾，所有的裝腔作勢，所有的化妝打扮，只想看到真實的。美就存在真實的事物之中——事物本身。我寧願看著盛宴上吃剩的骨頭、一朵孤雲、我手背上的一隻蒼蠅，也不願去看羅浮宮所有的畫作。又是充滿詩意的鬼話？也許吧，但我發現自己快樂地看著一些我曾認為不值得一提的事物。我正在改變，而我的世界也跟著我一起改變。我開始直接了解惠特曼了。我看不到有什麼比生鏽水管滴下的水珠更美的。以前我討厭我的腳，而現在當我看著自己的腳，時間彷彿停頓下來，我看見了我在所有事物上看到的那種完美。我想，這是不是惠特曼一再提到的那個東西：「我窗邊的清晨陽光比書本上的空談更讓我滿足。」這樣的完美無處不在，就像一個美妙悅耳的清晰音符，唯一能毀掉它、使它腐敗的，就是試圖改進它，而唯一會這樣做的，就是自我——不停演奏著虛假音符的假我。

好啦，這是充滿詩意的鬼話，但這是真的，所以，去他的！

有沒有可能，現在我生下一個小孩，卻對他漠不關心？看似不可能，但我想不出其他的可能。大家都認為人與人之間的連結是在很深的層次，但我想可能只是在外層服飾比較深的層次而已。一定是的，不然呢？沒有那個外層服飾，就沒有接觸點。或者，人也許可以成為一個單一的、無分別的接觸點，流暢而活躍地與一切相連。我不知道，我想不會是的。

卡斯塔尼達書中的某個部分一直卡在我心裡。我記得，唐望的外甥死於意外，而他可以在自己的兩個面向之間轉換，一面是備受失去親人的悲痛折磨，但接著他就轉移出來了——不用花幾天或幾小時，而是一瞬間。就像一彈指，他就轉換到「非人」的自我，以全然的無動於衷觀看他外甥的死亡。記得我多年前讀到這個故事時，心想那應該是什麼巫師鬼話吧，但現在我懷疑的不是無動於衷或轉換的部分，而是感受的部分。那個部分還在嗎？我能保留嗎？似乎不可能。

你提到過這個，傑德。你告訴我，《道德經》有個地方說，死亡無可進入之處，《薄伽梵歌》則提到火焰燒不了，乾燥的風也無法讓它枯萎。就是在說這個，但還有更多可說的。死亡進入的部分，也就是生命進入之處；沒有地方讓另一個生命可以連結。就算是在理論上，我也無法了解這一切。人類的連結是自我對自我，心是自我的一部分，而自我是外在的我、假我，無法在覺醒之後存活。我記得數百篇靈性追尋者與老師們進行的討論，我記得在書籍與雜誌文章裡讀到這個，但我不記得它曾經說得通；而現在我在這裡，現在這就是我，但還是說不通。所以我一問再問，如果我有個小孩，就算我已經沒有可以連結的外層了，我是否能與孩子產生連繫？我會愛自己的小孩嗎？我確定答案是「不會」，而我也確定答案不會是「不會」。

跨出了**第一步**，茱莉等於是沒穿戴降落傘就跳下飛機。現在她正在下墜。她也許擔心當地球迎接她時，她會受到血淋淋的撞擊，但那只是殘留的恐懼模式，已經不再適用了。就在撞擊的一剎那，地球會消失，也沒有東西會接替地球的位置來擋住她。她的下墜不會結束，但也不再感覺是下墜，因為已經沒有任何參考標準——沒有風、沒有呼呼聲、沒有快速接近的地球。這是二元覺知結束之處，此後她將活在無限的覺知之中，再也無法區分自我與非自我。恆久非二元覺知。

如果生了小孩，她會愛自己的孩子嗎？這是個有趣的問題，也會牽扯出其他問題。我曾經開玩笑地說，如果頭部遭受重創，也許會讓我回到開悟之前的狀態。父母的身分也做得到嗎？我不知道。和茱莉一樣，我不覺得可以；而和茱莉不同的是，我**確實**知道父母的身分無法讓人回到開悟之前的狀態。

我買了一本尚─克勞德．卡里耶爾與彼得．布魯克改編的《摩訶婆羅多》劇本。我很喜歡讀，它已經被我翻得破破爛爛，裡頭寫滿了筆記，還留下許多折角。在《薄伽梵歌》的部分，克里希那告訴阿周那必須站起來，擺脫希望，投身於戰鬥之中。那句話深深刻入我的腦海：擺脫希望。凡入此地者，放棄一切希望。這場戰爭是絕對的。如果不是這樣該有多好，如果我能說服自己，每天靜坐六小時，或在某個大師腳下膜拜，或放棄我喜歡的東西，我就能改變真相，該有多好。但這不是我想要的。我發現自己在尋求分心之物，尋求旁務，尋求任何讓我擺脫這種狀態的方法，但這種狀態從內在啃噬著我，從沒停止過一秒。無路可逃，而希望有路可逃的那個部分的我，正是讓我受苦的原因。

我一直聽說、也一直相信靈性之旅是平和且平靜的，充滿愛與光、寧靜與接納。唔，我現在走的旅程可不是如此。我的旅程是由黑暗情緒組成、讓人發瘋的雜音——充滿憤怒、仇恨、輕蔑、藐視與厭惡的狂亂噪音，大多數是針對我而來。

昨晚我連續寫了十小時，幾乎都記不得了。早上我看著自己寫的東西，覺得那就像嘔吐物，情緒的嘔吐物，彷彿我體內有大量的、骯髒又討厭的不愉快噴了出來，而且一直往外冒，好像來自一個無底的源頭。不是無底的，我知道，但理性上的知道並不等於**知曉**的知道。

我有了進展，一方面非常短暫，另一方面又非常明確。無法停止，我了解。你無法暫停，無法停下來休息，無法控制事情的速度。一件事完成，下一件立刻就開始。一層又一層，無法靜止。我練習呼吸，設法好好睡覺，但我唯一能睡覺的情況，是筋疲力盡地上床。我不再有時間表，想睡覺時才睡覺。我到處亂跑。我的精神不錯，但看起來非常糟糕。讀書、寫作、散步、睡覺，那就是我所做的。有誰可以在周遭有人的情況下經歷這一切？或者保有正常的工作與生活？或者不必透過這種寫作過程？他們會想要控制這一切，但從我所在之處看來，不可能，完全做不到。這是一場野火，不是在後院烤肉。他們一定會被送進瘋人院。

30 不信任所有誠實的傢伙

我將用餘生唱這首歌，直到我死掉；
不管有沒有人聽，對我而言都無關緊要。
——克里希那穆提

（本章內容摘錄自克里希那穆提說過的話。）

如果有任何人讓你相信你可以到達某處，他就是在騙你。他也許誠實，但不要信任所有誠實的傢伙！把他們丟出去！這個領域沒有任何誠實的人，外面的人沒有一個能幫你……祝你好運。我很清楚那不是你或任何人可以得到，或是任何人可以給你的。我無法給你。如果有人承諾了你，他只是承諾而已，他會讓你花很多時間而一無所獲。他只是在開你玩笑。他無法履行諾言，所以他說「下輩子」或「十年之後」——他很安全。

你不能對這個感興趣。你怎麼能對這個感興趣？——那是我的問題。你怎麼會對這類事情感興趣？你感興趣的是完全不同的事，想像出來的事物、幻想。你可以沉溺在各種幻想中——那是你的事。如果這不是幻想，你就會對其他種類的幻想感興趣。你怎麼會想要清空自己？——那是我的問題。你知道的一切——你所知道的「你」，你所經驗到的「你」——感興趣的是持續下去。它知道所有的伎倆，你贏不了它的。

我對所謂的自我表達、連結自己的感受、克服壓抑等完全不感興趣；我回應人們想在我身上看到的，也就是自然狀態。如果大家感興趣的是心理改變，所謂的意識擴展之類的，就讓他們去接觸各種團體，或是去看精神科醫生，參加我所謂的「佛洛伊德騙局」。到頭來，他們所謂的成長不會帶給他們幸福，改善了性生活也不會（如果性生活真有改善），他們最多只能學習以一種比較新穎而豐富的方式不幸福。

我對一切事物都沒意見。你有一百萬與八個女友，沒問題；你很孤獨、惹人厭、身無分文、快要死於癌症，我也沒意見。我對一切事物完全滿意。苦難、貧窮與死亡讓我滿意，財富與心理上的充實也是。

（有人問起佛陀與基督。）

你幹麼在乎那些傢伙？他們都死了。你應該把他們丟進河裡，但是你沒有，你繼續聽從某人（是誰無關緊要），繼續希望明天或隔天，藉由聽從得更多，而離開這場遊戲。你聽從父母和學校老師的話，他們叫你要好好表現、要有責任感、不要生氣等等，沒有什麼用，所以你就去學瑜伽，然後有個老傢伙過來告訴你，要無選擇地覺知。或者，也許你在「神聖行業」找到一個人，他能施展奇蹟——無中生有地變出某些小玩意兒，而你相信了——或是他碰碰你，你就看到了什麼藍光、綠光、黃光或天知道什麼光，而你希望他能幫助你開悟。但是，他無法幫你。那不是可以被捕捉、控制或表達的事物。我不知道你是否看到了這個情況的全然無助，如果有人認為他能夠幫助你，他一定會誤導你，而他越不虛假、越有力量、越是開悟，就會為你帶來越多苦難與傷害。

但你在等待某件事情發生，或天降福佑到你身上——你仍在倚賴某種外部仲介人或機構。我可以告訴你，在你之外沒有力量——沒有任何力量。這不表示你具備那些你在書上讀到的超厲害神明的特質，但你之外沒有任何力量。如果這個宇宙有任何力量，就是在你之內。

沒有自我要被了悟，整個奠基於此的宗教結構都會崩毀，因為沒有東西要去了悟。對我而言，吉杜·克里希那穆提①和現今市場上那些醜陋的聖人玩的是同一套把戲。吉杜的教誨是一派胡言，他的教誨裡面完全沒有東西，他也無法產生任何東西。你可以聽從他六十年、七十年或一百年，但不會有任何事情發生，因為他說的全是假的……只是文字堆砌。他創造了一個新陷阱……這些上師是世上最糟糕的自大狂。所有上師都是救濟機構，提供瑣碎的經驗給追隨者。上師遊戲是營利事業——試試看用其他方法一年賺個兩百萬美元，看你做不做得到。就算是宣稱沒有任何財產的吉杜，也是一個價值八千萬美元帝國的董事長。

阻礙你了解你想要了解的一切的，正是你用來了解事物的東西。這不是我的教誨或任何人的教誨，但這是唯一的一件事：你想透過某種工具來了解事物，但這種工具不是用來了解的。

發問者：好的，但是如果——

沒有什麼「好的，但是」。你不能說「好的」，然後用「但是」來開始下一句。這裡沒有「但是」。如果「好的」是真正的「好的」，釋放了某件事，「好的」就會消失於無形，然後那件事就會開始表達它自己；假如你說「但是」，就會讓那死去的思想、經驗與希望的結構延續下去。「好的！」能把整個結構都炸掉。

只要你跟隨其他人的途徑，那途徑就是思考的產物，所以不是新的途徑，而是同樣的老路，你是在用新的方式玩老遊戲。那不是新遊戲，而是你一直都在玩的同一個老遊戲，但你以為你是在玩新遊戲。當你看見自己這種行為的荒謬時，也許會恍然大悟：「我這三十、四十、五十年到底都在幹什麼！」

有一件事我必須說。這不是出自思考，我要提出來的不是在邏輯上已經確定的假設。這些話語來自它們自然的源頭，沒有任何思想，沒有任何思考結構。所以，接不接受隨便你！不接受對你會比較好。

你的老師必須離開，不管那老師是誰。你在讀的這個東西，正是你必須擺脫的。

發問者：先生，你要傳達什麼訊息？

很簡單。你在這裡無法得到任何東西，你是在浪費時間。所以，收拾好就離開！這就是我的訊息。我沒有東西可以給你，你沒有東西好拿。如果繼續坐在這裡，你是在浪費自己的時間。你唯一要做的，就是站起來離開。

①此人為克里希那穆提的朋友，兩人無親屬關係。

31 各位，解除你的洗腦程式

「直到二十五歲，我都沒有任何發展；二十五歲起，我的生命從此開始。三個禮拜剛過去，在此之間，我還沒有在自己之內開花，但我感覺我已經來到球莖最內層的葉片，不久之後，花朵必然會落入土壤中。」

——梅爾維爾寫給霍桑的一封信

茱莉把她在記者生涯接觸到的所有老師與教誨，當成過程中很重要的一部分。那些人和他們的理念有許多都引起她的共鳴，在她心中找到久駐的位置，成為她的一部分，所以現在她大部分的工作是找出這些共鳴發生的位置與原因，藉此確定她的假我的輪廓。

有一位茱莉跟過的老師覺得內省的自我發掘技巧很重要，例如寫日記、團體對話，以及跟老師談話，這些方法可以清理「阻止我們知道自己的真實自我，阻止我們如實反映宇宙神聖大愛」的內在垃圾。我描述得很差，因為我只能參考茱莉那愉快的瘋言瘋語，但重點是，因為那個教誨在她心中占有一席之地，茱莉現在可以找到那個地方，把原來讓她有良好反應的教誨當成一個她可以與之對抗的表面。如此一來，她的許多戰鬥都是在對抗「真實」的對手，「成為具體的形象，可以實際趕盡殺絕」：

所有最令人瘋狂與痛苦的事，所有攪起事物殘渣的東西，所有帶著惡意的真相，所有撕裂肌腱、讓腦袋結塊的東西，所有生活與思想中詭祕的惡魔崇拜，所有的邪惡，對瘋狂的亞哈而言，都成為具體的形象，可以實際在莫比敵身上趕盡殺絕。

因為生活與思想中詭祕的惡魔崇拜可能如煙霧般無形且變幻，進行搜捕獵殺任務的人必須設法讓敵人變得可以被攻擊。靈性自體解析——試著寫下真實的事，一直到你真正寫出來——是用來辨識並消滅我們的虛假最好的方法，因為寫作過程會讓弱點縮到最小，將智性的力量增到最大。當心智穩定而聚焦地照著某件事物時，沒有任何虛假之物承受得起。

幾年前我被派去訪問一位知名的老師，他寫了很多本書。我跟他在溫哥華與西雅圖相處了三週，他博學且讓人信服地談論著開悟的觀點、開悟的途徑，以及不遠的將來會出現的開悟人類。每當他開口，我就照單全收，好像他的言語能賜福給我。我坐在那裡寫筆記，點頭微笑，沒有任何批判，完全接受，完全相信他聖潔的外表與名聲。現在回頭看，我對自己的單純好騙感到不寒而慄。他說開悟的觀點就是慈悲與無條件之愛的觀點。我真希望現在可以再訪問他一次！開悟觀點？慈悲？我是僵掉了嗎？居然坐在那裡任他大放厥詞！真是個好記者！我真是隻被洗腦的羊！現在把那個人放到我面前吧，我想到就要笑。我覺得我的凝視就足以讓他消散，或者我可以直接穿透他，沒有任何阻礙。我不用說話，只要看清他，就可以毀掉他。

這正是茱莉現在所做的：用思想來摧毀思想，看清楚事物。給當前的敵人一張臉是有幫助的，但她的怒火並非針對以前的老師，而是針對她對他們的依賴，那是在她之內，是她的一部分。在她將會戰勝的數百場戰鬥中，就我所知，有十幾場會是對付占據她內在的靈性老師，最後也會包括我。

「各位，要了解自己。」這是廢話。「各位，要解除你的洗腦程式！」這才對。就連在寫下這段話時，我都感覺自己的靈魂被某種黑暗的憎惡與怨恨扭曲，但我也知道應該這樣，這個過程就是如此運作。每一步都像慢動作的爆炸：一開始只是顆火花，然後越來越熾烈，變成猛烈的火球，最後成為淨化、燒毀一切的白熾煉獄，摧毀所有事物，原本的高山蕩然無存。我的意思是，一次又一次，每隔幾天，就是這樣。砰！砰！砰！每一步剛開始都是一種癢的感覺，接著變成疼痛，最後成

> 為猛烈的大火。每一顆燃燒的分子都是我的分子。在這個過程中，被燒的是假我，而每一步都是延長的戰鬥。這不僅是智性上的挑戰。我越過一個障礙，擁有片刻平靜，接著下一個障礙開始出現在視野中。剛開始很小、很遠，但越變越大，直到逼近我眼前，大得不可思議。這些都是我的惡魔，但我讓它們進來時，它們不是惡魔，而是一堆溫暖、快樂、安全的小東西，讓人想緊緊抱住。但現在我要進入事物的核心，它們就成了頑固的小怪物，每一個都必須被無情地斬殺。沒有選擇，不用決定。我斬殺它們、分解它們，看見它們的本來面目：我織出來的自我之網，用來保護我，不讓我接觸現實。我為了維護與定義自我所做的一切，其實都是在否定「無我」。沒有任何事物荒謬、瑣碎到不能追溯至我所有選擇與行動的根源。生命的一切都縮減為投射虛假與否認真實。假我必須時時被維護，就像漏氣的氣球必須一直吹氣。但如果停止吹氣呢？會怎麼樣？會怎麼樣？當維生系統被拔除後，就會看到剩下什麼。我們就是這樣找出真實的事物，找出我們究竟是誰，而不是誰。多麼簡單，真的，不需要哲學、宗教或白鬍子老頭，只需要誠實。

我花了快兩年才完成的事，茱莉也許可以更快做到。進入此過程時，我是靈性與哲學的文盲。我有個優勢，就是我很早就認定現實其實並無基礎可言，但我沒有茱莉那樣的福氣，已經有世上種種偉大的思想體系占據腦中，從最小到最大整齊地排好隊，讓我練習揮劍。

我不再把自己的權力交給別人，不再順從或放棄。現在我自己去看，並發現沒有任何事物是沒問題的、可以的。跟沒問題剛好相反。如果你的生命是個謊言，如果你是虛構的，怎麼可能沒問題？就是這麼簡單。其他還有什麼重要的？還有什麼？沒有勝利者，沒有成功，如果你的生命是個謊言，那麼你的身分與職業也是。那個問題不會有回答，你不是翻身繼續睡，就是開始咬斷繩索。

我還有個地方跟茱莉不一樣：我沒有一個傑德．麥肯納。我沒有像她那樣找到一個我這樣的人，我是在經歷這個過程的同時創造與發掘這個過程。因為我確實經歷過，也因為發掘這個過程就是我的過程很大的一部分，所以我成了寫書的傢伙，讓整個嚴峻考驗不要那麼折磨人，也讓茱莉與其他想要踏出第一步的人知道會發生什麼，或者乾脆不蹚這個渾水。

我認識或知道多少人把靈性全押在靜坐上？有多少人認為他們花時間靜坐最後會有實質的收穫？有所累積？使他們更接近某種東西？我知道有人靜坐多年，屁股都快磨平了，他們現在到哪裡了？還在開始的地方。不會以那種方式發生的。我知道不會，因為我知道那是什麼。靜坐等於吃藥，就像在精神病院裡給病人吃藥——或者更好，說服他們給自己吃藥——每當他們稍稍感覺到靈性消化不良，就增加劑量。瑞秋護理長！有一天我會用不一樣的眼光重讀肯．凱西的《飛越杜鵑窩》。

異端的主題偶爾會出現在電影與文學中，羅賓．威廉斯的《春風化雨》就是一個例子。電影《歡樂谷》則是一個快樂的異端故事。歡樂谷小鎮被凍結在五〇年代黑白電視劇的保守心態中，然後從一個充滿色彩與開放思想的更大的世界來了一個不知情的異端人物——在那個世界裡，路是筆直的，而不是一直繞圈子。他的覺醒讓小鎮也逐漸覺醒，雖然有一些抗拒，但鎮民沒有把他綁在木樁上燒死，最後大家都擁抱了新的範式。《飛越杜鵑窩》也同樣是異端故事，但異端主角的命運與結局比較沒那麼愉快——值得一提的是，作者肯．凱西也是個偉大的異端人物，他在一輛巴士的車頭寫下「更遠」兩個字，然後直直衝進一個沉睡巨人的屁股。

> 我現在寧願在地獄被火燒，也不要繼續活在那令人窒息的謊言監獄中。你聽到「自我」這個詞，會想到心理學與人格，但自我不是人格結構，而是監禁結構。別無他物，**別無他物**。你在書上是怎麼說的，傑德？「沒什麼好說的，沒什麼好感覺的，沒什麼好知道的。」當然！當然！夢境沒有任何東西是重要的，除了你是在夢中。醒來！
>
> 現在我了解恐懼了。我知道它是什麼、它有多完整。你可以看著自己，卻看不

到它，因為你看不到任何不是它的東西。我知道我不害怕，我就是恐懼本身。

基督教不就是勒索保護費的伎倆？扮演好警察與壞警察。聖子，我們的救主，拯救我們於什麼？他那個只想讓我們永遠活活被火燒的神經病老爸。是哪一種變態的混蛋想出這玩意兒的？又是哪一種可悲的蠢蛋吃這一套？就是我這種。我。我接受了，沒有看穿它，沒有免疫。而既然我正在把這個毒素從我的系統裡清理掉，我可以看見它掌控我們的祕密。

我知道，傑德，我知道。存在的一切都是對的。我知道那個，我知道，但是老天爺！人類是靈性上的智障，這有什麼好奇怪的？大眾的鴉片，他們這樣說宗教，但其實不是，因為沒有人免疫，沒有人是在這場鴉片大夢之外看著這些毒蟲。有錢有勢的人像貧窮軟弱的人一樣因吸毒而麻痺，無神論者與信徒也都一樣。我開始看到這種分隔是多麼深、多麼無所不在。

自我是監禁結構，這是很適當的比喻，但有點誤導。監獄是不讓人出去，自我則是不讓外界進入。也許差別不大，但很關鍵。外界並沒有監禁我們，是我們不讓它進來。我們是自己的監禁者，只要我們想要，隨時都可以打開門走出去。當然，我們離開的不僅是自我的監獄，也是自我本身，所以贏得的自由算是沒人要的獎品。

茱莉也許會在一封電子郵件中痛斥監禁著我們的恐懼，然後在下一封又對之表現出平靜的諒解與尊重。當我們想要逃離恐懼時，它看起來很邪惡，但在其他情況下又顯得很合理且必要。你可以說恐懼與無知是不好的，幻相女神瑪雅是邪惡的，但那是低層次的觀點。要讓這整個二元性宇宙運作，就不能讓大家隨意離去，他們必須待在舞台上扮演自己的角色，而恐懼就是凝聚一切，並讓大家都待在角色中的膠水。茱莉了解這一點，至少在理智上了解。

今天我在外面散步，快樂得不得了，讓我必須蹦蹦跳跳才行。**蹦蹦跳跳**！自從我對男生感興趣之後，我就沒有蹦跳過了！我蹦跳著穿過樹林，高唱愚蠢的歌，還在地上跳來跳去，讓大地知道我在這裡。泰莉也跟我一起跑跳、嘶吼著，我想我們是朋友了！我突然發現，經過這一年多令人痛苦的劇烈變動，我完全沒有任何成績可言，想到就覺得太好笑了！彷彿水壩破了。我沒有智慧，沒有知識，沒有任何東西可以給予。走過這個地獄，我沒有任何成績可言。我沒有得到任何東西，沒有任何收穫，太完美了！「聰明傻瓜」這個詞跳進我腦中，真是太適合了。多麼棒的一個詞！我變得如此令人愉快地愚蠢，讓我真的很享受跟自己在一起！我想可能是因為我不再多加思考事情了。真難以相信我的人生居然有那麼多時間花在思考上，整天都在想想想，好像真有東西可以想。我在想什麼？等這個結束之後，我發誓再也不要思考了！噁心的習慣！

成為人類成人，就像重新出生在一個難以想像的不同世界，必須弄清楚你在何處、事物如何運作。你會像茱莉一樣發現，「思考」這個我們用來了解生命的主要工具，其實是我們築牆將自己與生命隔開的方法。我們把這個世界翻譯成我們那符號與概念構成的人工語言，以避免直接了解它。

當我聽到那博學的天文學家；
當證明啦、數字啦，一列一列排在我面前；
當我看到圖啊、表啊被列出來，要將它們加減乘除；
當我坐在演講廳裡，聽見那天文學家獲得滿堂喝采，
我很快就沒來由地感到疲倦、厭煩。
我站起來往外走，一個人溜了出去，
在神祕潮濕的夜晚空氣裡，不時地，
在純然的寂靜中抬頭仰望群星。
——惠特曼

這世界對我們來說誘惑太多了；
無論現在或未來，
我們都在種種人類活動中打轉、營生、消費，
浪費了接觸大自然的力量：
我們很少發現大自然是屬於我們的；
我們把自己的心送走，多麼可悲的慷慨啊！
向月亮敞開胸膛的大海，
不停吹吼的風，
現在都像睡著的花朵般蜷縮起來。
對此，對一切事物，我們都失去協調，脫節了，
大自然已無法感動我們。
偉大的上帝！
我寧願是一個遵守過時教條的異教徒，
如此一來，我也許就能佇立在這令人愉快的草原上，
瞥見讓我比較不孤單的景象；

看到海神普羅透斯從大海升起，
或聽見海神崔坦吹響他的螺旋狀號角。
——華茲華斯

當層層干擾的符號與概念被移除後，地形與自我就被視為一體，移動與航行的規則就大不相同了。這是人類很少被發現的真實潛能，是我們可以掌握的更新、更好的感覺與能力。我們學習接受與排斥、推動與被動、塑造與被塑造；我們學習覺察流動的線條，跟隨它們順暢地繞過阻礙；我們學習看見模式，與它們融合。如果不學會這些事，就會跟我們充滿能量的環境失去協調，只能跌跌撞撞，在黑暗中摸索，就像不會飛的鳥或不會游泳的魚，或是像我們認為正常發展的那些人。這是一門藝術與科學，你的本質與它的運作其實是一樣的，所以，學習一者就等於學習兩者。

32 有意識地活著

對於你最擔心的事，別以為你有同伴：
要知道，在這個世界上，你是獨自一人。
——梭羅

（本章內容摘自梭羅的著作。）

我進入樹林，因為我希望有意識地活著，只面對生活的基本事實，看看我能否學會那些它要教導的事物，然後當我死的時候，不會發現自己未曾活過。我不希望去過那不算是生活的生活，活著是如此珍貴；我也不希望聽天由命，除非萬不得已。我想要深刻地活著，吸光生命的精髓，如斯巴達人那樣剛強地活著，根除非生活的一切，犁出一塊寬闊的地，細細耕作，把生活局限在小範圍內，縮減到它的最低條件。然後，如果生活是低賤的，那麼就完整地、真正地了解其低賤之處，並公諸於世；如果生活是崇高的，就去體驗，那麼在我下次出遊時，就可以提供真實的報導。

時間只是我垂釣的小溪。我飲用溪水，但喝的時候，我能看到水底的沙地，知道它有多淺。它細小的水流一溜而過，但永恆留了下來。我要喝得更深一些，到空中垂釣，蒼穹的盡頭是有如鵝卵石的繁星。我連一都無法計算，我不認得第一個字母。我一直很遺憾，我不如出生的第一天那樣聰明。

人們尊敬遠處的真理，在世界外圍的，在最遙遠星辰之後的，在亞當之前的，以及最後一人之後的。在永恆之中，確實有真實與崇高之物，但所有這些時間、地點與場合，都在此時此地。

讓我們靜下心來，努力使自己的雙腳往下穿透意見、偏見、傳統、幻相與外表組成的泥濘淤積層（這層淤泥覆蓋了整個地球），穿透巴黎與倫敦，穿透紐約、波士頓與康科德，穿透教會與政府，穿透詩、哲學與宗教，直到抵達一個我們可以稱之為「現實」的堅硬磐石底層，然後說，這就是了，絕對不會錯。

如果你面對面站在一個事實之前，你會看到太陽在它的兩面都發光，彷彿它是一把彎刀，感覺到它甜美的利刃劃開你的心臟與骨髓，於是你會高興地結束你的世俗生涯。不管生或死，我們只渴求現實。如果我們真的要死了，讓我們聽到自己嚥氣的聲音，感覺四肢的寒冷；如果我們活著，就讓我們去做我們的事。

贗品與妄念被尊為最忠實可信的真相，現實則是令人難以置信的。人如果一直只觀察現實，不讓自己被欺騙，那麼，用我們知道的事物來比喻，生命就像童話故事、像天方夜譚。如果我們只尊敬那不可避免的、有權利存在的事物，音樂與詩歌將會在街上迴響。當我們不慌不忙又聰慧的時候，就會覺知到偉大且有價值的事物才有恆久而絕對的存在，瑣碎的恐懼與愉悅都只是現實的陰影。這永遠讓人振奮、讓人崇敬。人因為閉上眼睛昏睡，同意被表象所騙，才會到處建立並確認僵化的日常生活與習慣，這些東西純粹是建立在虛幻不實的基礎上。以遊戲為生活的孩童比大人更能清楚分辨生命的真實法則與關係，大人則無法有價值地生活，卻認為自己憑經驗比小孩子更有智慧，而所謂經驗，不過是一連串失敗。

百萬人清醒得足以從事體力勞動，但一百萬人裡面只有一個人清醒得足以從事有效的智性活動，而一億人裡面只有一個足以過著充滿詩意或神聖的生活。醒著才是活著。我從來沒碰過一個夠清醒的人，我要如何正視他的臉呢？

一個人如果傾聽他的靈性微弱但時時存在的忠告——那些忠告當然是真實的——他不會看到靈性會將他引領至何等極端，或甚至瘋狂的階段；然而，當他變得越來越堅定而真誠時，他會發現那正是他的路。一個健康之人聽到的微弱而確定的反對之聲，最終會勝過人類的一切論點與習俗。追隨靈性的人，從來不會走錯路。雖然結果是肉體上的虛弱，但也許沒人會說這種後果令人遺憾，因為這樣的生活符合更高的原則。

他是絕佳的水手，能夠在最微弱的風勢中航行，從最大的阻礙得到行動的力量。

為什麼總是屈就我們最遲鈍的感知能力，並稱讚那是常識呢？最常的「識」是人們睡覺時的「識」，而那種「識」以打鼾來表達。

現今有哲學教授，但沒有哲學家。不過，去教哲學已經令人讚美了，因為人們曾一度讚美去生活的人。做一個哲學家，不是只要有精細的思維，甚至不是要成立學派，而是要熱愛智慧，遵照智慧的指示去過一種單純、獨立、寬宏與信任的生活。那是去解開生命的某些問題，不僅在理論上，而是實際去做。偉大的學者與思想家的成功，通常只是弄臣般的成功，而不是王者的，不是人類的。他們盡力過著與社會一致的生活，幾乎就像他們的父親一樣，他們完全不是更高貴人類的先驅。

直到我們都迷失了，換言之，直到我們失去了這個世界，我們才開始找到自己，了解我們身在何處，以及我們脈絡的無限廣闊。

一本書，不只提供我們蜷縮起來享受的樂趣，而且其中的每一個想法都大膽得不尋常。什麼樣的想法呢？例如讓一個懶散的人察覺不出來，讓一個膽怯的人不會覺得有趣，甚至讓我們去挑戰既有的體制——這就是我所謂的好書。

從我的實驗中，我至少得知這一點：一個人如果有信心地朝自己的夢想前進，努力去過自己想像的生活，就會得到平常無法預期的成功。他會把某些東西丟在背後，越過無形的界線——新的、具普遍意義的、更自由的法則會開始在他的四周與內在建立起來，或者他會擴展舊的法則，以更自由的方式詮釋，而他將活在更高的秩序之中。隨著他簡化生活的程度，宇宙法則也變得越來越單純，孤獨不再是孤獨，貧窮不再是貧窮，軟弱也不再是軟弱。

33 交響樂

從下垂的帽簷，亞哈流下一滴淚到大海中；整個太平洋都沒有那小小一滴淚水豐富。

——梅爾維爾，《白鯨記》

（本章內容摘錄自《白鯨記》第一百三十二章：「交響樂」。這是《白鯨記》真正的最後一章，雖然後面還有三章與一篇結語，但第一百三十二章是亞哈最後一場戰鬥，並且勝利了。後面那三章其實可以當作刺激的收尾，一個延長的結語：白鯨被發現了，追逐了三天。亞哈發表了最終的演說，用魚叉射中莫比敵。繩索繞住亞哈的脖子，把他拖下海。最後只有伊實瑪利一人生還。

在「交響樂」這一章，亞哈回顧了將他帶到這種結局的一生。他想到他失去的人性，透過史塔巴克雙眼的「魔鏡」來看。史塔巴克是大副，一位有責任感的南塔克特島人與貴格會信徒，一位受人尊重的捕鯨人，有妻子與孩子，就像亞哈以前那樣——從史塔巴克的觀點來看，亞哈還是可以回到從前的狀態。

史塔巴克知道這艘船與船員將面臨可怕的命運，他看到有機會可以改變，就向亞哈懇求，希望讓他把船掉頭回家。此時的亞哈感傷而脆弱，只須稍微點一點頭，便能脫離苦海。就是如此。就算到了最後關頭，只要如此就可以讓亞哈完全脫困，就是這麼簡單——至少史塔巴克是這麼想的。

可以說，亞哈的「邪惡陰影」費達拉正坐在他的另一個肩頭。）

亞哈離開舷窗，慢慢穿過甲板，靠在船側，俯看自己在水中的影子如何不住地下沉，在他的凝視之中逐漸消失，好像拚命想要鑽進那深淵。但那迷人空氣中的香味似乎終於暫時驅散了他靈魂中的潰爛。那快活興奮的空氣，那迷人的天空，終於來輕撫他了——這個晚娘般的世界一直如此殘酷而令人生畏，現在她伸出溫柔的手臂繞著他僵硬的脖子，愉快地對著他啜泣，彷彿不管多麼頑劣的罪人，她都能找到拯救與祝福他的理由。從下垂的帽簷，亞哈流下一滴淚到大海中；整個太平洋都沒有那小小一滴淚水豐富。

史塔巴克看到了這個老人，看見他沉重地靠著船側，他似乎在自己的真心之中聽見了那無限的啜泣聲從周遭寧靜的中心流洩出來。史塔巴克小心地不去碰到他，或是被他發現，但慢慢地靠近，站在那裡。

亞哈轉過身來。

「史塔巴克！」

「船長。」

「喔，史塔巴克！這風很溫和，天空看起來也很平靜。在這樣的一天——像這樣一個令人愉快的日子——我射中我第一隻鯨魚。十八歲大的魚叉手！那已經是四十、四十、四十年前了！四十年不停地捕鯨！四十年的困苦與危險，還有風暴！在無情的大海上過了四十年！整整四十年，亞哈放棄了平靜的陸地，在恐怖的大海作戰了四十年！是啊，史塔巴克，這四十年來，我在陸地上待不到三年。我一想到我過的這種生活——孤寂淒涼、像用城牆圍起來一樣與世隔絕的船長生活，只有小小的入口容許外面綠色陸地的同情進入——喔，憂鬱啊！沉重啊！被單獨監禁的幾內亞海岸奴隸！當我想到這一切——之前只是些微懷疑，並沒有強烈地覺察到——想到四十年來我是如何盡吃那些乾醃的東西，這正說明了我靈魂的營養狀況！最窮困的人在陸地上都可每天吃到新鮮水果，撕開世上最新鮮的麵包，我吃的卻是發霉的乾麵包片。我年過五十歲才娶了年輕嬌妻，第二天就啟程前往霍恩角，距離我的妻子整個海洋之遙，只在新婚的枕頭上留下一個印子。妻子？妻子？她等於是丈夫還活著的寡婦！是啊，我一結婚就讓那可憐的女孩守了寡，史塔巴克。然後，帶著瘋狂、狂熱、沸騰的血液與冒著熱氣的額頭，老亞哈上千次放下小艇，憤怒狂暴地追逐獵物——更像惡魔，而不是人！是啊！真是四十年的傻瓜。傻瓜，老傻瓜亞哈！為何要這樣拚命追逐？為何要讓手臂操槳、握魚叉到疲憊且麻木？亞哈現在是發了財或過得比較好嗎？你瞧，史塔巴克！像我現在背負這樣的重擔，一條可憐的腿怎麼不會很容易就從我身體下面被扯掉？來，把這綹老髮撥開，它遮住了我的眼睛，弄得我好像哭了。如此灰白的頭髮不是自己長的，而是從灰燼中生出來的！但我看起來真的這麼這麼老嗎，史塔巴克？我覺得極其虛弱、彎腰、駝背，彷彿我是被樂園之後累積的數百年壓得蹣跚而行的亞當。上帝！上帝！上帝啊！撬開我的心！鑿開我的腦袋！嘲諷！嘲諷！灰髮的刻薄嘲諷，我是否活得夠歡樂，讓你厭煩，看起來和感覺起來才會如此無法忍受地老？靠過來！站近一點，史塔巴克，讓我仔細看看人類的眼睛，這比凝視大海或天空更好，比凝視上帝更好。在綠色的陸地上，在明亮的火爐旁！這是魔鏡，老兄，我在你的眼睛裡看到我的妻子與孩子。不行，不行，留在船上，在船上！當我下海時，當被烙印的亞哈去追逐莫比敵時，你可別下海。那不是你該冒的險。不要，不要！不要帶著我在那眼睛裡看到的遙遠家園去冒險！」

「喔，我的船長！我的船長！你終究是有高貴的靈魂、寬宏的心！為何要追逐那可恨的魚！跟我一起離開！讓我們逃離這要命的大海！讓我們回家！史塔巴克也有妻子與孩子，兄弟姊妹般、年輕夥伴般的妻子與孩子，就像你，你這慈愛的、令人仰慕的、慈父般的老人也有妻子與孩子！走吧！讓我們離開吧！此刻就讓我改變航道！喔，我的船長，要是我們能夠掉頭回去看看南塔克特島的老家，該有多麼愉快、多麼歡樂啊！我想，船長，在南塔克特島也會有像今天這樣柔和的藍天。」

「有的，有的，我看過——在某些夏日早晨。大約此時——沒錯，現在是他睡午覺的時候——孩子充滿活力地醒來，坐在床上，他的母親在對他描述我，我這個野蠻的老頭，說我現在出門在海上，但會回來跟他一起玩。」

「這是我的瑪麗，我的瑪麗本人！她承諾每天早晨都會帶孩子到山丘上，希望在他父親的船出現時第一眼就看到！是的，是的！不要再追了！結束了！我們前往南塔克特島吧！來吧，我的船長，找出航道，讓我們離開！看啊，看啊！孩子的臉在窗邊出現了！孩子的手在山丘上打招呼了！」

但亞哈移開了視線。他像枯萎的果樹一樣搖晃著，把他最後一顆乾掉的蘋果搖到地上了。

「這是什麼，這個無名、不可理解、不屬於塵世的東西？是什麼狡詐藏匿的主宰和殘酷無情的君主在命令我，讓我違反所有自然的愛意與渴望，不斷推擠著把自己卡進去，並且不顧危險地要我去做我的本心不敢做的事？亞哈是亞哈嗎？舉起這隻手臂的，是我，或是神？如果偉大的太陽並非自己運行，而只是天上一個跑腿的小夥子；或者，沒有一顆星星是自己旋轉，而是要依靠某種無形的力量，那麼這顆小心臟要如何跳動，這顆小腦袋要如何思考？除非是神來跳動，神來思考、來生活，而不是我。老兄，上天讓我們在這世上打轉，就像那個絞錨機，而命運是絞盤棒。看哪！看那始終微笑的天空，看這深度未明的大海！你看！看那條金槍魚！是誰讓他去追擊和刺戳那條飛魚的？殺人者去哪裡了，老兄？當法官自己都被拉進法庭裡，誰來定罪？但風勢溫和、天空柔和，而現在的空氣聞起來像是從遠處的草原吹來。他們在安地斯山脈下方某處晒乾草啊，史塔巴克，割草者正睡在剛割下來的乾草中。睡覺？是啊，我們盡己所能地勞動，最後都睡在田野上。睡覺？是啊，然後在綠草中生鏽，就像去年的鐮刀被丟在割到一半的草叢裡——史塔巴克！」

但是，大副的臉色已經因絕望而蒼白如屍體的色澤，他偷偷離開了。

亞哈穿過甲板，想要到另一邊眺望，卻被水中映現的兩隻專注的眼睛嚇了一跳。費達拉正文風不動地靠在那邊的欄杆上。

34 最偉大的故事

世上沒有任何方法可以準確找出那條鯨魚的模樣，唯一能大概揣摩其輪廓的方式，就是你自己去捕一次鯨，但這樣做就冒著不小的風險，可能會被鯨魚撞穿而永遠身殘，甚至沉入海底。因此，我覺得你最好不要對接觸這頭巨獸過於好奇。

——梅爾維爾，《白鯨記》

瑪麗與我正在一家位於海岬高處、可以俯瞰大海的餐廳進行每週日的例行晚餐。這也許是我們最後一次聚餐，因為幾天之後，我就要離去。我到紐約主要是來處理一些事，現在都已經完成，我想要去別的地方了。我其實想去奧蘭多或松角①，但一個人搭乘世上最棒的雲霄飛車實在沒什麼意思。

我們聊了《白鯨記》。我們常常談，這是我倆的共通之處，就像她與過世的丈夫比爾一樣。我在這裡時，我們的談話大多環繞著《白鯨記》，不斷地討論當讀者能夠了解到，這本書不是關於鯨魚與捕鯨，或善與惡，或上帝與撒旦，而只是關於衝破牆壁，關於純粹的意願，關於一個人為了自由進行的生死搏鬥，就會有無數種解讀方式讓這本書看起來更有意義。

在我們所有的對談中，有一件事是我暗示過、但沒有明說的：我對《白鯨記》的第二個領悟，那個遺失的**結局**。弄懂這本書其實是次要的，真正重要的是了解它有多麼成功、多麼完整。《白鯨記》不是一**本**曠世巨作，而是**唯**一的巨作。只要你能了解其真正的運作層次，它會是史上最偉大的故事。我希望瑪麗可以在我離開前到達那個層次，但那要由她來決定。

我們討論了我正在進行的這本書，討論我打算如何根據我對亞哈的了解，把《白鯨記》交織其中——我認為亞哈是未知原型：突破原型，任何人若想達到突破的速度，就必須照此原型重塑自己。

「我有一大堆筆記，」我告訴她，此時我的橄欖油大蒜貽貝通心粉送來了，「但是還要幾個月時間才知道如何安排在書中。」

「你真的要用『叫我亞哈』來當書的開頭？」

「是啊。」

「很大膽，」她說，「但很適合，我完全同意。很高興你來這裡，並在更深的層次看透這本書。」她雙眼閃著光芒，「我會很想念你在這裡的日子，想念這些晚餐，想念跟這本書有關的討論。」

聽起來很感傷。失去比爾之後，她一直是孤獨一個人，我確定。《白鯨記》是他們共享的事物，而她與我重溫了那些回憶。她微笑著打起精神。「你知道我絕不會讓你走，除非你告訴我，你的另一個重大領悟是什麼，對吧？」

我頑皮地笑了笑。「你會收到我這本書的草稿，也許裡面找得到。」

她笑了。「你知道，如果仔細想想，」她含蓄地說，「雖然你說『叫我亞哈』，但其實你更像伊實瑪利，而不是亞哈。」

啊哈！

「你是說，」我引導她，「現在的我嗎？」

「是的，」她說，「藉由寫作、訴說故事、敘述整個旅程，包括亞哈的歲月。」

就是這個，她找到了，只是她自己還不知道。

《白鯨記》本身是一連串的面具，讀者必須一一打破。以前有人打破《白鯨記》的所有面具嗎？也許有，但我沒發現這樣的跡象。有人也許猜到了，但如果沒有真正去做，就無法享受其好處。任何人都會說「汝即彼」這幾個字，任何人都可以了解其概念，但把「汝即彼」當成你活生生的現實，則是另外一回事。然而，先抵達或後抵達並不重要，重要的是抵達，而不只是插上旗子。

「『唯有我一人逃脫，來報信給你。』」我引述伊實瑪利在結語說的話，「是啊，現在伊實瑪利對我來說是比較正確的名字。」我刻意凝視她，「你這項觀察結果真是有趣。」

「什麼？」她說，「發生了什麼事？你終於要告訴我第二個重大領悟了嗎？」

「你不需要我來告訴你。那就像《綠野仙蹤》的紅寶石拖鞋，你一直都擁有。」

她不想被戲弄。

「傑德——」她嚴肅地說。

「亞哈是怎麼死的？」

「亞哈怎麼死的？繩子啊，他魚叉的繩子。他用魚叉射中莫比敵，結果繩子繞住他的脖子，把他拉下去，他就沉入大海了。」

「書上有說他死了嗎？」

「書上有說——？沒有，我想沒有。我猜大家都認為他——」

「書開頭的那句話，那句文學史上最有名的開場白，是什麼？」

「『叫我伊實瑪利。』」她引述道。

「那是什麼意思，瑪麗？那麼說的用意何在？把它放在書的最開頭，到底有何意義？」

「嗯，」她一邊思索一邊說，「他在介紹自己——」

「言外之意是什麼？」

「言外之意？」

「這句話隱含的意義。」

「嗯，我猜他是要告訴我們，他其實不是——他是在說——」

「皮普後來怎麼了？」

「皮普？他也被拖下去了，但他又浮了上來——」

喀啦！

她睜大雙眼，僵住了一會兒，用手壓住胸口，沒有呼吸。「真是的，」她低聲地說，「可惡！」

她頓時說不出話來，眼眶盈滿淚水，從內在深處發出一聲嗚咽。她拿起餐巾，我回來關注我的貽貝，給她一點空間。

「對不起。」她站起來說道，然後拿起皮包，很快地走出餐廳。

沒關係，反正輪到我付帳。

我說這些並不是為了一塊錢，
或是在等船時打發時間。
——惠特曼

就像我在《靈性開悟不是你想的那樣》中說的，我這種處境的人永遠不會碰到客觀的觀察者。沒有人是在遊戲之外。在一個熊熊燃燒的火爐中，居民與訪客是沒有分別的。火不會跟你商量，沒有東西不會被燒掉。我是一隻只懂得一樣把戲的小馬，總是在表演這個把戲。我不會插科打諢，我唯一感興趣的，就是燒掉層次。

如果只是問我現在幾點，並不會讓你的自我燃燒起來，但假如你與我展開認真的討論，又對自己夠誠實，那麼等我們談完之後，你會成為不一樣的人。這樣的討論也許只要一分鐘，也許要一年，但是談完後，你會起身行動，而既然你就是地形本身，那麼隨著踏出每一步，現在的你會死去，然後重生。

我向瑪麗揭露的有關《白鯨記》的第一件事，就是它其實是關於燒掉層次：刺穿面具。讀過《不是你想的那樣》之後，她了解我的意思，自己也看出來了。我們一起度過許多頓快樂的晚餐，討論那個觀察結果如何讓《白鯨記》變成不一樣，而且更有趣、更容易理解的一本書，以及為何讀者與評論家一百六十多年來都沒觀察到那一點。

現在瑪麗看到了第二件事，更大的事：《白鯨記》不是講述燒掉層次的故事，而是關於燒掉層次那個男人的故事——他如何變成那個男人，以及那個男人怎麼了。

瑪麗是個很棒的女人，溫暖而正直，我們都希望生命中有這樣的女性。儘管那樣很好、很值得羨慕，但那只是眾多層次的合成物，而所有層次都是薄紗，所有薄紗都非常易燃。

我說過許多次，而且這件事千真萬確：喜好是無關緊要的。你想要什麼或為何在這裡，並不重要。如果你站在火爐裡，就算你不打算燃燒，也無法保護你不被燒。或者套用梅爾維爾的話，要了解鯨魚，唯一的方法就是去捕鯨，但這樣做就冒著不小的風險，可能會被鯨魚撞穿而永遠身殘，甚至沉入海底。

這裡是不容訪客的。

我來看瑪麗，是因為我們在互通多次電子郵件與電話的過程中對彼此有了好感。她邀請我來小住，說她有一棟房間很多的大房子，位於一個我本來就很喜歡的美麗區域，所以我接受了。抵達之後，是瑪麗讓我注意到《白鯨記》這本書。她說著這本書有多棒，是她最喜歡用來授課的書，對她有很特殊的意義。她說她正在寫一本關於《白鯨記》的書，並計畫將此書獻給過世的丈夫。她與比爾一起享受《白鯨記》的種種：享受解開其象徵意義，以及閱讀與《白鯨記》及其作者有關的書的過程。他們時常造訪新貝福德、南塔克特島與鱈魚角，購物、用餐、參觀博物館。《白鯨記》是他們共同的熱愛，他們的連結。

我會不會自己去讀《白鯨記》？也許會，也許不會。我會不會基於對主人的禮貌而去讀？也許不會。但還有其他因素讓這本書來到我面前，所以一旦偵測到風向，我就順勢而為。我開始閱讀這本冗長而讓人畏懼、講的是捕鯨與狂熱的書。不久之後，我便對這本書與其作者有了一些很有趣的觀察結果，開始清楚地看見它來到我面前的原因。

我當然不會想要利用這本書來教導瑪麗，或是藉由這本書帶領她到下一層次。不是這樣運作的。我不會去思考或計畫，只是觀察；我不掌舵，只是乘著水流，由它們來掌舵。《白鯨記》讓我非常驚訝。剛開始，我訝異於它光是在文學、幽默及娛樂價值方面就是一本偉大的書。這本書不是你從頭讀到尾，就可以說你已經讀過了。《白鯨記》需要讀者做出重大承諾，才能達到帶著適當的熟悉來誤解它的程度。這本書充滿挑戰性的哲學與巧妙的象徵學，使它顯得非常深奧且複雜，讓我窒礙難行。我也很驚訝於它的幽默，《白鯨記》是一本令人愉悅的、好玩的書。

接下來，我被一件非常龐大且難以置信的事情卡住了，以致花了幾個禮拜的時間試著推翻它，但我做不到。最後我相當確定，在它首次出版之後的一百六十多年來，沒有一個人，可能除了梅爾維爾之外，真正了解《白鯨記》。

讀者與評論家似乎了解許多書**裡面**的東西，但並未了解整本書，沒有一個全面性的觀點來讓一切都說得通。在最高的層次上，這本書難倒了所有人。我瀏覽了數百篇評論、看法、前言，發現不管他們是否承認，那些讀者與評論家都是一頭霧水。有些人承認自己看不懂；有些人堅持說《白鯨記》本來就不是要讓人懂的；有些人則試著把它硬塞進某些令人滿意的理論，那些理論關注的焦點是亞哈與莫比敵之間的衝突有何象徵意義。至於那些宣稱鯨魚是上帝或命運之神的人，他們的說法算是最接近的——如果你認為上帝或命運之神象徵典獄長（我們也許會稱之為瑪雅，二元性監獄的主宰）。到頭來，上帝、命運之神與瑪雅都只是一種內在狀況的外在象徵，而莫比敵就是謊言。

許多評論家為了解決這個問題，就說亞哈瘋了。我可以明白他們為何這麼想，但如果主角是被瘋狂所驅使，那麼整個故事就是某個人在發神經而已。這裡根本不是這樣。有人說亞哈並沒有發瘋，但缺少了必要觀點，那樣也是不行的。猜中了並不算數。

從那時開始，我便用全新的觀點來閱讀《白鯨記》。在我看出亞哈並沒有發瘋之前，他不需要多說什麼；一旦展開刺穿面具的過程，我就相當確定這本書是一種未知哲學——真相——的巨作，而亞哈是一個未知原型的藍圖：突破原型。

《白鯨記》就像一幅畫，而作畫的藝術家對色彩的覺知能力被一個色盲的世界分析、批評與審判。如果沒有具備必要的覺知能力，任何詮釋都是不可能的。它是彩色的，就必須以彩色視覺來看，黑白是無法表達的，不管你如何打光或瞇眼。因為我剛好擁有彩色視覺，也因為我剛好有去看，我就看到了別人都沒看見的東西。實在很奇妙，這本書被埋沒了七十年，然後又過了九十年才重見天日。如果沒有這種覺知能力，《白鯨記》就只是一團灰色的混亂；假如正確地看，它是美國版的《摩訶婆羅多》。

當然，如果他們無法自己看到，那麼告訴別人某樣東西有多偉大就沒有任何意義。幸好，這裡所需的覺知能力不是在眼睛裡，而是在眼睛後面，任何**想要**看到的人都**可以**看到。

你們自己看吧。

亞哈沒有死，亞哈就是伊實瑪利。《白鯨記》不是一艘船航行數個月的故事，而是一個人的生命歷程。亞哈說：

「那已經是四十、四十、四十年前了！四十年不停地捕鯨！四十年的困苦與危險，還有風暴！在無情的大海上過了四十年！整整四十年，亞哈放棄了平靜的陸地，在恐怖的大海作戰了四十年！」

在《白鯨記》開頭的第一句話「叫我伊實瑪利」，我們就被告知了。基本上，我們被告知：「我不會告訴你們我是誰。」但為何不？為何一則捕鯨故事的敘述者要隱藏自己的身分？為何一開頭就用那句話來表達？為何要如此煞有介事？

因為梅爾維爾不想要詐，他把一切都攤在那裡，讓我們可以看見。他藏在光天化日之下。《白鯨記》的關鍵，就藏在第一句話。

是的，伊實瑪利就是亞哈，敘述者就是亞哈。亞哈生還了，在奎奎格的棺材上單獨漂浮了兩天，一個孤兒。我們沒看到亞哈死掉。繩子繞住他的脖子，把他拉下了船，就這樣。這表示他死了嗎？沒有，肉體上沒有死。梅爾維爾讓皮普先被拉下海，明確地預示了此事：

　　大海開玩笑地讓他有限的身體浮了起來，卻淹死了他無限的靈魂。不是完全淹死，而是活生生地被拉到奇妙的深處，在那裡，原始世界的奇異模樣在他順服的雙眼之前穿梭，而那個吝嗇的人魚——智慧之神——也展現了他囤積的豐富寶藏。在愉悅、無情、永遠年輕的永恆事物中，皮普看到種類繁多、如神般無所不在的珊瑚蟲，以致他一從海裡的蒼穹冒出來，就鼓起兩隻巨大的眼球。他說他看到上帝的腳踩在織布機的踏板上，因此他的船員夥伴都說他瘋了。所以，人的瘋狂是天堂的清明。一旦離開凡人的理性，人最終會產生天堂思維，而這對理性來說是荒謬且瘋狂的。不論是福是禍，就去感受，然後像他的上帝般不受影響、漠不關心。

我們在這裡看到了皮普的遭遇，所以也知道了亞哈的。

慢慢吃完晚餐，沿著山坡與海岸好好地散了步之後，我搭計程車回到瑪麗的房子，比她離開餐廳的時間晚了幾個小時。我發現她坐在那間鑲木板的書房裡、比爾的書桌旁，桌燈在她四周灑下一小圈溫暖的光。她倒了一杯雪利酒，但放在面前沒有碰。她打開兩本書——《白鯨記》與《聖經》。我進去的時候，她正拿著筆在筆記本上寫東西。我停在門口，不想打擾她。

她抬起頭，看到我站在那裡。

「我的漂亮小夥子。」她輕聲地說。

我沒說話。

「人中之頑驢。」她說道。

「什麼？」

她唸出《聖經》裡的一段話：「他將成為人中之頑驢。他的手要攻打所有人，所有人的手也要攻打他；他要跟親族隔離，獨自生活。」[2]

「誰？」

「伊實瑪利[3]，」她答道，「上帝所描述的伊實瑪利。」

我沒說話。

「梅爾維爾寫信給霍桑，談到《白鯨記》：『我寫了一本怪書，感覺像羔羊一樣無瑕。』」

我點點頭。「虛無主義者的聖經，」我說，「追求真相者的手冊。」

「對，」她說，「我猜就是這樣。如果說梅爾維爾不知道自己在寫什麼，未免太荒謬了。他應該就這樣稱呼那本書。」

「不要都說是梅爾維爾，」我告訴她，「不只是梅爾維爾，還有另一個作者，我們可以稱之為海洋。梅爾維爾並沒有從《白鯨記》得到他想要的，但另一個作者完全得到了它想要的。如果透過梅爾維爾來了解這本書，你就會有失誤。海洋才是真正的作者，但海洋沒有手，於是透過我們來運作。」

她點點頭。「我想我了解。請進，」她說，「沒關係，請坐。」

我聽命行事，坐進面對書桌的那張厚皮椅。她又寫了一會兒，然後放下筆，拿起酒杯，開口說話。

「嗯，傑德，梅爾維爾寫了《白鯨記》之後經過一百六十多年，看來你是第一個真正看清它的人。」她舉起酒杯，「恭喜。」

「酷！」我答道，「我應該得到獎品才對，一塊匾額什麼的。」

「一本叫《靈性衝撞》的書，以『叫我亞哈』當開場白，恐怕不會引起文學界太多注意。」

「匾額沒了。」

她歪嘴對我笑了笑。

「恭喜你是第二個。」我提議道。

她翻了一下白眼。

「說真的，」我說，「想一想這裡到底發生了什麼。你展現了你的意願，你用只有宇宙能了解的方式，透過你的欲望與行動，以及你展現出來的意願告訴它，你想要破解這本書龐大的謎語。這實在應該歸功於你。看看你跟我，看看我們如此難得地聚在一起，這不是我策畫的，你知道。」我凝視她的眼睛，「你知道吧？」

她點點頭。她還在裡面，仍然有點震驚，但正在恢復。

「你得到了你想要的。」我說道。

她又點點頭，把注意力轉回她的筆記本。

「這本書一直被視為結構拙劣的小說，」她說，「但現在，現在我不知道它是什麼了。

如果把這整本書當成講述一個人畢生追尋之旅的回憶錄，但不是關於捕鯨人，也不是關於一條鯨魚，只是一個人畢生的哲學探索，最後的高潮，如你說的，就是刺穿最終的面具所需的狂熱。是亞哈四十年前在自己的靈魂之中感覺到十一月的潮濕寒冷，於是出海逃避想要自殺的絕望；是亞哈在訴說自己的故事，描述一輩子的哲學海上航行。現在一切都很明顯了。」她暫停一下，用筆敲打著筆記本，「光是過去一小時，我就找出超過三十件本來弄不懂的事，現在都說得通了，簡直泉湧而出。我可以一直找下去，也**會**一直找下去。現在《白鯨記》是全新的一本書了，或者，我是用新的眼睛來看它。我要把我花了十年寫的那本書丟掉，從頭開始。」她暫停下來，寫下一些東西，又劃掉。「如果你願意再深入觀察，」她說，「你會發現你的理論一次又一次在梅爾維爾寫作《白鯨記》之前與之後的人生和作品中得到印證。現在一**切**都說得通了。」

她看著她的筆記本，搖搖頭。「伊實瑪利、伊利亞、馬伯神父、費達拉、鐵匠波西的疤、火、閃電、史塔布的夢、鯨魚群、四分儀、預言！我怎麼會沒看到？我的天啊，光是皮普！」

一旦對準了焦距，你就很難明白自己怎麼會一直沒看到某樣東西。瑪麗朗讀著亞哈發怒的幾段文字，基本上是針對瑪雅，他的監禁者。她唸得很優美，我閉上眼睛享受這些文字：

「現在我了解你了，你這個清楚的靈，現在我知道真正崇拜你就是要蔑視你。愛或尊敬，甚至仇恨都無法獲得你的憐憫，只會引發你殺戮的凶性，一切都會被你殺掉。現在沒有無懼的傻瓜敢面對你。我承認你那莫名的、無所不在的力量，但我這動盪生命的最後一口氣，都會用來對抗它對我無條件的、無微不至的宰制。在非人的化身之中，也還有一個人格。雖然只不過是一個點，但我從何處來，就往何處去。然而，只要我還活著，那女王般的人格就活在我之內，感受到她高貴的權利。不過，戰爭是痛苦的，仇恨是悲哀的。你以最低形式的愛來臨時，我將跪下來親吻你；但是當你以最高形式降臨時，只是超自然的力量，雖然你出動了全世界裝備充足的海軍，這裡還是無動於衷。喔，你這個清楚的靈，你用火造了我，而我就像真正的火之子，對你吐回火焰。」

她合上書，搖著頭。

「真正崇拜你就是要蔑視你。」她重複一次，「天啊，沒人猜到。但這還不是完全契合，還要非常仔細地重新檢視。」

正確地讀，《白鯨記》這本書跟大家所想的完全不一樣，瑪麗現在必須重新讀過，用她的新眼睛。這本書一直被當成一部加上些許哲學思維的海洋冒險故事，實際上，它是最重要的哲學專著，以捕鯨為背景。它是人類資料庫中最重要、卻最不被了解的文獻；它是一個逃脫計畫，由一個已經逃走的人構思而成。

「的確不是完全契合。」我說，「梅爾維爾說《白鯨記》是一本草稿的草稿，對吧？

他一開始不知道這本書要往哪裡走、**他**要往哪裡走，我認為他是一邊寫一邊想出來的。這說明了其中很多的不一致，我也了解他不願意因重寫而搞砸它。我們可以推測伊實瑪利就是亞哈，但我們可以確定，伊實瑪利與亞哈都是梅爾維爾。他透過寫《白鯨記》的過程發掘了亞哈。懂我的意思嗎？這樣說得通嗎？」

「是的。寫《白鯨記》是梅爾維爾的靈性自體解析過程，當他寫完時，他也完成了，是不是？」

「沒錯，我是這樣想的。你永遠弄不懂《白鯨記》，因為它不是一個真正的故事——不是長久以來大家認為的捕鯨冒險故事，也不是我們討論過的、亞哈身為突破原型的故事。說亞哈其實就是虛構的作者伊實瑪利，並不是那麼重要，因為我們知道真正的作者是誰。」

「其實它不是一本小說，對不對？」她問道，「在某些方面，是他自己的——」

她在思考的時候，我等待著。

「那個可憐的老好人，」她嘆氣道，「我一直對他深感同情。這麼長久以來，沒人知道。那是他的過程，對不對？那不是他旅程的**紀錄**，那**就是**他的旅程。」

「是的。梅爾維爾決定前進，並持續前進，不管發生什麼。那就是這本書的真實面貌——不是關於虛構的亞哈與伊實瑪利，而是關於真實的人踏上真實的旅程。那是一個真實的人真正的突破。」

「這解釋了好多事，」她說，「不僅是書，還有這個人、他之後的人生、他的清醒或後來的缺乏清醒、他的下一本書《皮耶》，以及他的信件。」

她安靜地坐了一會兒，哀傷地搖著頭。

「這解釋了一切。」她說。

我們繼續坐著，沒有多說什麼。她思索著她內在大地的劇烈變動，我則在思考深奧的開悟念頭。一會兒之後，她繼續說話。

「我喜歡你的書，傑德。我的意思是，它是我生命中很大的力量，但我不知為何從來沒想到它可以用在我身上，我沒有這樣連結過。當你說歷史上最偉大的男男女女對你而言都只是遊樂場上的孩童，當你說你的經驗是你就像一個全是孩童的世界裡唯一的成人，我以為你是指，嗯，**其他人**。我把自己排除在外，彷彿我也是個成人，很能認同你想要表達的。我還是把你看成一個七歲大的孩子，你知道的，就是多年前那個很體面的小紳士，穿著禮服、戴著小帽，與我女兒手牽手站在俄國茶屋那棵旋轉的聖誕樹前。」

我微笑著，但我坐在桌燈那圈光亮之外，她看不到。反正她也不是真的在對我說話。

「這些年來對《白鯨記》的各種不同詮釋，代表了一個人詮釋自身世界的許多方式，也就是他覆蓋在世界之上的各種面具，但《白鯨記》是關於刺穿**所有**面具。這是否就是你所謂的『更遠』？亞哈刺穿了所有面具，只有像亞哈那樣的人才能了解這一點。要亞哈才能了解亞哈，要梅爾維爾才能創造他和你來看見他。我坐在這裡時想到，你的書就像羅賽塔石，可以讓我用來破解《白鯨記》。」

我稍稍縮在皮椅中，保持完全不動，才不至於發出噪音破壞這個嚴肅的時刻，讓我必須怪罪椅子。一分鐘之後，她才又開口。

「亞哈沒有死。他沒有輸，沒有失敗。」

「沒有，」我說，「他成功了，而且他的成功是絕對的。」

「那不是一個悲劇，並不黑暗。」

「沒錯。那是關於勝利。自由、真相、美。好東西。」

「耶穌聖基督。」她喃喃地說。

「很好。你這樣不是有點天主教嗎？」[4]

「我不知道我到底是什麼了。」

我笑了。我似乎很容易讓人變成這樣。

「所以，當他浮了上來，」她問道，「乘著一具棺材漂在海上時，他已經不再是亞哈了，是嗎？偏執消失了，瘋狂消失了，著魔般的執著——？已經沒有——？全部都——什麼？」

我幫她接下去：「完成了。」

「完成了。」她重複道。

「不管你看的是梅爾維爾或亞哈，答案都一樣。他的追尋結束了，無門之門已經被超越了，因為它的幻相已被摧毀。亞哈的魚叉，那把『就像用謀殺者骨頭流出的膠熔接而成』的魚叉，就這麼從他手中掉落，如同梅爾維爾的筆從他手中掉落一般。莫比敵被殺，但又游走了；鯨魚從亞哈手上游走，書從梅爾維爾手上游走。亞哈被殺了，但繼續漂浮著；梅爾維爾被殺了，但繼續活著。從此之後，他就是——如書上最後一句話告訴我們的——」

這次換她幫我接了下去。

「一個孤兒。」

---

①位於美國俄亥俄州的松角主題樂園（Cedar Point），有「雲霄飛車樂園」之稱。

②語出〈創世記〉第十六章第十二節，《聖經》和合本的原文為：「他為人必像野驢。他的手要攻打人，人的手也要攻打他；他必住在眾弟兄的東邊。」

③按照《希伯來經》與《古蘭經》記載，《聖經》中的伊實瑪利是亞伯拉罕與其正妻的女僕夏甲所生的長子。

④天主教稱耶穌基督為「耶穌聖基督」（Jesus H. Christ），但在此應是作為感嘆詞。

35 蒙特婁

只有他們了解他們自己，以及像他們的人，
就像只有靈魂了解靈魂。

——惠特曼

我可以學會討厭加拿大。

現在是十週之後，我在蒙特婁，坐在人行道上的小桌子旁。許多人喜歡這種有情調的小咖啡館，但就我所看到的，這就很像坐在人行道上的一張小桌子旁。我面前有一杯飲料，但由於跟那個冷淡的侍者溝通不良，我有點不放心。我正忙著看懂菜單時，聽見一個聲音，幾乎兩年沒聽到了。

「好吧，開悟那檔子事還順利嗎？」

我抬起頭微笑。「喔，很好，謝謝。真的很過癮。」我背誦我的台詞，「你呢？」

「喔，一樣，是啊，真的很高興。」她說，「很準時嘛。」

「王者的禮貌。」我答道。

她還是站著。她戴著太陽眼鏡，但不難看出她有點激動。我指了指她前面那張椅子。

「歡迎。」我說。

這是很重的一句話。她不由自主地發出一個小小的，又像打嗝，又像哭聲，又像笑聲的聲音，但沒有坐下。

「一個新吸血鬼要如何跟創造她的老吸血鬼說話？」她問道，還是站著。這是事先想好的問候語，不過是個好問題，重要的問題。

「以你的情況，」我回答，「就像茱莉一樣說話。」

她舉起手遮住嘴，抽噎地點著頭。「我想她不在這裡了。」她終於忍著淚水說出來。雖然完成就是完成了，但也意味著開始。如我說的，新覺醒的人可能要準備應付十年的調整，完全不是你想的那樣。

「我了解，」我輕聲地說，「但由於她走了，你才能在這裡，因此你可以用她的名字來紀念她。」

這次她止不住啜泣，快步走開。我把菜單舉到面前，不讓人知道我正在思索深奧的開悟念頭。十分鐘後，茱莉才回來。我抬起頭，看到她又站在椅子後方。

「你這次要不要坐下來？」我問道，「還是你有更要緊的事？」

「沒有，」她帶著淺笑回答，坐了下來，摘下太陽眼鏡，「我自由了。」

我們不斷繞著圈子，直到我們又抵達家園——我們兩個。
我們清空了一切，除了自由；
清空了一切，除了我們的喜悅。
——惠特曼

36 尾聲

我告訴你多少次，
當你消除了不可能的之後，
剩下的不管是什麼、不管多不合理，
都必然是真相？
——亞瑟．柯南．道爾爵士

靈性衝撞的開悟不是開悟的一**種**，而是**唯**一的一種。夢境**之中**沒有開悟，而從夢中**突破**出來是一項血淋淋的艱難任務。這是壞消息。好消息是，反正大家真正想要的並不是開悟。

仔細看看亞哈船長——突破原型。你準備好扮演那個角色了嗎？不管你的答案為何，都不重要，因為那不是我們選擇的角色。亞哈並沒有選擇那個角色，茱莉也沒有，我也是。誰會選擇？誰能選擇？那是個白癡行徑，很傻。

然而，我在書中提到的人類成人，則是我們都**可以**選擇的。人類成人是所有求道者真正想要的，而且不傻。

「我是誰？」那是問題所在。那是我們最核心的問題，生命就圍繞著那個核心打轉，所有活著的人與那個核心的關係，不是趨近，就是遠離。趨近非常單純，遠離則極其複雜。

趨近也許單純，但不容易，去問潔西卡就知道。肉體死亡，心靈誕生，並不等於開悟，但它們算是共乘了一段路。如果你想在自己的生命中達成這種轉變——在夢境之中醒來，擺脫我執的繩圈——我建議你使用靈性自體解析加上熱切地祈禱，兩者互相加持。利用寫作來找出並照亮你的虛假，發展出一種健康的自我憎惡。然後，這種情緒的力量會強化你的祈禱，而你應該祈求勇氣與能力，讓你得以找出並照亮你的虛假，如此循環下去。

然後準備好接受衝撞。

與瑪麗道別一個月後，我收到她寄來的包裹，裡面有一封信，說她感到煥然一新，目前正在一個全新的層次上處理梅爾維爾的人生與作品，而這份了解可擴及她自己生活的所有層面。她說她不知道是否真的要出版她正在寫的新書，但她假設自己會出版，因為這樣可以讓整件事有個脈絡。

她告訴我，科提斯找到了另一份夏季工作——在客戶服務部門，比煎漢堡好多了。瑪麗也找他做一些小差事，每週幾個小時。我離開後，瑪麗給了他一個信封，是我委託她的。裡面有一張便條、一張最後的支票，以及經過他母親同意的、那輛吉普車的過戶證明，把車給了他。

亞哈在激勵船員獵捕白鯨時，把一枚金幣釘在主桅杆上當成獎品，要給第一個發現白鯨的人。瑪麗的包裹中也有一塊訂製的匾額，中央釘了一枚金幣，上面的題詞說我是第一個發現白鯨的人；這行字的下方則以更大的字體，刻著亞哈這個角色、《白鯨記》這本書、作者梅爾維爾，以及讀者心中的完美鑽石核心：

真相沒有止境。

人類的整個科學都可以被拋棄，只要理解了**客觀現實第一定律：一切皆無**。但你不能告訴科學家這個。他們努力創造萬有理論，卻毫不知道「萬有」究竟是什麼。他們談論宇宙起源的大霹靂理論，認為就像一個花瓶破碎成百萬個碎片，但那樣也不正確。我覺得比較像是花瓶破碎的影片被倒著播放——數百萬個小碎片循著無法計算的精確軌道重新回到整體，奇蹟似地彼此配合完美，毫無偏差，只要觀看到任何一部分的完美，我們就知道整體的完美。

我在深入思考露珠時，
發現了海洋的祕密。

——紀伯侖

這是茱莉所謂充滿詩意的鬼話，也沒有錯，但我可以縱容自己一下。當你在進行生命之戰時，充滿詩意的鬼話是一回事；但是當你躺在吊床上、帽子遮著眼睛時，又是另外一回事了。有什麼不是奇蹟？花瓶有哪一塊碎片是比較不重要的？一切都吻合，一切都歸屬，沒有任何事物迷失，一切必將抵達。

一是多的源頭，回歸是「道」的動作，科學家都弄反了。宇宙不是往外飛散，而是向內飛聚在一起。

附錄1　訪問傑德．麥肯納

《靈性衝撞》這本書的開頭很奇怪。首先，第一章的第一句話是「叫我亞哈」，然後接下來兩章有點令人不安，幾乎是疏遠讀者了。究竟用意為何？

我寫了很多筆記，有很多東西沒有被收入書中。通常，當一本書成形時，就像任何創造過程，不合適的部分會被刪除。我想頭三章就有很多這種狀況，尤其是第二章與第三章，關於加州的那些章節。我有點驚訝它們還能保留下來。

是你保留它們的。

是，也不是。我是創造這些書的一名參與者，但也算是個旁觀者。我收到清楚的指令，就照著做，不管是寫書或其他事。我順著大海的波浪而為，自我與他人的區分變成只是一種理論。就算在夢境狀態中，我的角色也幾乎完全融解回到海洋，所以，一個旁觀者也許會說傑德．麥肯納寫了這些書，但從我的觀點來看，並沒有這樣的區分。區分是夢境狀態的現象，即使我在夢境狀態中寫作，為一群夢出來的讀者出版了夢出來的書，也不會像覺醒之前那樣，認為事物是彼此區別開來的。這是關於分離與融合，關於把事物都看成是分開的，但其實並沒有「分開」這回事。這種融合、**再**融合，是所有人都不停趨近的一種狀態：遠離虛假的分離，回到合一。這樣的持續趨近很像一個逐漸縮小的軌道——一圈又一圈，越來越近，被不斷把我們拉進去的無形力量緊緊抓住，回到自己的中心，一切事物的中心。從這個自我中心發出的重力為「道」的回歸動作提供動力，所有人都在這條軌道上，生命就在這條軌道上。另一方面，**第一步**則是突然改變路線，離開這條軌道，採取直線進行的方式。在第一步之前，我們都還在軌道上；踏出第一步之後，軌道上的生命結束，衝撞即將發生。

與行星衝撞？

看起來是如此。從太空看來，行星也許像上帝，或真相，或真我——像什麼由觀者的眼睛決定，但目的地總是一樣的：那個源頭，那個從行星中心往外、把我們都拉進去的重力井。在第一步之前，我們保持著一個逐漸加速、緩緩趨近的軌道；踏出第一步之後，我們就像飛彈一樣，朝行星中心直射而去，不顧任何後果，只有在衝撞的一剎那才發現，根本沒有行星、沒有重力、沒有自我，一切皆無。

沒有人能夠合理地解釋這一切，所以我被問到時所能提供的答案，就是你自己來看。脫離軌道，別擔心撞上行星，反正逐漸縮小的軌道遲早也會讓你撞上去。大家都想透過加速或改變軌道來達到覺醒，但從結果清楚可見：那樣做似乎沒有什麼差別。只有一種方式有用：你必須脫離軌道。這就是**第一步**，而且身處軌道之上的人的目標必須是這個，而不是靈性開悟或涅槃之類的。是的，這是一件自殺任務，無法回頭，無法重來，也沒有什麼東西會讓你想回來。如果你相信「從此之後過著幸福快樂的生活」那種事，就留在軌道上，想著業障、律法與無數輪迴等等回家的旅程；假如你受夠了那些，那麼是時候把你的注意力從所有的靈性廢話轉移開來，開始考慮脫離軌道，進行自殺任務。

你的讀者有很大一部分是住在加州，所以，聽到你說你討厭洛杉磯，而且部分原因是因為加州人，他們可說非常痛苦。

對。我後來在書上有補充說明，我只是東岸客在說西岸的壞話而已。我在加州的蒙提西圖及更北部的地方住過一段時間，我很喜歡，只是東岸對我而言比較真實。在南加州時，我滿腦子想的都是離開，但那只是個人喜好。我還有喜好——我要強調一下這個明顯的矛盾。如果我接下來還會寫書，可能就不會有太多我的個人喜好，或者，我還剩下的一些喜好可能會顯得很強烈且特定。對我而言，南加州感覺像自我的聖地，而對自我的強烈厭惡是我最後幾個頑固的偏好之一，不太可能消失。這是我在《靈性開悟不是你想的那樣》中談到的自我持續縮小。我有點在記錄我以覺醒狀態存在的第二個十年。我可以預測趨勢，但我也必須活在其中才行。我說我越來越不包容，的確如此。自我的破爛殘骸鬆垮垮地掛在我身上，我幾乎必須抓著它，才能有個人形模樣。

你說得好像覺醒過程目前仍在進行中。

某方面是的。覺醒的部分是非常明確的事件，就像核爆，許多年前我就發生過了。而覺醒之後的過程就像輻射中毒的長期影響。你的鼻子不會突然脫落，而是會保持在原位一段時間。你明白它不會留在那裡很久，便把握時間好好享受。你知道接下來會發生什麼，也知道那是無法避免的，所以不會恐懼或想要逃避。而另一方面，你喜歡自己的鼻子。我喜歡我的鼻子，所以也許會用釘書機把它釘住，或者用一段大力膠帶黏住，讓它留在我臉上久一些。我不是要爭論，或者為自己的立場辯護，而只是分享我對這個過程的觀察。覺醒是完整、完滿、不可逆轉的，但任何外在表述都無法反映內在狀況。覺醒之後的任何時刻，我都可以、也已經像一隻濕答答的狗那樣抖動身體，抖掉自我的所有碎片：那身破爛的戲服。

所以你可以拋掉自我，然後又穿戴起來？

它處於嚴重破損的狀態，而我無法停止或反轉這個過程，但我可以試著從剩下來的部分擠出一點用途。我想只要我還活著，我就可以裝出自己的個人特質，但表層已經變得很薄了。

這個只有在與他人、與自我互動時才會成為問題？

對，我沒有其他理由要進入角色之中。然而，那其實不是問題，不與人互動對我來說不算特別困難。

那不是理論吧？你不是在推論，而是在描述你的實際經驗吧？

是的。我的經驗是一個無自我的存在體的經驗，這個存在體在必要時可以用破爛的自我來包裝自己。

你不覺得矛盾嗎？

所謂無我的自我嗎？我要說明的是，開悟並非一般人以為的那種特殊狀態，不開悟才是神奇、神祕、不可思議的狀態。覺醒就只是醒過來，不是變得更豐富，而是一切都更少了。我處於自然而輕鬆的狀態，沒有任何負累，不為任何妄想努力，不花費畢生力量來讓一個虛構的面具變得有生命。所有矛盾都存在於未覺醒的狀態，覺醒的人沒有什麼東西是未覺醒的人缺乏的，而是反過來：未覺醒的人擁有龐大的虛假信仰結構。他們創造並維持這些過去、現在與未來的廣闊領域，有著重大意義與重要性的領域，具備深沉與廣泛情緒範圍的領域——全都是從純粹的空無中織出來的。無中生有，真是神奇，那才是特殊狀態。未覺醒狀態需要不間斷的努力與奉獻，看起來是如此難以置信地不可能，覺醒狀態實在無法相比。

聽起來不是很好。

我從來沒有說很好。

你是說不好嗎？

不是。我沒有用來投射假我的那股生命力量，現在可以用在更好玩、更有意思的事情上。一旦那些瑣碎的自我垃圾被拋棄之後，就是一個完全不一樣的宇宙。

所以，回到開頭令人不安的幾章——

令人不安是很合適的說法，也許反映了其中更高的意圖。我把頭幾章看成電影中的大遠景畫面，讓觀眾得以概括了解事件發生於何處。第一章，「遠方幻影」——也是《白鯨記》第一章的標題——就像敲響一面鑼喚醒大家，讓他們知道節目開始了，而且這個節目有點古怪，某件不一樣的事情發生了。然後是談到加州的兩章，延續著這種顛覆性的古怪。暗藏在加州那兩章裡那個唯一的問題，在第二章是這樣表達：「當然，你們都會靜坐、靈修，但你們知道那樣做不會有什麼進展，對吧？」那是個令人不安的問題，任何讀了這本書的人都應該會備受衝擊，然後自己對號入座地坐在那張餐桌旁，看著自己的泡影計畫，認真地問自己：到底想用那些靈性玩意兒來幹什麼？

所以你是故意冒犯他們？

部分的意圖或許是想一開始就提出一項挑戰。自殺、納粹、貓屎、青少年煩惱，是好笑還是冒犯？好意還是惡意？傑德是自大還是什麼的？我喜歡他嗎？如果不喜歡，代表什麼？那究竟會給誰帶來影響？

開悟者的行為會是這樣子嗎？

對，開悟者會像這傢伙一樣做出這種行為嗎？會像這樣說話嗎？會在自己的書前面放進這些半挑釁的東西嗎？那無條件的愛呢？慈悲心呢？或者，等等，也許是**我**對靈性與開悟有一些荒謬的成見，也許我必須回頭想想，一個開悟者在一個未開悟的世界到底是什麼樣子。也許是有人賣給我一批貨，也許不合理的，是那個甜美光明的版本。

然而，針對這本書，我希望讀者先看過《靈性開悟不是你想的那樣》，在理論上了解所謂開悟——了悟真相、恆久非二元覺知——到底是什麼。如果你能採取「傑德．麥肯納是個開悟者」的觀點來看這本書，我覺得會比較有意思。我們在《不是你想的那樣》已經建立了這個說法，所以就能自由地去探索，去看看這到底是怎麼回事、這種狀態究竟是什麼樣子，也可以提出更好的問題——不是問：「這傢伙到底開悟了沒？」而是問：「一個開悟者做出這種行為到底是什麼意思？我看到了覺醒狀態的什麼東西？」

我不想讓這一切顯得過於刻意安排，因為我的書都是自己就位、渾然天成的。這只是我對這本書的解讀，也是我沒有改變它的理由。

你像讀者一樣解讀你自己的書？

差不多。初稿的開頭就是這三章，從來沒有動過。我看了許多次，心想會不會有點過頭了，後來我終於明白，一本叫《靈性衝撞》的書也許就是應該有點過頭。而且，我信任帶來那些章節的力量，超過信任我心中想要刪改的力量。

此外，說真的，為何不能把它們放在前頭？這本書叫《靈性衝撞》，但那究竟是什麼意思？它意味著前往目標的過程及抵達之後的狀態並不是我們一直被教導的那樣。看看現代的靈修業，你只看到同樣的老調一直被重彈，例如愛、慈悲、無心、更高自我、意識層次等等，一堆有毒的廢料，光從結果就知道，不可能得到清明或有所進展。人類歷史上沒有比靈性追尋、追求真相更慘痛的失敗了，但大家繼續前仆後繼，使用同樣的地圖與指示、同樣的嚮導與同樣的途徑，真是瘋狂。你遲早會抵達一個關頭說：「嘿，等一下，太瘋狂了。我要離開這個旋轉木馬，往前移動。我要如何擺脫這些標語式的陳腔濫調，真正為自己生命負起責任？」如果讀了傑德．麥肯納的書，你就碰觸到了邊緣：自決。不是因為這比較重要，或者要去取悅什麼人，或者可以排隊等候更舒適的來世，單純只是因為這樣做是誠實的。到頭來，我們所說的就是這個：過誠實的生活，做個誠實的人。

那麼對策是什麼？我們要如何掙脫？

看看被迫打掃奧吉亞斯牛棚的赫克利斯①。他本來可以拿起鏟子，一輩子鏟牛糞，不會有任何進展，因為牛糞的生產速度遠比人鏟牛糞的速度快。結果他怎麼做？他把一條河流改道，讓它經過牛棚，如此一來就沖走了所有垃圾。這就是對策：別跟困惑與平庸作對。一個問題的解答並不存在於那個問題的層次，要超越困惑與平庸所在的層次，自己去思考，自己去看，看到大局。生命是一場單人秀，打開燈光自己去看——沒有被詮釋者或中間人阻礙，也沒有被他們的濾鏡扭曲，直接看到。還有什麼更簡單的？

你是說人們應該——

我對人們應該或不應該怎麼做毫無意見。有些人喜歡牛糞的氣味——在這場討論的脈絡下，大多數人都喜歡——覺得很溫暖、熟悉，而且安全。當它開始聞起來像糞便，像停滯與死亡，像黑暗惡臭的地牢時，你才會想要設法離開。這時候，你開始拋下那些所謂的上師，為自己著想。此時，我可以提供一些簡單的指引：睜開你的眼睛，看看為何聞起來這麼糟；滋養你的不滿，培養負面自尊，把自我憎惡提升為一種靈修，抱持著「關於你的一切都是謊言，你所知的一切都是錯的」這樣的假設，然後試著推翻這個假設。

你想還會有像《白鯨記》那樣的驚奇嗎？

我不知道。我當然沒有預見白鯨，直到牠降臨到我頭上。

除了揭露《白鯨記》的真相，這本書另一個讓人訝異的地方，是你把讀者從開悟轉移到你所謂的人類成人狀態。

人類成人才是真正的獎品。任何追求靈性的人其實都是在追求人類成人狀態，只是他們也許並不自知。我想說的是，人類成人才是大家真正想要的，而且沒有太多人達到這個狀態。孩童必須死去，成人才能誕生，而這種事很少發生。那是毀滅性的死而重生事件。一旦重生進入成人期，生命的一切就是關於成長與發現，而宇宙就是人類成人的遊樂場。反正，那是《靈性衝撞》的一個主題，因為那才是重點。宗教與靈性的重點在於哪裡都不去，開悟則是一直前進，永不停止，而人類成人是四處探索遊玩，過生活、實現潛能、沒有極限地擴展。人家說的開悟、宗教與靈性上所有的好東西，都是人類成人的自然特質：顯化願望、流動與毫不費力的運作，以及那些不是基於恐懼、反映出對事物之間連結的了解的正面情緒，如敬畏、感恩與愛佳博②。這顯然是大家真正想要的，而不是了悟真相，所以我試著表達出來。

你一定對於寫出這些卓越的書有強烈的滿足感，但我這麼問的真正原因，是我懷疑你沒有這種感受。

你說對了，我沒有。我與這些書沒有那種關係，沒有自豪或擁有的感覺，沒有祝賀自身成就的喜悅。為了回答這個問題，我必須努力思索一個作者對自己的作品可能會有什麼樣的感覺或執著。不管如何，這些書挺好的，如此而已。我被設計來寫它們，所以我寫了。它們算差強人意，我很滿意自己做得不錯，沒有其他更多感覺了。我稱職地扮演了自己的角色。

稱職，意思是你本來可以做得更好？

意思是我本來可能做得更糟。我算是相當能讓過程自己運作，這些書就是它們該有的模樣。

你完全超越了讚美或侮辱嗎？

我不知道超越是什麼，但這麼說也許會讓人誤解。我不再擁有可以被讚美或侮辱的自我，就像「死亡無可進入之處」那樣的感覺。我不把自己當成作家或老師之類的，我只是去做有跡象顯示的事。如果跡象繼續顯現，我就會多做一些；如果沒有，我就不會。我真的不介意結束所有跟靈性有關的事情。必須再次說明的是，我並非靈性人士，如果不是為了寫作，我寧願不要再跟它有任何關係。

要把一個靈性大師、老師和作家想成非靈性或沒有靈性，是很不可思議的，你為這樣一群讀者寫作一定很奇怪。

當然，現在想像一下我試著繼續扮演這個溝通的角色。事實上，我幾乎不記得覺醒前的狀態——不是什麼模糊的感覺，而是我的範式與未覺醒範式之間有個相當明確、顯著的鴻溝，而且那個鴻溝隨著我對另一個範式生活的回憶逐漸消退，變得越來越大。

那一定很有挑戰性。

只有對自我如此，而要不是為了寫作，對我則完全沒有影響。為了寫這些書，我的言語必須越過那道鴻溝，而那道鴻溝已經寬闊得難以想像。

寫書之所以成為挑戰，是因為——

因為同理心幾乎不存在了，我幾乎不記得什麼叫作相信任何一件事了。大多數讀者看到一個相信在電視上實施信仰療法的牧師和八卦小報的人，大概就跟我看到所有人的感覺一樣。從我的觀點來看，一切信仰都很荒謬。我再也無法區分各種信仰之間的差異，它們全都一樣，因為它們都不真實。讀者也許會覺得那些把自己的退休金捐給電視牧師的人很好騙，但從我的觀點來看，**所有人**都是那麼容易受騙。我再也看不出任何兩個人的信仰有何差異，沒有那種能力了。信仰無所謂較好或較壞、較真或較假，它們全都是夢境狀態的幻影，在夢境之外就沒有了實質。除此之外，我看不出有任何差異。但是，我似乎肩負了任務，要越過這個持續變寬的鴻溝來溝通，來連繫那些沒有看到鴻溝，或不相信鴻溝真正存在的人。鴻溝越來越寬，就是如此。認為神聖羅馬教會比某種自殺邪教更好或更真實的想法，我完全沒有了，我已經無法覺知或假裝覺知到這種差別。我知道一邊的信徒比另一邊更多，但那並沒有任何意義。從我的觀點來看，一個人要不是正在覺醒，不然就是沒有，那是我現在能清楚看到的唯一差別。一個人要不是正在面對現實，就是在否認現實。

許多透過書認識你的人都很想親眼見到你。我們看到有些人為了見你——即使一會兒也好——提出了一些很有趣的建議。

沒有這樣的跡象。

你有時聽起來好像機器人。

我自己也這麼覺得，但事實依舊：我被設計來做我所做的一切、寫作，但並沒有被設計來成為一個公眾角色。

被設計？

被設計、注定、順勢，都可以。我喜歡寫作，但不喜歡人群，也就是自我。厭惡自我對我來說似乎很正常，我不覺得有什麼奇怪，所以不太可能改變。事實上，我鼓勵大家都發展出類似的厭惡。全宇宙只有一個虛假、狹隘、充滿恐懼、不誠實的東西，就是自我——假我。我想任何人只要真正了解它，都會對它感到厭惡，而那當然就是朝著覺醒的方向前進了。

不管如何，我是個注重隱私的人，我要說的一切都在書裡，我在這本書就說過了。其實沒有那麼多可說的，而我已經都說了。我可以繼續寫作，擴大主題、更深入某些議題，但就是那樣了。任何人想要找到我、問我問題，認為我能提供什麼幫助，都是基於否認的一種行為。你很容易說服自己不是如此，你會說：「希望與某個靈性人士直接往來，代表一種很強烈的決心。」但說服你的其實是瑪雅。我有什麼可以告訴人的？我們已經相當確定，沒有什麼問題是書上沒有回答的，所以我要怎麼做，告訴你在第幾頁嗎？如果現在有人找上我，想要尋求些什麼，我只能告訴他：「瑪雅派你來的，是她在推你的屁股、轉你的腦袋、動你的嘴唇。你有很嚴肅的工作要做，而你來這裡的唯一理由，就是逃避那件工作。」

如果人們不想認真，就不須如此，完全由他們決定，但從這個出版計畫一開始我就決定，我不會容許自己被拉進某人的逃避遊戲中。大家都想要談，但沒什麼好說的。去旅行，花一點錢，放棄一點享受，跪倒在某人腳前，服從、仰慕、禮讚等等，然後認為如此可以帶來正面的東西，帶來某種往前的動能——那樣做是很容易，但那都是自我想要藉由忙碌的工作與空洞的手勢，把注意力從真正的問題上移開；也就是說，虛假的臣服讓我們相信自己正勇敢地大步邁向光明，其實我們是安全地縮在陰影中。這樣的人不需要我。任何真心渴望面對自我議題的人，都已經擁有我能提供的一切。使用靈性自體解析來弄清楚什麼是真的，至於其他的，都只是轉頭不去面對。

你說得非常簡單，但事實上，那是最困難的一項工作。

唔，有個關鍵點。它不是關於覺醒，而是關於踏出**第一步**。一旦踏出第一步，其餘的一切都會跟著到來；在你踏出第一步之前，一切都只是理論。**第一步**是整個過程真正的起點，其他所有的事就是關於踏出第一步與否。要來到第一步，要跨越那條出發線，你必須了解並正確評價你準備面對的那些力量，例如瑪雅的力量、自我的力量、自欺本質的力量、恐懼的力量，不然再多的決心與努力都沒有用。如果只是運用理智，而沒有真心，你只會繞圈子；假如你是全心全意，但沒有理智，只會挖出一個更深的洞，讓自己陷進去。除非跨過真正的出發線，踏出第一步，否則一切都只是一種嗜好，例如打高爾夫球或集郵。靈性本身只是另一種否認的工具，而且是最有效的一種，這就是為什麼追尋真相是人類歷史上最慘痛的失敗。

這裡有個簡單的測驗。如果它讓你感覺安寧、獲得慰藉、溫暖、柔軟；如果是要進入愉快的情緒或心智狀態；如果是關於平安、愛、寧靜、寂靜或極樂；如果是關於更明亮的未來或更好的明天；如果它讓你對自己感覺美好，或者強化你的自尊，告訴你，你沒問題，你的一切都很好；如果它承諾可以改善、造福或提升你，或者說有人比你更好或在你之上；如果是關於信仰、信念或崇拜；如果它能提升或改變意識狀態；如果它能對抗壓力或讓你深層放鬆，或者有療癒效果，或者承諾讓你得到快樂或從不快樂之中解脫——以上任何一件事或類似的事情都不是關於覺醒，它是關於活在夢境狀態中，而不是打破夢境衝出來。

另一方面，如果它讓你感覺自己被活活地剝皮，或者像是被慢慢挖掉內臟；如果你感覺自己的身分正被拆解；如果你感覺身體被扭曲、健康被吸光、生活出了軌；如果你覺得心中的愛逐漸死去；如果你認為死了還比較好——那麼，這也許就是覺醒的過程。

①赫克利斯因為失去理智而殺死了自己的妻兒，懊悔萬分地前往阿波羅的神殿詢問該如何贖清他的罪孽。阿波羅指示他去找邁錫尼的國王歐律斯休斯。歐律斯休斯為了打擊赫克利斯，挑了十二項困難至極的任務讓他去執行，打掃國王奧吉亞斯的牛棚便是其中之一。奧吉亞斯養了數千頭牛，三十年來卻從未打掃過畜欄一次，導致牛糞堆積如山，髒亂不堪、臭氣沖天，旁人都不敢靠近。而赫克利斯的任務之一，就是要在一天內將這個牛棚打掃乾淨。

②**agapé**，源自希臘文，意為完整無私的愛。

附錄2　禪與自我凌遲的藝術

（本章內容摘自傑德．麥肯納寫的一封回信，對象是一位自稱「認真求道者」的人。此人提出一項充滿激情的建議：他願意付出他的財產與他自己，只求成為傑德的學生。）

親愛的威廉：

你不必把我加入你的公式之中，你需要的是減去你自己。首先要重新檢視你的假設。從你的來信清楚可知，你把自己看成一位認真的人，一位認真的求道者，這是你必須去挑戰的第一個假設。你確信認真求道者就是你這個樣子，並且認為我也會如此看你，但並非如此。我認得出來認真是什麼模樣，也認得出來瑪雅的傀儡長什麼樣子。你以為自己戰勝了某樣事物，但你唯一要去戰勝的是瑪雅，而她壓在你頭上，如同一棟房子壓在老鼠身上。

我收到許多想要來跟隨我的請求。也許任何一個被認為可以提供靈性解答的人，都會收到這樣的請求，我不知道。人們願意放棄一切——他們的東西、他們的錢、他們的生活，真的。他們不知道如何處理這些事物，所以我猜他們是覺得，何不全部丟給一個看來更有資格的人，就像一個母親把她的嬰兒放在有錢人家的門口。看起來像是終極的犧牲，一種無私的偉大舉動，但其實這是終極的陷溺——恐懼已經失去控制，此後數十年將完全由自我支配。這樣不是將自我交出去，而是放棄自我：放棄你對自身生命的責任。我了解對一個令人困惑的挑戰來說，這種做法很吸引人。

然而，你的姿態顯示你正處於很不舒適的狀態。很好，這才是最棒的狀態。如此不舒服意味著你很快就必須動起來，這樣很好，這就是推動覺醒旅程的動機。那是一連串的步驟，每一步都不是自願的，每一步都是因為讓你寫信給我的那種不舒適而變得必要。你來信的動機是好的，但把自己丟給我不是解決辦法。我能拿你怎麼辦？我可以給你什麼建議？

也許我會叫你每天割掉自己一兩重的肉，直到你能回答這個問題：「什麼是真的？」隨便什麼肉，只要是一兩就好。這樣應該可以很快讓你專注——在你屁股下面點火。如果必須每天都割掉一兩重的肉，你想你會浪費多少時間去靜坐？或是參加共修或閱讀最新的靈性暢銷書？恐怕不會很多吧。你很快就會變成一個開悟機器，睡眠與飲食都減至最低，而曾經被視為基本需求的人際關係與活動，都會被遺忘。你會進入一種狂熱燃燒的專一狀態。很快地，除了「什麼是真的？」這個問題之外，任何事都顯得滑稽而不重要。這就是你的新禪，新千禧年之禪。這種自我凌遲的方式不知道能賣出多少枯山水庭園模型與禪宗語錄書籍。

什麼是真的？這是唯一的公案，是任何一個人唯一需要的。只要回答不出來，就每天再割掉一兩。花點時間想一想，每天必須在特定時間坐下來，拿一把手術刀割下一兩重的肉，到底是什麼意思。你很快就得學會發問與回答，學會這個過程運作的原理與不運作的原因，學會如何協助它，以及不要阻礙它。你必須學習如何解除所學，而且你會需要取得龐大的資源，才能達成解除所學這個目的。你會丟棄各種機巧的靈性概念，換取冰冷的事實；丟棄優美的東方詞彙，換取科學般精準的文字。這個過程是要去清楚地看見，而不只是盲目地猛擊。清楚地看見這個行動需要時間與資源，且心智幾乎必須不間斷地運作，遠遠超過日常的程度。

這樣管用嗎？好，就當作管用吧。假設在五百天內發揮作用，你已經割掉了超過三十斤的自己，現在你了悟真相了，現在你自己直接地、完全不可能有絲毫錯誤地知道真相為何。你擺脫了妄想，從夢境狀態中醒來，加入了靈性開悟一族。然後，看著你沒有腳趾的腳、沒有手指的手、沒有鼻子的臉、沒有耳朵的頭，你會說什麼？你會這樣說：

「嗯，呃，那似乎有點蠢。」

我很樂意告訴你，覺醒是有點蠢，而且沒有意義──不僅沒有意義，它根本就是「無意義」本尊。誰要幹這種事？只有那些完全無法**不去做**的人。一旦成為**不能不做**的人，就是另外一回事了，但在不做不行之前就試著這麼做，就像割掉自己的肉一樣荒謬。（對了，別真的這麼做。）

這個每日一兩肉的做法也許很野蠻、難以想像，但我可以向你保證，任何從夢境狀態覺醒的人，都是被同樣無可忍受的心智與情緒力量驅使，而這會讓你多想一想，下次再聽到受歡迎的上師談到他輝煌的啟悟時刻：「我在公園裡散步，孩童歡笑，鳥兒歌唱，突然間……」這時，就該靈性自體解析上場了。靈性自體解析就是要去清楚地看見：清楚看見什麼**在**那裡，也就是停止看見**不在**那裡的東西。我們可以利用靈性自體解析將平常的心智力量提升到驚人的程度，如此才能看見生命、世界與我們自己的真相。許多人懂得建造核子反應爐、譜寫交響樂、征服其他國家或進行腦部手術，但很少人能看見真相。

你在信上提到，英國哲學家艾倫．華茲說我們是宇宙用來看見並體驗自身的小洞。其實，更有幫助的說法是：我們是宇宙或「我—宇宙」（I-universe）用來觀察自身的不完美鏡頭——透過這個鏡頭，無區別的創造出了區別的幻相。這是個有趣的概念。自我就是扭曲——設計上就是要來扭曲的。鏡頭的扭曲造就出個體，扭曲本身就是自我。以這種方式來看，所有的個人特質都是缺陷，鏡頭裡的不完美都是為了要不完美。不完美就是為此存在，於是，一個人為的不完美——自我——就被創造出來了。求道者也許努力想成為一個完美的鏡頭，但完美的鏡頭當然是「無鏡頭」：沒有不完美，沒有鏡片，只有「如是」。你的不完美不僅是你的**身分**與**功能**，也是你為何是你的**理由**。鏡頭的有限與不完美正是它存在的原因，無鏡頭就意味著宇宙無法被看見，這樣能達成什麼？對誰有幫助？誰能得到好處？而這也附和了我稍早說的，覺醒毫無意義——用分離的自我交換融合的無我，用有限的存在交換無限的非存在，這一切不是說完美無法達到，而是無法避免。完美就是存在，它就是真相，沒有其他的。事實上，沒有所謂的非完美或不完美。有限而不完美的鏡頭就是為了創造一個有限與不完美的人為空間，好讓我們可以玩耍。

（來信引述了一位印度聖人的話，並把聖人的話當成事實來支持某個論點。）

不要把死人當成有力的盟友在我面前炫耀，那樣對你沒有幫助。他們根本上不了戰場。如果你無法說清楚那個論點，也不能找死人來幫你說。「根據他本人的陳述」是一種邏輯上的謬誤，在法律上，這叫「死者生前口頭承諾」，是不能當證據的。你不能找一個鬼來當代理人。你從某人那裡借用的權威無可辯駁，不是因為有道理，而是因為那個人已經死了；你提出的論點無法被駁斥，因為立論的人已經沒辦法出面了。你說得好像他就在這裡、他可以辯論，但他不在這裡。你可以借用死人的言語和概念來說明一個觀點，但如果那是你的觀點，那就是你的問題了，你必須自己說清楚。

不管如何，就算他在這裡，他也說不清楚。我很熟悉你說的這位受人敬愛的老師，而我向你保證，如果他在這裡，我可以一手表演把戲，一手將他撕得粉碎，毫不費力，他完全招架不住——只要你不再怠惰，開始自己思考，明天這個時候你也做得到。

你的靈性只是另一套虛假的外衣，是自我謊言的另一層。你的靈性畫出了你牢房的大小，你卻看不出來，這讓我明白你根本不知道自己身在何處，或者你是遵守誰的規矩過日子。你完全不了解你的真實處境，不了解你這個被囚禁狀態的本質。你絕望地抓著自己的謊言，用情緒能量來保護它們。為什麼？因為這些謊言就是你，它們就是你的身分。你並非**擁有**不完美，你**就是**不完美。問問自己，為何要寫信給我？有什麼意義？我說的都是你已經聽過的，但你還是要寫激昂的信給我，想讓自己的謊言重新站起來。如果你喜歡你的謊言，很好，但你信念的力量無法讓它們成真。你的**身分**是個謊言，這是事實。你是一個處於不可思議的否認狀態的虛構角色。你以為的自身獨特之處，其實只是一連串隨意設定的開關；你稱之為「我」的那些特殊設定，不會比一場下個不停的大風雪中任兩片雪花之間的差異更特別。

一個認真的人必須隨時記得自己身在何處、是誰在控制這場表演。這是瑪雅的劇場，她控制一切，掌握所有優勢。我們是瑪雅精神病院的病人，她直接下令我們都要乖乖坐著，讓心靈平靜。靜止與寧靜是覺醒過程的對立面，那些宣揚和平、慈悲與平靜心靈的人只是在轉售他們喜歡的安眠藥，甚至還有受歡迎的靈性老師與作家提倡什麼都不要做，他們說努力就是問題所在，驅使我們去追求靈性的那種不滿是唯一的障礙物。有誰想過這種訊息為何會受歡迎？有誰懷疑過這種訊息來自何方？你在信上提到你相信老師的傳承很重要，所以，只有一種真正的傳承：瑪雅。如果你希望了解任何一位靈性老師的傳承，只須想像他被吊在木偶的線上，自己卻渾然不覺，高談著自由意志，而瑪雅的手在上方控制一切。

即使在你寫信給我、我回信給你的時候，我們都在一種叫「氧氣」的腐蝕性化學物質中逐漸分解。你我天生就被設定了要自我毀滅，我們的生命被時光吞噬，每一口氣都可能是最後一口。一個無法逃避的事實是，我們都在修練我之前描述的新禪，每天都失去一克、一兩或一斤重的自己，然後有一天，我們「噗！」的一聲消失不見，彷彿從未存在過。

只有一個公案，適用於我們所有人：

什麼是真的？

附錄3 曼納哈塔①

有人要我為我的城市取一個特別而完美的名字。
於是，看啊！出現了一個原住民的名字！
——惠特曼，〈曼納哈塔〉

我實在太喜歡曼哈頓，所以一直沒有久住，最多停留幾個月，就像現在這樣。時間是二〇〇一年夏天，雙子星大樓還矗立著，但為時不久了。我的第一本書《靈性開悟不是你想的那樣》已經寫好，但尚未付印。

前幾個月我在波多黎各幫人看房子、照顧小狗，當我決定到紐約市時，便打電話給住在那裡的姊姊，和她約好共進午餐。結果她說，如果我需要地方住，她知道崔貝卡區有一間頂樓公寓可以住三個月。她說她的屋主朋友非常希望找到房客，因為他們與房屋交換居住仲介的協議在最後一刻沒有談成，但他們已經訂好旅遊計畫了。

「好的，」我告訴她，「我會打電話給羅尼，請他安排好。」

「你不想先看一看嗎？」她問道。

「你說沒問題，不是嗎？」

「對，但是——」

「所以就沒問題。我們下週一起吃午餐。」

這裡清楚顯示了這個世界上兩種差異很大的操作模式：分離自我的不信任方式與融合自我的信任方式。我姊姊會去看公寓，殺殺價，也許找幾個專家來檢查一番，並尋找替代方案好讓自己有其他選擇，然後把押金放進履約保證專戶，找個律師在租約上簽名。她也許宣稱屋主是她的朋友，但她也會說在商言商。這是最不正確的節約方式，因為她唯一省到的是錢，卻浪費了真正的財富——她的生命力量——在那些基於恐懼的策略與手段上。當然，事實上並不是關於錢，而是關於自我形象。

這不僅是她租公寓的方式，也是她做所有事情的方式。她活在一個隨時可能發生壞事的宇宙中，時時處於警戒狀態，一輩子都在想像事情會出差錯，並且努力確保不會出錯。對她而言，宇宙是個充滿敵意的地方——雖然她並未這樣表達——身在其中的她沒有歸屬感，也沒有權利或力量，但任何人都會覺得我姊姊是個聰明迷人又成功的女人。我剛才對她的描述也符合其他許多人，而且是大多數人。這種操作模式在我看來像一種全身性腫瘤——生命的癌症——但大多數人也許都覺得很正常，可以接受。那不是一種明顯的恐懼，而是一種帶著濕氣的擔憂，從核心往外滲透到一個人的全身。當你與它共存時，似乎很正常；一旦擺脫了它，你會很難相信自己曾經那樣活著。

對我而言，這是世上最簡單的事。我要去某個城市，於是拿起電話，然後就找到地方住了，我甚至還沒想到要去找住的地方。我在還不知道自己需要某樣事物時就得到了它，而且可能比我想要的更好。我從來不會把這種不費力的運作視為理所當然，每天都有好幾次會心懷深刻而真誠的感恩之情。我之所以能到達這種順暢流動的狀態，主要是靠著心存敬意，靠著觀察事物的運作，並且不讓我充滿恐懼的爬蟲類小腦參與其中。我沒有拖著太多扭曲的心智或情緒包袱到處走，所以我想，如此就讓一切依應有的那種順暢而輕鬆的狀態運作了。

這樣會讓我變成一個傻瓜嗎？一個容易受騙的人？其實不會。要是交易出錯，或出租者不公平地扣住我的押金，或這類交易可能出錯的地方都出錯，那麼我就再打一通電話。我會找個凶悍的律師，讓他們後悔莫及。或者，我也許只會聳聳肩，就這麼算了。我永遠不知道自己會怎麼做，直到我做了，因為我沒有任何規矩或準則來教我該怎麼做——也許只有一個：耐心。呼吸，給它一點時間，讓事情安頓下來，這樣模式才能變得清楚。

我要說的是，我不見得是個老好人。我可以非常難纏，至少理論上是這樣，但我必須說，似乎不需要如此。我不會以這種方式想事情——交易不順、彼此背叛、凶悍律師，它們其實從未出現在我的現實中，沒有這個必要，因為那其中沒有我可以學習的東西。所以，當我打電話給姊姊，她告訴我她知道一個地方時，我就已經知道它的一切了。我知道那會是個理想地點，屋主會很容易打交道，那個地區會比我自己選擇的更好，還會有很多其他好事接踵而來——不是因為我用我了不起的小腦袋策畫了這一切，而是因為我沒有。如果事情看起來很順利，結果卻失敗了，我也不會懷疑哪裡出了差錯，而是會認為有更大、更好的事情正在運作。

我沒有當個老好人的規矩，我沒有任何規矩。規矩是我們用來界定自己、畫出想像的界線的方法。這些界線是人為的，很容易抹除，只要一剎那的超越或劇烈變動，或者只是腦部的些微化學變化，我們最堅定的信念都可以像一層化妝那樣被抹去。道德、倫理，我都沒有。我剛好是個好人，如果是另一種情況，我會是另一種人。我可以慷慨激昂地保證，不管在任何情況下，我都不會傷害任何人，但情況可能改變，而為了某個理由，我今天下午可能必須把某些小孩推到火車前。我懷疑這種事情真的會發生，也希望不會，但有可能。是的，這很難以想像，但不代表不可能。難以想像的事情隨時都在發生。

我有一種在這個世界中運作的方法，與我或任何人的規矩無關，而是與信任、模式及失去人為界線有關。如果那些可憐的小孩必須被推到高速火車前，而這個事實對我而言變得很明顯，那麼我們就需要一組很有膽量的清潔人員，與很多小塑膠袋。

你會認為我應該可以很確定地說，這樣可怕的事情不會發生。我當然願意押大錢賭它不會發生，但真的不一定。可怕的事情**確實**會發生，一個客觀的人類觀察者會說可怕的事比快樂的大事更常發生。何必假裝不是如此？受苦與慘劇是夢境狀態的一部分，而且是很大的一部分。我並不真的認為宇宙會讓我在今天下午把小孩子推到火車前，這讓**我**脫了身，但孩子們沒有。宇宙也許不會用我的手，但它還是會把那些小孩推到火車前。

我不會說任何人都可以精通顯化願望的藝術與科學——我知道**我**還沒有——但我會說幾乎所有人，不管他們的狀況為何，都有很大的進步空間。我了解許多影響因素，例如性別、種族、地點、財富、健康、業障、律法、運氣等，都扮演了重要角色，讓任何人實際上都可能希望提升、重新界定，或不界定自己，但我也了解大多數人都攜帶著許多不需要的廢物，只會限制他們潛能的發展。

有些人會嘗試這種魔法，不管用時就否定它。他們希望得到一百萬元，或許下類似的幼稚願望，假如沒有實現，就把整件事當成……嗯，一廂情願。願望有正確的與恐懼的之分，而一百萬元是恐懼的願望。正確的願望是真誠的，代表一個人獨特模式的真實呈現。這可不容小覷。發現你內在的正確願望，是擺脫你虛假身分的旅程。

在我繼續聊下去之前，我還想說明一點：我所談的東西，不管是了悟真相或我們與宇宙的真實關係，本來就都是我們的，不會改變。我們不必去外面學習或爭取，它就在那裡。有位禪宗大師的墓誌銘是這樣寫的：「我一輩子都在河邊賣水。哈！真是笑話！」正說明了這一點。這是很自然的，本來就如此。現實超過我們最狂野的想像，而它可以都是你的，因為它已經是了。唯一的阻礙，就是你。

於是，我租下那個公寓三個月，打算浸淫在高級文化裡一段時間——劇場、博物館、圖書館、好餐廳等等。我非常能夠一個人享受這些活動，結果並沒有完全按照計畫，但有更好的事情發生，所以我很樂意配合。這是在世貿中心被攻擊的幾個月前，所以還保有九一一之前的正常狀況。那個公寓其實是一間裝修過的倉庫，有噴沙的磚牆、生鏽的鐵柱與很大的木梁。內部非常寬敞通透，臥室與浴室用牆隔開，其他的空間，如廚房、餐廳、大小起居室等則是打通的。一個環狀樓梯通往上層一處設置了圍欄的空間，屋主在那裡收藏了書，還有一個小書房。大型的工業風窗戶看不到什麼風景，整體裝潢走時髦路線，而非我偏好的舒適風，但還是一個很好的生活空間。

大約這個時候，我收到了裘琳的電子郵件。她在《靈性開悟不是你想的那樣》出版前的稿子裡看到了關於她的描述，想來看我，跟我談談。她存了足夠的旅費，想來待上幾天，雖然她說只要可以見到我幾分鐘就好。我回信建議她買個背包與一張歐洲火車通行證，夏天去歐洲旅行還比較好。她喜歡這個點子，說她會試試看，但還是想先見我。

我同意了，於是我們又通了幾次電子郵件，她的計畫開始成形。啟程前一週，她打電話告訴我她的飛機航班與抵達時間，但她還沒找到地方住。我不加思索就告訴她，這個公寓有很多房間，她來的時候可以住在這裡。

「真的嗎？」她說，「太棒了！」

一秒鐘之後，我的腦袋終於趕上了我的嘴巴。

「等一下。」我對她說，然後一手遮住話筒，另一隻手慢慢地按摩太陽穴。我到底幹了什麼蠢事？

「我必須跟你父親說一聲，」我告訴她，「他在嗎？」

「在。」她遲疑地說。

「你有老實告訴他們這次的旅行嗎？毫無隱瞞？」

「沒有，他們知道我在做什麼。」

「好，請你父親聽電話。」

「好，」她緊張地說，「但是別告訴他……你知道的，別告訴他任何重要的事。」

「我了解。請他聽電話。」

一會兒之後，她父親接起電話。我向他自我介紹，然後我們很客氣地以正式稱呼交談。他知道我是誰。「裘裘常提到你，麥肯納先生。」他說道，聽起來不是很高興。我告訴他，我覺得我倆有機會談一談很好，我可以介紹自己，並向他保證，他女兒來紐約市時，我會好好照顧她。我很痛苦地發覺，我所說的一切聽起來都不太對勁，好像一個有罪的人想要辯稱無辜，但於事無補。

當然，與她父親談話並非必要。裘琳已經夠大了，可以做她想做的事，但那不是重點，重點是在麻煩出現之前先斬草除根。我其實有點感激自己犯了錯，以致必須找他說話，因為我現在知道那是我早該做的事，只是我從來沒想過。他似乎滿高興能和我本人通話，但還是帶著戒心。也許他有點放心地發現，這個引誘他女兒加入某種瘋狂教派的傢伙聽起來還算清醒與負責任。我猜的。

「裘琳剛才跟我講電話時，我恐怕犯了一點錯。」

他只是哼了一聲作為回應。

「我提議裘琳進城後可以來跟我住。我這裡有很多房間，看起來是最安全合理的做法，但是，我當然立刻發現這可能有點……呃，有點不恰當。我想應該跟你談一談。」

電話那一端傳來另一個低沉的聲音，但我想在他開口之前講完我的部分，便繼續說下去。當然，單純地收回我的提議會容易多了，但撇開觀感不談，裘琳住在我這裡其實是最好的做法。一陣思考之後，我明白真正的觀感問題在於她父母。我沒有什麼名聲需要保護，假如真的有，說不定可以增添一點趣味。裘琳的名聲應該很安全，因為她不是個大嘴巴，而且認識她的人都相信她身上不會發生什麼猥褻的事。

「我確定裘琳已經把整個狀況都告訴你了，沒有什麼，呃，」我思索適合的字眼，結果找到一個很蠢的，「浪漫的玩意兒。但不管如何，我都不該那樣提議，無論你希望我怎麼做，我都會遵從。」他沒有插嘴，我便繼續說下去，心裡很納悶我怎麼會讓自己捲進這個愚蠢的麻煩裡。「我可以幫她找飯店或很好的青年旅館，或者，也許她可以找個家人同行，一起住在我這裡。不管如何——」

這時他開口了。

「你是在問我——」

我打斷他的話。我完全了解他的意思，因為我聽起來也覺得這整件事很像是我要徵求他的同意來追求他的女兒，或者為了某件奇怪的事請他給予祝福。我翻了個白眼，繼續說下去。

「我只是在說明狀況。你做什麼決定都可以，我是基於友誼與關心，才對你女兒提出那樣的建議。我在這裡的公寓很大，而且紐約市有點複雜。」

蠢，真是蠢透了，但情況就是如此，我沒有太怪自己。我們又談了一會兒。經過考慮之後，他認為我聽起來沒什麼問題，而他女兒雖然有些奇怪的想法，但她是個好孩子，況且我們如果想幹什麼不恰當的事，住在什麼地方大概沒有差別，他與他妻子知道袞袞不是一個人在紐約市，也會比較放心。然而，我覺得他並不太擔心居住方面的安排，而是擔心更大的問題——他女兒可能會變成一個陌生人，而且很可能就是我造成的。他有點不太情願地謝謝我，我們就這樣說定了。

嗯！

尋找巫師的旅程

我可以跟裘琳約在機場見面，或者租一輛車，請司機拿著寫了她名字的牌子迎接她，那樣會讓她很興奮。但是，**尋找**巫師的旅程就跟**見到**巫師一樣重要。當然，我不是巫師，但也適用。這個年輕的農莊女孩費盡心思追蹤到了我，存夠了錢，離開家人與家園，搭上飛機，前往全世界最令人畏懼的大都會之一；簡單地說，就是踏上了一趟偉大的旅程。她腦中那個癢的感覺想必變成了一種折磨，才促成這趟旅程，我才不要拉著她走完最後一小段路，以減輕她的折磨。我只準備開門讓她進來。

這趟旅程本來就不輕鬆。

我從藝術電影院看完《冬天的訪客》回來後，發現她把背包當枕頭，睡在電梯口。我不想吵醒她，卻無法繞過她而不發出聲音，但我也不想站在那裡看著一串口水沿著背包的拉鍊往下流。這個困境自己解開了：她睜開一隻眼睛，然後是另一隻。

「噢！嗨！」她尖叫著跳起來，抹抹嘴，擁抱我，「嗨，嗨，嗨，嗨，嗨！」

我也嗨回去，脫了身，以長輩的口氣問她是否一路平安。顯然是的。

我讓她住進多出來的臥房，並給她一串備用鑰匙。我們去附近繞了一圈，找到一家不錯的地中海餐廳吃晚餐，一邊吃著橄欖、羊乳酪、羊肉與白米，一邊討論她的計畫。我們沒有聊到任何一件她所謂重要的事，將來還有時間，她在這裡有其他的事想做——這個我們也沒有談太多，但我知道她會四處探索一番。她外表看來愉快、樂觀，但就算一個不敏銳的人類觀察者如我，也看得出她有很嚴肅的心事。我特別喜歡與這種心理狀態的人相處，因為這表示他們正在處理嚴肅的問題。但是不用急，所以我讓談話保持輕鬆愉快，試著幫助她放鬆下來。

殺了瑞士人

第二天早上，她很晚才起床。我知道她帶了一堆書與一疊從網路列印下來的文件，利用閱讀與寫作來尋找答案，所以可能熬夜到很晚。我帶她坐上早餐餐檯——那是廚房中島的一部分——倒了一些果汁給她，然後開始為她煎蛋。

當我們在扮演這些家庭中的角色、表演例行家務時，她開始談起「重要的事」，跟我分享她對佛教的看法。聽了幾分鐘後，我清楚地看出她是想藉由向我推銷佛教，來說服自己接受佛教。而從她推銷的熱切程度也看得出來，她有一些疑慮尚未解決。她說話的方式顯示，她想要說服自己相信一些她知道最好不要相信的東西。這是絕望的表現：恐懼的心靈想要控制懷疑的心智。恐懼遮蔽了理性，因此產生了信仰。

我沒說什麼。我煎好了蛋，放在她面前，讓她繼續說下去。她先說生命就是受苦之類的，但如果你從未錯過一頓飯，或者生過最嚴重的病是青春痘，那就沒什麼說服力。接著，她稍稍提到一些菩薩道的東西，例如要等到所有生靈都解脫之後才能休息等等，這讓我倆都做了個鬼臉。然後她又讚揚了正念與平靜，現在則談到了慈悲。我可以告訴她，慈悲只是另一種手段，讓我們的注意力可以安全地轉向外，而不是毀滅性地朝內，但如果我不打岔，我有信心她會從自己的話裡聽到我聽見的那些不協調，然後說服自己不要去相信那些她想說服自己相信的東西。她也許需要我聽她說這些，但不需要我回應。她是沿著一條環狀路徑進入佛教，如果我不干擾她的過程，她很快就會回到原路，雖然失望，但已經準備好繼續她的旅程。

她說完了，開始戳弄煎蛋。

「裘琳，假裝餐檯上有一個紅色的大按鈕，好嗎？」

「好。」她對這個新遊戲感到好奇。

「如果按下它，你就會殺死瑞士所有的人。」

她咬著唇，露出謹慎的微笑。

「好的。」她小心地說。

「就算你按下那個按鈕，也沒人會知道。你永遠不會被怪罪，或者跟那數百萬善良瑞士人之死扯上關係。」

「是嗎？」她說，「所以呢？」

「所以，為何不按下去？」

她神色一亮，想要回答，接著臉色又黯淡下來，咬著下唇，忍住回答的衝動。這就像那種你在中學時會被問到的愚蠢道德問題，例如你會不會密告你的朋友偷東西之類的，只不過，我不是想教她道德，而是試著幫助她超越道德。

她在尋找一個庇護所，希望自己已經在佛教裡面找到了，但她內在的某個部分知道沒有。這裡有一件跟慈悲有關的事，是他們沒有告訴你的，也許是因為他們不知道：慈悲與覺醒毫無關係，沒有任何關連。慈悲聽起來不錯，而且很難採取反對立場，但它與覺醒完全無關。慈悲的金科玉律是待人如己，覺醒的金科玉律則是自己思考。沒有所謂的慈悲佛陀。如果你在覺醒之前很慈悲，那種衝動代表有某樣虛假之物需要被斬除；如果你覺醒之後很慈悲，你就沒有覺醒；如果你堅持有一種覺醒狀態包含慈悲，也許你會發現佛教是個很適合消磨時間的地方。

我看著裘琳。我不太懂人類，但我知道她腦袋裡在想什麼。她了解到的第一件事情是，這個瑞士人的問題與她來這裡的原因有關，雖然她還沒告訴我究竟是什麼，也許她自己也不確定。接下來，她開始在心裡列出明顯的答案，例如那些瑞士人是無辜的、這樣做大錯特錯、我會下地獄等等，卻沒有選出任何一個。然後，她會尋找比較不明顯的答案——業力失衡、歐洲不穩定、阿爾卑斯山會沒人照顧之類的——也沒有找到，於是又回去看那些明顯的答案，但我也許猜錯了。她看起來很挫折，因為面對一個簡單的問題，她無法提供一個簡單的答案。

找佛教的碴兒是為了更了解瑪雅。這是她的專長。我們都被說服去相信，如果想要覺醒，就需要一個中間人，一個仲介，但唯一的仲介就是瑪雅。殺了仲介，殺了老師，殺了佛陀。自己親手來。你有眼睛、有腦袋，自己去想，自己去找。這不是一**種**方法，而是**唯**一的方法。因此，我設法不讓任何人找上我，把我當成他們個人的救主，將我放在他們與現實之間。身在這種危險的大海中，我們自然會想要伸手去抓住什麼、去依附、去把某樣東西放在我們與永恆虛無的威脅之間——那種虛無就潛藏在表面之下。我們想要維持幻相，想要相信我們不是全然孤獨地存在於一個無邊大海中，然而，那正是我們的處境。

而且，根本沒有**我們**。

「我會感覺很糟。」裘琳終於開口說道，說的方式比較像提出問題，而不是表達立場。我瞪了她一眼，她縮了一下，回去繼續思索。不管她怎麼回答，我都會瞪她。我不要她回答，只要她去思考，去嚴格檢視那些明顯的答案。有什麼事情比不按鈕殺掉數百萬無辜之人的理由更明顯的？

但是——

「我為何**要**按下它？」裘琳問道，「也許那才是比較好的問題。我不需要理由**不去按**，因為我沒有任何理由**去按**。我就假裝根本沒有按鈕。或者，也許**沒有**理由不去按。你是這個意思嗎？該死，我按下按鈕了，對吧？」

「這些都是在迴避，」我答道，「都不是問題的答案。我的問題是，為何**不**按下去？」

「我不知道，」她說，「為什麼不按？」

「我知道才怪。」

她一拳打在那個假想的按鈕上，露出惡作劇般的笑容，好像剛剛做了一件很頑皮的事。

「喔，好吧，」我悲傷地說，「瑞士山歌沒了。」

「我本來就不喜歡。」她咧嘴露齒笑著說。

幾天後，我們建立起一套慣例，每天偶爾碰面，也許一起吃個一、兩餐，通常是走路或搭一小段計程車出去吃。裘琳去做了很多事，而不只是跟我這個無趣的老傢伙廝混；她一直出門去建立人脈。一安排好要來這裡一週，她就開始上網找出自己想去的地方，包括幾家寺廟、一些東方與新時代書店，以及至少一家神祕主義咖啡店。她以這些地方作為起點，向外擴展。她與人交談，然後追隨線索；她還不太熟悉地鐵，所以花了不少錢搭計程車，在城裡來來回回，隨意越區——車資肯定不便宜。

她沒有向我報告自己的活動，但我可以想像。如果她去拜訪寺廟，與和尚或尼姑聊天，他們大概會把她當成一個從鄉下來到大城市的可愛小觀光客，但接著，他們會發現一些出乎意料的東西：他們發現這個可愛嬌小的裘琳懷著渴望。她不想參加導覽，不想要宣傳手冊；

她有非常明確的問題，想得到非常明確的答案。如果無法從溫和的和尚口中得到解答，她會帶著手電筒與鶴嘴鋤爬進他的腦袋尋找；假如找不到，那個和尚就會被她當成垃圾一樣丟掉。我知道這一切，因為我了解那種渴望，了解它正在裘琳心中滋長。她不是在尋找新朋友，不想要一般的知識或愉快的經驗；她正進入一種認真的心態，胃口變得非常大、非常特定。我不想再引用吸血鬼的例子，但那是相當好的比喻。

幾乎不可能之事

她來了幾天後，我問她去這個城市的靈性領域探險時都吃些什麼。她說她吃得很少，這個答案不讓人意外。她會喝杯咖啡、吃塊蛋糕，也許偶爾吃一份沙拉。想到有人造訪紐約卻沒吃到好的熟食，讓我難以忍受，所以我要她今天撥出時間跟我一起吃午餐，然後我們就出發了。

我們跟在一位年約六十歲、矮胖且嚴肅的婦人後面，被擠進狹小的熟食店。她一進門，手上的皮製公文夾就掉在地上。我無法繞過她去當紳士，幫她撿起來，只好等她自己撿。她的公文夾露出一本我絕對不會認錯、黑白封面的《靈性開悟不足你想的那樣》試閱版，上面畫滿記號，貼滿便條紙，並且用橡皮筋綁起來。裘琳也跟我一樣清楚地看到了。

我們進入熟食店，那位婦人取了號碼牌，等著用餐。我向裘琳示意，然後轉身離開。我們走在街上，我知道裘琳正張著嘴巴傻笑，一臉驚訝地瞪著我，但我還沒準備好要應付她的驚訝，我還在處理自己的詫異。

真是太誇張了。這樣的機率有多少？幾乎小到無法計算。這個世界上只有五十本試閱版，而我正好在紐約，進入一家熟食店，被某個婦人擋住，她剛好掉下文件夾，露出一本我剛寫完的書，而且封面還要朝上讓我看到，這樣的可能性有多大？**沒有**這種可能。這整件事實在超出可能性的範圍，我首先想到的，是四處搜尋，看看有沒有整人節目的隱藏攝影機正在拍攝。

我對宇宙的細微變化相當敏感。就是靠著這種仔細培養出來的感覺，我可以帶著一貫的輕鬆和自信，與這個世界相處。然而，這個試閱版事件一點都不細微，而是震耳欲聾的鑼聲，毫不含蓄，但這象徵著什麼？有什麼用意？我完全摸不著頭緒。它只是一個巨大的、令人震撼的「非事物」。這件事如此不可能，要不是裘琳也親眼看到了，我會懷疑自己的記憶。

（也許有一天，那位婦人會讀到這一段，然後想起她在進入某家熟食店時掉了書。現在知道了作者當時就站在自己身後，她會怎麼想？）

我的心智想要弄懂這件事，但做不到。這種古怪的事到底有何意義？我要如何解讀？宇宙是不是在亂搞？這實在是徹底地不可能，等你稍微熟悉宇宙之後，唯一的結論會是：宇宙其實是一隻頑皮的大狗狗。

我也許會將之解釋為宇宙在告訴我，我們正進入一種全新的運作方式，在其中，沒有任何事情是太過頭、太荒謬或太古怪的，也許夢的比喻根本不是比喻。或者，也許宇宙是在告訴我，那本書已經流傳在外了，它是個活生生的東西，有自己的航道、自己的命運。太過頭？還不夠？這些解釋都不太對，但我也不知道。也許夢境正在我眼前解體，其實沒那個必要，我也有點不希望那樣，但誰知道？也許宇宙自有理由，要我寫出這個經驗，把這些結論印成文字來玩味。也許這件事之所以發生，是要讓我可以說它發生了，然後某個讀者就可以從中學到東西，來打開自己的下一扇門。也許是為了裘琳。我實在不知道，不過幸好我已經不再覺得需要了解一切，時候到了，大多數事情就會變得清楚，但我並不是說如果某件事對我而言不合理，就一定不合理。所有事情都說得通。這個事件之後的幾年間，我又碰上十幾件不太可能發生的類似經驗，而我選擇的解釋，是頑皮的大狗狗理論。

我舅舅是吸血鬼

我躺在沒有扶手的皮沙發上，想要與莫札特的〈安魂曲〉建立更深的關係——此時電視正在播放這首曲子的交響樂團演奏DVD，來自環場音效系統的聲音充滿整個房間。我有一張幾個禮拜後可以去聽〈安魂曲〉現場演奏的票，而我不想在生疏的情況下去參與這類活動。在DVD、CD與一些書的幫助之下，等我實際去聽演奏會時，就對創作者想要表達的東西與創作的動機有了基本了解，這讓我可以放鬆下來好好體會，而不是一直停留在頭腦裡，以致浪費了這個經驗。我對〈安魂曲〉有一點了解，但我不是古典音樂迷，如此就多了一些空間，讓整件事更有趣。

莫札特在譜完〈安魂曲〉之前就過世了，所以完成的作品有幾種版本：我手上的DVD是列文的版本，CD是茂德的版本，但我要去聽的演奏，則是蘇斯梅爾的版本，所以這是一次音樂欣賞上的有趣探險——或者，我希望如此。結果，我只是把整件事弄得很複雜：我應該深入欣賞一種版本，而不是淺嘗三種。儘管如此，這還是一次有趣的嘗試，到現在都讓我回味無窮。我現在更能理解這件作品與試圖完成它的種種做法了，而綜合各項資訊，目前我對列文的版本較有好感。

我用這些事來煩你們，是為了說明我所謂的「來紐約浸淫於藝術之中一段時間」是什麼意思。我不急著逛博物館、看完每一齣戲、聽完所有音樂會、大啖各種昂貴的美食。這次的紐約之旅，我把注意力放在〈安魂曲〉、兩齣舞台劇、十幾家餐廳、曼哈頓北邊的修道院博物館，以及布朗克斯區的植物園。其他還有一些拉拉雜雜的東西，而這中間我也到芝加哥待了一週，但我做這些事都是浸淫其中，而不只是走馬看花。

有趣嗎？也許沒有，但這就是我此刻正在做的——仰頭躺在沙發上，張著嘴，嚴肅的音樂在房間迴盪。這時，裘琳與另一個人上場了。雖然我是倒著看，但依舊可以看到她帶了一個外人回家。我按下暫停鈕，闔上嘴，笨拙地翻身，往後，接著往上，直到我差不多站直身體。

裘琳介紹我認識柴克。他身材高瘦，二十歲出頭，過度打扮。他蓄著仔細修剪的八字鬍，與局部的山羊鬍，加上兩枚圓形小耳環，讓他帶點海盜風味。我很難受地想到他光是修剪、整理那些鬍子，每天早上大概就要花一個小時，約是我一年份的時間。我握了他的手，試著不表現得像裘琳的父母或監護人，然後告訴他們把這裡當自己家。

裘琳從冰箱拿了幾瓶冰茶，傳給大家，然後躺進我剛起身的沙發床，所以我關了電視與DVD播放機，開始思考我接下來想做什麼。柴克站在一旁，拿著瓶子，我也站在旁邊，拿著我的冰茶。我開始意識到，我們三個人都在這裡，而不是他們兩個在一起，我一個人走開。由於不善社交，面對這種情況，我的反應通常是去做我喜歡的事，冒犯到別人也沒關係。既然如此，就表示我要離開，而正當我準備這麼做時，裘琳說話了。

「柴克和我是在咖啡店認識的。」她告訴我。我知道她聽說附近某家咖啡店是以神祕主義為主題，有一群靈性取向的顧客，所以下午就去探索了。我不知道那裡還外賣柴克這樣的年輕人，但那完全不干我的事。看到我沒有反應，只是露出無趣的笑容，她繼續說下去。

「柴克將來會成為一位很棒的靈性老師。」她說，「他在咖啡店裡談話，大概有十個人圍在他桌旁聽他說。」她對我微笑，表情帶著一絲頑皮，現在我有點興趣了。她把什麼東西叼回我們的窩？為什麼這樣做？

「我跟他提到你。」她說道，我感覺自己稍稍偏了頭。我知道她沒有跟他說我的事，但我猜她有告訴他某些東西。「我告訴他，你有很堅定、但並非主流的靈性信仰；還有，你正在寫一本書。他說他將來想見見你，我說何不趁現在？」

我感到好奇了，因為我知道她所做的並不是表面這些，我想知道她到底在做什麼。另一件讓我也覺得很有意思的事情是，她這樣玩弄我，我卻不知道她是怎麼玩弄的。她帶柴克來這裡不是想看我吃掉他，就像情境喜劇《我舅舅是吸血鬼》某一集的內容，那樣就太沒有意義，也太不友善了，而她不是那種人，所以她的小玩笑不是屬於那種層次，但那依舊無法解釋她到底在幹什麼。她為何要帶這個年輕人來這裡？

要觸發一個陷阱，就要以退為進。「她有點誇大其詞，」我對柴克說，「我只出一張嘴而已。」我準備離開，「失陪了，我還有些工作要趕。」

「你的書會有什麼樣的內容？」柴克問道，想要玩下去。我看看裘琳，她假裝好奇地回望我。

「沒有書，」我說，「只是探討一些想法——」

「裘琳說你不是真的認同——」

「我懂得實在不多——」

「你知道的，傳統教我們——」

「順從與停滯？」

「什麼？」

「我以為你要說傳統教我們順從與停滯。」

「我是說佛教傳統。佛教傳統教我們——」

「別管傳統了。重新開始，你會玩得更開心。開始你自己的傳統。我真的要走了——」

他笑了一下。「你不能這樣抹煞數千年的——」

「你當然可以。」我說，「事實上，你必須如此，不然你就會落得跟其他人一樣的下場。那有什麼意義？」

他有點不自在地笑了笑，打量著我，想知道他面對的究竟是什麼人。傳統只是一些你接受為真、沒有自己去驗證的東西；傳統是群眾多年來沿著某條路走所踏出的深刻痕跡。佛陀說……商羯羅說……誰管他們說了什麼，或**任何人**說了什麼？你不知道他們說了，你不知道他們那樣說是什麼意思，你不知道那句話是否被正確地傳遞下來，你甚至不知道他們是否真有其人，所以，你到底知道什麼？你什麼都不知道，就算你知道，你還是不會知道。不自我驗證就是假的，就這麼簡單。群眾的照單全收心態是讓所有虛假信仰生根的土壤，與其自立、自決，大多數人都只是購買一整套產品，這樣就不必思考。

「袞琳說你喜歡採取主觀態度。」

嗯，我想起來了，袞琳是這裡最重要的。

「相對於什麼？」我問道。

「相對於採取客觀態度。」他似乎抓住一股能量，突然振奮起來，「你必須看到全局，必須了解我們處於多麼偉大的進化計畫裡。這整件事，整個地球、人類與其他一切，就像上帝心中一場偉大的自我進化旋轉實驗。我打算存夠了錢就去京都的一家禪寺，去見一位真正的大師，那些人才真的了解這玩意兒。」

他全身都在說話，能量注入四肢，不停地用手勢強調，整個身體也上下前後擺動。他必須放下水瓶，以免冰茶潑到地上。我很正經地把一個杯墊放在他的瓶子下面，而他毫無停頓。

「我們把這整件事、這整個世界，都看成是真實的，但它根本沒有什麼現實。」他激動地說，「知覺創造現實，誰的知覺呢？我的？你的？裘琳的？」

我搖搖頭，困惑地睜大眼睛。

「不是，」他繼續說，「因為**我們**並沒有比其他事物更真實。這就是禪宗教我們的一切：根本沒有『我們』。自我、自性、我、你，全是幻相，全是面具。而禪會摧毀面具，這就是坐禪——在偉大的老師指導之下靜坐——的用意，這就是公案的目的。你必須打破這些障礙。那其實很簡單，但他們弄得很複雜，好讓你一直得去請他們解釋或什麼的，你知道，就是虔誠的信徒與上師之類的，但那其實非常簡單——」

現在我知道我的角色是什麼了。我絕不會想與柴克進行任何對話，因為他是處於向外表達的狀態，絕對不是閉嘴聆聽的模式。他沒有問題，只有答案。反正裘琳帶他來這裡，不會只是為了想看我在他的層次上跟他辯論。我開始猜測她帶他來的理由，其實就跟她來紐約的原因一樣。

「我們都只是碎片，」柴克毫無停頓地繼續說道，「小小的碎片在這個龐大的時空結構裡扮演自己的角色，就像個宇宙連續體，你懂嗎？我們都非常渺小，但是，我們每一個就像整個宇宙一樣。看起來好像有這麼多事情正在進行，其實根本空無一物——沒有你，沒有我。這就是禪宗佛教的重點，所以禪宗才會這麼酷。你不能學習，而是要去**實踐**；你不是靠用功研究來掌握概念，而是必須在合格的老師帶領下靜坐、解決公案，直到整個幻相都破滅、消失。懂嗎？最後只剩下意識，其他的一切都只是知覺。」

「酷啊。」我微笑點頭，示意他繼續說。我從眼角看到我想看到的東西了。裘琳臉上帶著禮貌而專注的微笑，但從她的眼睛可以看出來，這場小聚會正如預期般進行。她完全沒有興奮之情。也許柴克在咖啡店裡說得比較精采，也許她從未見過柴克這樣的人，或者接觸過這種大受歡迎的、好玩的靈性探險心態。

「只有一個真理，老兄，瞭嗎？不管你怎麼稱呼你的靈修道路，叫它基督教、佛教、天主教或禪宗都可以，因為它們其實是相同的東西。這裡的一切，」他指著我們、這間公寓、地球、三度空間，「這些都不是，老兄。這些都不是真實的，真實的事物超過我們所能想像的一切。」

我明白他是如何運作的，我明白他是如此沉浸於扮演他的偉大演說家角色，以致除了下一個可以讓他發揮的信號，他幾乎不可能聽得進任何東西。我隨便丟出一個莫名其妙的問題來測試這個理論，好讓裘琳也能了解。

「但是戰爭呢？」我問道。

「戰爭，一點也沒錯！這正是我所說的。大家只要，你知道的，掙脫他們那種以自我為中心的『我我我』心態，試著採取宇宙觀點——就像我說的，事物的真實狀態——他們就會完全忘記戰爭。如果大家都覺察到自己的真實潛能，你能想像這個世界會變成什麼樣的樂園嗎？你們能想像嗎？」他望著裘琳與我，想看看我們能否想像，但他過於投入自己的表演，以致沒發現我們與他並不在同一個空間。「戰爭會被徹底遺忘，成為歷史書上的東西。而人類可以把所有注意力與資源，你知道的，從五角大廈與對其他人事物的掌控上面移開，轉而用在真正重要的事情上，例如餵飽人民、治療疾病、解除水患等等。你能想像所有人都不再貪婪、仇恨、恐懼，真正開始同心協力，試著改善這個世界嗎？想一想，如果沒有汙染、漏油、犯罪什麼的，整個世界會變成什麼樣的樂園？這裡會是個樂園，就像天堂一樣，但是不用等到將來，你知道的，不是某個死了之後的奇異世界，雲啊什麼的，而是在這裡、在地球上。這就是上帝真正要我們做的，我們卻徹底搞砸了。」

他停下來喘口氣，看看我們能否跟上他。他顯然讀過幾本不同的經典。這種方式不算少見——靈性的大熔爐，新時代折衷派。他就像個拾荒老婆婆，在巷子裡尋找祕傳的哲學，然後把他找到的漂亮玩意兒都丟進他的神祕推車裡，急於跟無法區別「無價」與「無價值」的人分享他的雜亂收藏。我想他如果真的去了京都的禪寺，他們要做的第一件事，就是把他倒吊起來拚命搖，讓這些廢物從他身上掉出來，就像卡通裡的歹徒身上的武器被抖出來一樣。

我把他演說的調子降低一些，好讓讀者可以稍微明白他在說什麼，而不會被原有的那許多驚嘆號干擾。我也擅自刪去了幾百個「你知道的」「就像」「玩意兒」「老兄」「老哥」之類的字眼。我沒有接觸過太多咖啡店靈性——如果可以這樣稱呼——但我其實滿喜歡的。柴克很有個人魅力，而且他對自己所說的一切是如此熱情洋溢，聽起來也很有趣，至少對我而言。但我不認為裘琳有這麼開心。我看到了柴克沒有注意到的：裘琳直接看穿了他。我也了解到這個安排再好也不過了：柴克連珠砲般的訊息與獨特的靈性轟炸方式，正是她此刻需要看到的。

「那我們該怎麼辦？」我問道，不想讓柴克停頓太久而失去動能。他看了我一眼，想確定我是否真心誠意。然後，也許是確定了，或者根本無所謂，他再次開始演說。我想讓他講久一點，因為我要裘琳徹底看個清楚。不管她內在有什麼東西在運作，我不要因為我過於寬厚與溫和，而讓它苟延殘喘。趁著可以斬殺時殺掉這些玩意兒，比較合乎人道。

「沒錯！」柴克用那深具感染力的愉快口吻繼續說下去，「我們該怎麼辦？那才是整個問題。你知道的，靈性的、宗教的整個問題，總歸只有一件事。我們實際能做什麼？我們必須成長、擴展，必須擺脫這個，」他癟起嘴，瞇著眼睛，扭曲手指，來表示他多麼討厭一般人所謂的生活，「這個狹隘，這種**狹隘**。」他說道。他看著我，想知道我是否聽得懂。我下一個問題在我的眼睛裡。是的，我的眼神在問，要如何做？

「我們要如何做？」他大聲說出來，「這是大哉問。我們該如何擺脫我們狹隘的、無關的小自我，開始享受，你知道的，收割我們真實潛能帶來的好處？全在於自我實現。就是如此而已，真的。聽起來非常龐大，你知道的，像科幻小說，但並非如此。事情就是這樣。這不是空中的大餅什麼的，而是我們每個人的真相，我們的真實身分。」

還有呢？我的眼睛在說。

「還有，」他繼續說道，「這就是我們必須去做的。我們必須打破這些瑣碎的小外殼，然後就能進入我們真正的宇宙自我。就是在那裡。這裡所有的一切，我們以為的一切，其實都是空無。這就是禪宗的真義：回到我們的真實狀態，『非存在』的狀態。一旦做到了，一旦實現了我們的真實狀態，我們就解脫了。再也不會回來，再也沒有生死輪迴，沒有業障，沒有受苦，我們終於自由了！」

柴克又說了幾分鐘，但開始失去能量，談到要達成這種解脫的實際做法時有點抓不住重點。他喜歡的方法包括靜心、生命能量、拙火、多外出、吃好一點、讀靈性書籍、喝綠茶、少逛購物商場。他看著我們相當高級的住處，給我的眼神彷彿在告訴我要誠實檢視自己過度貪得無厭的傾向。我猜裘琳沒告訴他這是租的。

我分享這一切的用意並不是要取笑柴克，或是跟柴克位於同一個理解層次的人。我想我在某個時期也很像柴克，興奮又充滿敬畏之情，急於表達與分享，對教義的理解有點含糊——一個睜大眼睛的男孩置身於充滿閃亮新概念的大玩具店。裘琳也許是對的，再過幾年，一個具備柴克這種熱忱與架勢的人，在靈修圈子應該大有搞頭，但是他無法持續彈奏出他的瘋狂爵士樂。光是很會演奏並不夠，還要有東西可以演奏。人們想要的是悅耳的旋律搭配令人寬心且熟悉的和聲，如果他夠聰明，可以搭不二論的便車，那是熱門的新曲子。他喜歡談禪，但那首曲子已經被彈爛了。這個產業需要一個新禪，而不二論非常符合要求——聽起來有異國風味，含意稍有深度，但毫無威脅性，沒有人在乎其根源，所以它沒有包袱，可以被塑造成符合市場需求的任何模樣。它還不是禪那樣的夢幻商品，但他們會修改，然後，我們很快就可以買到不二論廚具、不二論涼鞋，與不二論天花板瓷磚。一些摻糖的不二論垃圾哲學已經出現了，我相信它會有代言人——也許有一天就是柴克——來寫書與教導我們非二元之道。可惡！我越想就越覺得我應該再寫一本帶著龐大商業吸引力的書，例如《禪與不二論之道：從無心到無二的無道之道》。

或者，也許柴克會去京都，跟那些整人專家相處一段時間。想起來有點悲哀，西方人似乎都對禪非常著迷，但五年後他們從禪寺回來，根本沒什麼東西好分享——那五年他們如果去坐牢或陷入昏迷，搞不好可以分享的東西更多。可敬的是，他們很少因為失敗而打消出書的念頭。

最可能發生的是，年輕的柴克會在他覺得舒適的靈性層次中安頓下來，然後繼續過著正常的生活。不管如何，我關心的不是柴克，而是裘琳。我終於把柴克送出門，而裘琳隨口答應在她離開紐約之前會到咖啡店找他。我回到起居室時，裘琳已經進了她的房間，關上房門。

書店上師

裘琳離去前的最後一天，城裡某家大書店要為一位新時代書籍暢銷作家舉辦午餐朗讀與簽書會。她想要去聽他演講，要我跟她一起去，我答應了。但我不想聽此人演講，所以到了書店之後，我叫她一個人去聽，跟她約好稍後見面。

我提早來到約定的地方，但她比我更早，而且看起來很氣餒，我想我了解原因。她來這裡尋找某種東西，但沒有找到。在書店演講的那個作家賣了很多書，她知道那意味著他有東西可說。她跟許多人一樣假設，一個老師越受歡迎，他的教導就越有價值。

「你太年輕、美麗了，不應該如此悲傷。」我告訴她。

「我沒事。」她答道，「我們可以去別的地方嗎？」

「去散步，或是找地方坐？」

「散步吧。」

我們去散步，而我沒有說話。我很高興她看起來悲傷又憤怒。如果她聽了演講之後興致高昂，我會有點驚訝，甚至失望，但我知道她不會，不過這不是勸她不要去的理由。剛好相反。如果她渴望就近觀察這個傢伙與他的看法，卻因為覺得我可能不會贊成而沒有去做，那就是一種壓抑，以後她還是得處理那種渴望的源頭，而且採取的方式更危險。覺醒的過程是一連串的幻滅，每一次都很痛。

我們來到地鐵站，搭上C線列車，在八十一街下車，前往中央公園。我們優閒地漫步，然後她認出我們所在之處，開始脫離陰鬱，情緒慢慢高漲。她從幾部電影知道這座公園，但她還是不太想說話，我也不希望她說，所以我們往第五大道的方向前進，走到博物館附近，然後叫計程車回到公寓。但我們沒有上樓，而是沿著街道往下走，來到一家咖啡店，買了一些時髦飲料，然後坐進一張很厚的沙發。她把腳縮在身體下面，這樣就可以更加直接地面對我。

我想先花幾分鐘隨便閒聊一下。我知道她目前的心理狀態，想幫助她放輕鬆一點，不要太緊張。我開始批評新語部②的行銷混蛋如何有效地把小、中、大這些字眼從我們的詞彙中移除，搞得咖啡店與速食店的店員都不知道如何翻譯這些字。我對不太注意聽的裘琳說，如果要點中杯咖啡或小份薯條，你必須學會那家店的特定用語。在某一家店，小、中、大也許稱為宏偉、超級與總統級，另一家店則是大（小）、特大（中），與成癮（大）。最讓人討厭的是，當你想要回復那些比較簡單卻被禁用的詞彙時，店員會給你一臉茫然的表情。「所以，特大是中？」你問道。「不是，呃，特大就是特大。」他們這樣告訴你。

她沒有回應，所以我抬起頭，看到了讓人驚訝的景象。她睜大眼睛瞪著我，眼淚直流。她完全打開心防，毫不隱藏，讓自己徹底暴露出來。我向她的不設防表達敬意，也同樣坦誠地凝視著她。她的呼吸聽起來像微弱的啜泣，這是個非常傷心的小姑娘。

「我感覺自己好渺小，」她用沙啞的聲音低聲說道，「覺得好孤獨。我從來沒有這種感覺。我看不到盡頭，不知道事情怎麼可能會變好。」

我沒有馬上回答。我想我的自然反應，就跟別人一樣，是去安慰她，但她正處於初期哀傷階段，正在哀悼自己失去的生活，覺得與自己分離開來，正在處理那出乎意料、前所未有的失落。此時的她不需要被安慰，她必須度過這個階段，從另一邊出來。她哀悼的東西並未完全死亡，進行哀悼的也還沒完全誕生，所以她目前經歷的東西有點像電影預告片。

「試著跳脫自己，觀察此刻。」我告訴她，「我知道聽起來很困難，因為你此刻完全陷於自身之中，但這很重要。你必須學習讓自己與你的角色分離，而最困難的時刻就是最好的練習時刻。藍天白雲時，任何人都可以進入這種見證狀態，真正厲害的是在烏雲罩頂時。觀察你正在感受的痛苦，透過我的眼睛，而不是你的眼睛，來看這個正在體驗痛苦的人。深呼吸，然後現在就做。」

她深呼吸，吐出長長的、帶著顫抖的嘆息，然後閉上眼睛，我則把注意力從她身上移開。當我回來看她時，小裘琳正瞄著我，臉上的笑意讓她看起來像一個帶著槍來比劍的人。這個表情很不錯。

「我能不能告訴你，我為何來這裡？」她問道，「我為何要見你？」

「讓我來說如何？」我答道。她靜止了一秒鐘，然後點點頭。

「你想要有地方可去，想要找到一群人可以歸屬，想要到某處、成為某樣事物的一部分。你希望有這種東西。」

她咬著上唇，點點頭。

「大概是跟佛教有關的，我猜。也許在加州？」

她安靜地點頭。

「禪？」

又點頭。

「你走錯路了，」我說，「加州在另一個方向。」

她沒有動。

「或者，也許你已經知道答案，但不想接受，所以現在我替你說出來。你已經超越了佛教。佛教，甚至是禪，對你而言都是往後退一步，而你已經無路可退了。我們永遠無法回頭，那不是個選項，你懂嗎？」

她點點頭。

「你要靠你自己了，孩子。你已經比佛教走得更遠，也比任何一個同行的夥伴走得更遠。你知道自己已經不再能歸屬任何事物，所以帶著些許驚慌來見我，希望聽到不同的答案。你想要搭上線，也許跟佛教，也許跟某個暢銷作家或很酷的共修指導老師，也許跟我。你也許覺得我可以抓住你，把你釣上來，讓一切再度變得堅實、穩固，是嗎？」

她低著頭，一動也不動。

「你曾經踏著堅實的地面，但自從你在教堂裡看到牛群後，就開始失去那種感覺了。現在你急著找回來，但永遠不可能了。大多數人畢生都待在溫暖的淤泥之中，你卻已經離開了。那種淤泥是你僅知的生活，現在你拋下它了，真的很嚇人。不過，別浪費時間擔心害怕，任何人在這個關頭都會驚慌。你沒辦法不驚慌，沒有人可以優雅地滑過大浪，這已經不是勇敢或膽小的問題了，這些字眼在此毫無意義。」

「這是**第一步**嗎？」她問道。

「沒錯，這就是**第一步**，其實也是**最後一步**。懂嗎？有了《靈性開悟不是你想的那樣》與靈性自體解析，你就不需要我了。你已經擁有你所需的一切，本來可以省下這筆機票錢的。」

她沒有笑容。從她的雙眼，我看得出來，她已經比大多數人都年長了。

城市夜光之旅

回到公寓時，我倆都是又累又餓。我吃了點東西，躺下來小睡一下，叫裘琳自己照顧自己。她明天一大早就要離開，結果我們沒有在最後一晚上餐館、上劇院或做什麼特別的事，我想她有點失望。我睡到晚上七點半醒來，發現她在沙發床上打盹，便用腳碰碰她。她睜開眼睛。

「嗨。」她說。

「嗨，」我回應她，「準備一下，我們要出去。」

她翻身起來跪著。「我要穿得很正式嗎？」她期待地問道。

我看著她，彷彿她瘋了。「不用，怎麼穿都可以。」

「噢，」她失望地說道，「好吧。」

我們出了門，走了幾條街，到比較容易招到計程車的地方。我把地址交給司機，他說：「你是要去……」我告訴他：「就說是海港。」不讓他講出來。幾分鐘後，我們從金融區來到東河的碼頭。我們在南街海港附近下車，朝南步行，雙子星大樓隱約地出現在上方。她看到史坦頓島渡輪的招牌。

「我們要搭渡輪嗎？」她問道。

「聽起來好玩嗎？」

她試著表現得很起勁。「是啊！」

我笑了出來，我們繼續往前走。然後，我停在直升機場前方。

「這是什麼？」她問道。

「看起來像什麼？」我反問她。

「直升機的地方。」她說。

「沒錯，就是直升機的地方。」

「是嗎？我們來這裡幹什麼？」她說。

我向電影《接觸未來》借一句台詞來用：「想不想兜兜風？」

她睜大眼睛。

「不可能！」她用力打了我一下。

「可能。」

「不可能！」她說道。我往後跳，躲開下一掌。

「呃，可能。」

「哇！真的嗎？我們要去哪裡？」

「這叫『城市夜光之旅』。我們只是繞著曼哈頓上空飛，也許是從這裡到自由女神像，然後沿著哈德遜河往北，繞過布朗克斯區，往東河去。看看城市、橋梁，如果坐到爛位子，也許看到的是澤西市與布魯克林區。」

她有點洩氣。

「爛位子？有多少人——」

我笑了。「只有你和我，孩子。這是一件很浪漫的事，所以我不要你對我太肉麻——」

她推我一把，然後變得很嚴肅。

「我不能這麼做，」她低聲地說，「太貴了，肯定至少要花一千美元。」

「沒那麼多。反正，你是在幫我的忙。我多年來一直想要這麼做，但不想一個人。你是為了我這麼做，就像我是為了你，好嗎？」

「真的嗎？」她聽起來幾乎像是在懇求。

「真的。」

只要幾百美元，你就可以從三公里的高空跳下飛機，而且大概不會死；不用一百美元，你就可以請飛行教練開小飛機帶你飛上天，然後讓你駕駛；不必花到一千美元，你就可以搭乘私人直升機飛越世上最偉大的城市之一，觀賞燦爛壯觀的夜景。高空彈跳、超級雲霄飛車、急流泛舟，就算要花十倍的價錢，這些經驗也是生命中最划得來的交易——最令人回味無窮、最值得珍惜。伴隨我們到死前那一刻的，是這些經驗，而不是我們沒花完的錢。這次夜間飛行的費用絲毫不會影響到我的生活方式，但就算這是我最後一分錢，還有什麼用途比這個更好？

我們進入直升機場。我讓裘琳留在等候區，我則去櫃台辦點事，順便上個廁所。我回來後，我們又走到外面聊天。月亮升起之前還有些時間，我們便去散散步。

現在該把裘琳來這裡尋找的東西給她了。

「在你的個人生命、你的未來的脈絡中，裘琳，有什麼是你可以確定的？」

她知道這是她要去思索的事，便照做了。她想了一分鐘才回答。

「嗯，我猜我會死。」

「你猜？」

「不是，我的意思是，我沒有猜，只是這麼說很奇怪。」

「說什麼？」

「我會死。」

「《摩訶婆羅多》裡面有一句話：克里希那對將與阿周那決戰的戰士卡納說，基本上，阿周那必然會勝利。」

「嗯，我看過。」

「克里希那告訴卡納：『看啊，春天來了，花苞芬芳，溪水飛濺，每個人都歡欣喜悅，而我們即將死去。』」

她看著我許久，不知道我要說些什麼。在這場對話或類似的對話中，有兩種不同的互動關係在運作。有明顯的互動，就是裘琳及任何一個旁觀者所看到的；此外，還有隱藏的互動，就是我所看到的，也是真正發生作用的。我與裘琳在紐約某條人行道上的談話是如此，我與其他人的對話或寫下的文字也是一樣。表面上看來是聆聽者的，在某種意義上其實只是個媒介，一個中間人，而且有時他們自己都不知道。

看起來好像我在跟裘琳說話，但我其實是穿透她在講話。我的話語穿過外殼，對內在那個小混蛋說話。（我總覺得那是男性能量，不管主人的性別為何。）小混蛋躲在裡面，在眼睛後面深處，上下跳躍、揮舞手臂，想要吸引我的注意。他不知道自己想從我這裡得到什麼，但他認為我知道，而他想得沒錯。他想要的東西，與密謀推翻政權的革命分子想要的一樣，都是武器與情資——足以燃燒與摧毀的力量，以及如何使用這些力量來瞄準的知識。這裡實際發生的狀況，是革命分子向我求助，而我暗中幫忙。我很樂於配合，因為我的工作就是支援叛亂。叛亂不是我發動的，我不需要這麼做，它會自己發動。然後，如果它找上了我，不管是透過書或本人，我都能提供它所需要的。我必須稍微加上一點糖，讓裘琳可以吞下去，然而一旦進入她的身體，小混蛋就會慢慢吸收。在對話或我寫的書中都是如此，而書上的資訊可能比較枯燥，比較不占空間，比較不可口。我覺得我根本沒有表達任何原創的思想，我說的東西都是以前就被用許多方式表達過許多次的，祕訣在於醬料。

表面上看來，在裘琳內心醞釀的戰爭是小混蛋跟她之間的搏鬥，但其實不是，而是小混蛋跟瑪雅的。在這個戰場上，瑪雅將以恐懼呈現，小混蛋則由仇恨代表。恐懼對上仇恨，恐懼無我對上仇恨假我。這就是《薄伽梵歌》戰場上的敵對大軍，這些力量讓阿周那倒下。這是一場真正的戰爭，其他戰爭都只是它的影子，而其他衝突對它來說，都只是隱喻。

短期看來，瑪雅幾乎總是能打敗叛軍。我估計她的贏率超過一億比一。她運用大量的手段與獎賞，來收買、迷惑、誤導可能的叛軍，或使其分心；她讓叛軍因為太快樂、太悲傷、太全神貫注或太滿足而停止前進，輕鬆有效地排除叛亂，最多只有溫和的不滿。但是長遠來說，瑪雅注定要被推翻。真相存在，幻相不存在，二元性終究是一種人為結構，當二元性消失之後，就剩下真相。如此看來，認為瑪雅是邪惡的，幻相是負面的，夢境狀態是監獄，或二元宇宙不是一個最壯觀、最奇妙、最充滿福佑的地方，實在很荒謬可笑。何必仇恨瑪雅？沒有她，你會在哪裡？

裘琳自己只是隱約覺察到內在的這場戰爭。在某種意義上，她不過是個無辜的旁觀者，被夾在兩支大軍之間。當然，目前叛軍只是一小群拿著乾草叉當武器的農民，但他們正在集結。他們說服裘琳展開旅程來見我，已經設法取得一個有力支持者的注意。不賴。

當然，你可以說小混蛋是裘琳的一部分，沒錯。但你也可以說小混蛋會是裘琳的死神，那樣也對。

死亡與識別

「你和我，裘琳，我們將搭上一架直升機，一個飛行的死亡陷阱。我應該告訴你，駕駛員喝醉了，而且體重過重。他妻子剛拋棄他，帶走了孩子。我看到他在廁所裡哭泣、吃藥。」她咯咯地笑了。「我們可能幾分鐘後就要沒命了。你記不記得我在書中提到，我借用比利．傑克電影裡的觀點給某個傢伙一些建議？」

「《比利．傑克的審判》，」她糾正我，「我也看過那部電影。『如果你知道自己明天就會死，這件事還會有多重要？』裡面是這麼問的。」

「那是赦免。預定的赦免。這就是死亡：必定會有的赦免，自由與寬恕盡在其中。如果你了解自己必定會死這個事實，了解死亡永遠與你同在，而且必然會發生，你就自由了。這就是解脫：知道沒有任何東西是你的，或者可以被你擁有，知道你沒有任何東西可以失去。其他人把死亡推開，否認它，但我們沒有這種餘裕。我們必須將死亡拉近，擁抱它，把它放在心中與腦中——我不是指像大學生那樣嗑了藥，然後與存在主義發生一夜情，我的意思是要把它放在口袋裡，隨時撫摸。世上有兩種人：自欺欺人的人與認真的人。你是認真的人，裘琳，你正在變成那樣的人。現在你已經上場了，必須遵守遊戲規則。」

「你一直說認真的人，那到底是什麼意思？」

「專注，重點在於專注。你必須學會在你百分之九十九的人生中當個徹底的失敗者。你可以接受這一點，因為在那重要的百分之一，你不是失敗者。你必須拋棄所有的次要身分，當一個糟糕的人，一個糟糕的公民。不要再配合這個世界塑造自己，你該配合的是你的任務，並且讓世界鄙視你——或者，讓它忘了你更好。你要當個好公民嗎？去投票？去研究種種議題？」

她仔細考慮，然後點點頭。

「去他的！當個惡劣公民，最好是完全不要當公民。放棄那個身分，砍掉它。你想當個好女兒？好朋友？好姊妹？好妻子？好母親？忘掉這一切，全部丟掉，斬斷這所有的錨。你對自己的所有看法就像一棟虛假建築的柱子，全部都必須被丟棄，也**必將**被丟棄。這個過程已經開始了，你的抗拒越少，就越輕鬆。」

她似乎有點負荷不了，也應該如此。我通常不建議看到一步以外，就算只是下一步後面那一步，看起來也總是完全不可能做到。但此刻，裘琳正瞪著**第一步**，卻沒有僵掉，顯示了她的誠實與決心。我以前說過，這裡會讓人崩潰。

「反正到了這裡，一切都會被丟棄。你擁有這個人生──你的家庭、學校、社區等等，你做過的一切、你的所有身分，以及在你眼前展開的未來──但你若要前進，就必須放開這一切，也必然如此。你的所有選擇都已經決定了。你並未選擇是否要放開一切，只是選擇要不要抗拒這個過程，而死亡會讓這個轉變比較容易。這些虛假的層次就像你的皮膚，你可以慢慢地撕，這非常痛苦；或者，你可以像蛇一樣蛻皮，一層一層，讓它全部蛻去。想要讓過程自然進行，而不是抗拒，就必須擁抱自己的死亡。一隻手摸著死亡，然後用另一隻手作戰。」

「我完全沒有選擇？我沒有任何自由？」

「自由？我不知道那是什麼意思，那只是一個概念上的字眼。自由本身不是東西，而是個不完整的概念。你必須掙脫某種東西才能自由，那你要掙脫什麼？」

「掙脫這一切如何？這整個過程？如果我不想做呢？如果我只想停止這一切，回去過正常的生活呢？」

我停下來讓她喘口氣。

「好啊。」

「好啊？什麼意思？」

「就是好啊。把這段對話儲存下來備用。我不是你的老師，你知道的。我只是個像你一樣的人，只不過我已經完成了，而你才剛開始。如果你想要學習走回頭路，那就回頭試試看。」

她深深嘆了一口氣。「我不知道自己想要什麼。」

「你想要依附，」我告訴她，「那種衝動帶你來到這裡。你想要加入某些人、某個團體，成為某種東西的一部分，某種龐大、安全且受人敬重的東西。你感覺自己被捲入昏沉之中，絕望地想要抓住某種東西。這是很強烈的衝動，幾乎所有人都會屈服。這是個大陷阱，把我們拉進去，不讓我們改變，踏上不歸路，踏出第一步。聽起來正確嗎？」

「我猜是吧。」

我等著。

「正確。」

這在《靈性開悟不是你想的那樣》也有提到。我們都在無邊的大海中忙著踩水，大家聚在一起成為團體，以說服自己情況不是如此。這就是自欺欺人。認真的人會想要面對真實狀況，而要做到這一點，就必須離開團體，不再踩水，臣服於那無可避免的，而不是一輩子毫無意義地掙扎。他們必須一個人離開，讓自己沉沒。這是大家都不願跨越的，這是大家都否認的、是他們不計代價想要避免的。

國王沒有穿衣服，顯而易見，只要睜開眼睛去看，就會看到。但為了讓夢境狀態運作，人們必須看到衣服。衣服看起來如何並不重要，就是不能看到光屁股。這是瑪雅必須防止的：赤裸裸的真相。那麼，她要如何防止人們看到顯而易見的事物呢？

用鬼話來唬弄他們。

基督教的鬼話、印度教的鬼話、佛教的鬼話、新時代的鬼話，全都只是不可知論的變種，造就的結果完全一樣：靈性唬弄。

就是這麼簡單。國王沒有穿衣服，全都是自欺欺人。而當我們不再自欺欺人後，就成了認真的人。當然，離開團體、變成單獨一個人，就會沉沒，但認真的人忍受不了謊言，無法假裝大海並非無邊，或黑暗並不漆黑，或死亡並不總是近在咫尺。依附的衝動是一種求生的渴望——渴望不要溺水，不要沉沒到黑暗中。

我停下腳步，看著她。

「驚慌是很自然的，」我說，「那正是你現在的狀況。你想要依附也是因為如此。你正在生死存亡關頭掙扎求生，而我的工作是幫助你赴死。」

「你一直都在這麼做嗎？幫助我赴死？」

「間接地。我一直在幫助你抓住某樣東西，讓你親眼看到那是不可能的。過程自己會運作，不需要我或任何人。現在你開始看到，依附已經是不可能的了。你在追逐沙漠中的海市蜃樓，你試著抓住的事物都消失了。你無法抓住任何東西，因為沒有東西可抓。也許你以為可以抓住我，但那也行不通。你想要一個朋友？一個同伴？讓死亡成為你的同伴，那是你真正擁有、真正屬於你的東西，沒人可以奪走。」

她神情緊繃，直視著我的眼睛。沒有淚眼或顫抖的嘴唇，沒有少女的嘟嘴或傻笑，一個戰士正在誕生，裘琳的內在很快會有一次權力轉移。叛軍會推翻舊政權，新體制將成立，自欺欺人政權的虛浮將被一掃而空。新政府會取得控制權，頒布戒嚴令，以及一部只容許毀滅性武器存在的戰時憲法。個人身分會萎縮，個人喜好會消退，人際關係將被放棄，愛將被遺忘。這就是**第一步**，而裘琳已經快要踏出去了。

「你將前往嚴酷的地方，會經歷與周圍眾人完全不一樣的生活。你現在瞥見了孤獨的模樣——不對，不是孤獨，是**單獨**——而且前方還有更多，但這也會過去的。」

她往下看，點點頭。「這也會過去的。」她重複著。

「轉變的痛苦會過去，但單獨一人的狀態不會。事實上，獨自一人會變得很自在。」

我托起她的下巴。「你必須超越死亡是恐怖邪惡事物的想法。死亡是解脫——不是在生命盡頭，而是在有生之時，死亡才是重要的。現在抬起頭，看著我。我樂於在任何時刻死亡，這對我毫無差別，現在、以後，都無所謂。我熱愛我必然會死的事實，它讓我的生命變得可能。透過死亡，我才了解自己的生命，才知道如何利用它。如果我知道今晚直升機會墜毀，我會帶著愉快感恩的心情坐上去。」

我們安靜地走了一段路。與一個青少年分享這段話，是很沉重的，她還有大好人生在前頭，數十年內都不應該想到死亡，但裘琳並不尋常。她要玩這個遊戲，而遊戲是有規則的。

「你的生命將是一場戰爭，」我輕聲告訴她，「已經是了。大家之所以討厭戰爭，是因為害怕死亡，但死亡是你最好、最可靠的朋友，而不是我，不是西藏人、日本人、某個暢銷書上師或咖啡店的實習神祕主義者。這就是你來這裡要學習的。跟一個年輕美麗的姑娘談死亡似乎很奇怪，但你已經不只是個年輕美麗的姑娘了，對吧？你是另一種東西了，而你現在就是在找出是哪種東西，對吧？」

「我不認為我做得到。」

「你**正在**做。就是這樣，一次一步。」

「我很害怕。」她說。

「怕什麼？」

她想了一下。「我不知道。」

「很好，去找出來。你要如此找出自己的方向——追隨恐懼，進入它、照亮它。你會在恐懼之中找到下一扇門，下一個擋住你的東西。讓恐懼成為你的嚮導。」

她縮進我的臂膀中，我們繼續散步。

我們進去簽一些文件的同時，他們在停機坪發動那架舒適的商務直升機。裘琳發現駕駛員長得結實、英俊，而且情緒看起來很穩定。一切都令她非常興奮，這讓我也覺得很興奮。當我們站在外面等待登機指令時，裘琳很自在地勾著我的手臂。她踮起腳，對著我的耳朵說話。「真是個美麗的夜晚，」她說，「希望我們不會墜機。」

我笑了，低頭看著她。

「你別想那麼容易脫身。」

①Mannahatta，北美印第安部族德拉瓦人語言中「曼哈頓」一詞的拼法，意為「許多丘陵之地」。

②新語（Newspeak）是喬治．歐威爾的作品《一九八四》裡大洋國的官方語言，奠基於英語，但大量的詞彙及文法被簡化、取代或取消。

The Eurasian Publishing Group
圓神出版事業機構
用心與你對話．視野無限寬廣
方智出版社
Fine Press

http://www.booklife.com.tw inquiries@mail.eurasian.com.tw

方智好讀 048

靈性衝撞

作　　者／傑德．麥肯納（Jed McKenna）
譯　　者／魯宓
審　　訂／張德芬
發 行 人／簡志忠
出 版 者／方智出版社股份有限公司
地　　址／台北市南京東路四段50號6樓之1
電　　話／（02）2579-6600．2579-8800．2570-3939
傳　　真／（02）2579-0338．2577-3220．2570-3636
郵撥帳號／ 13633081　方智出版社股份有限公司
總 編 輯／陳秋月
主　　編／賴良珠
責任編輯／黃淑雲
美術編輯／黃一涵
行銷企畫／吳幸芳．陳姵蒨
印務統籌／林永潔
監　　印／高榮祥
校　　對／賴良珠
排　　版／莊寶鈴
經 銷 商／叩應股份有限公司
法律顧問／圓神出版事業機構法律顧問　蕭雄淋律師
印　　刷／祥峰印刷廠
2014年3月　初版

定價 390 元　ISBN 978-986-175-343-0

你本來就應該得到生命所必須給你的一切美好！

祕密，就是過去、現在和未來的一切解答。

——《The Secret 祕密》

國家圖書館出版品預行編目資料

靈性衝撞／傑德・麥肯納（Jed McKenna）著；魯宓譯. -- 初版. --
臺北市：方智，2014.03
432 面；14.8×20.8公分 --（方智好讀；48）
譯自：Spiritually Incorrect Enlightenment
ISBN 978-986-175-343-0（平裝）
1.靈修

192.1　　103000615